国家出版基金项目
NATIONAL PUBLICATION FOUNDATION

西方社会文化生活丛书

陈晓律 / 主编

学者的伊甸园

西方的大学生活

盛仁杰　王　颖 / 著

長春出版社
国家一级出版社
全国百佳图书出版单位

图书在版编目(CIP)数据

学者的伊甸园 : 西方的大学生活 / 盛仁杰, 王颖著
. — 长春 : 长春出版社, 2016.1
(西方社会文化生活丛书 / 陈晓律主编)
ISBN 978-7-5445-3853-4

Ⅰ.①学… Ⅱ.①盛… ②王… Ⅲ.①高等学校一教
育史一研究一西方国家 Ⅳ.①G649.1

中国版本图书馆 CIP 数据核字(2015)第 233384 号

学者的伊甸园:西方的大学生活
XUEZHE DE YIDIANYUAN:XIFANG DE DAXUE SHENGHUO

著　　者:盛仁杰　王　颖
责任编辑:胡　新
封面设计:尹小光

出版发行:長春出版社　　总编室电话:0431-88563443
　　　　　　　　　　　　　发行部电话:0431-88561180
地　　址:吉林省长春市建设街 1377 号
邮　　编:130061
网　　址:http://www.cccbs.net
制　　版:长春市大航图文制作有限公司
印　　刷:长春第二新华印刷有限责任公司
经　　销:新华书店

开　　本:787 毫米×1092 毫米　1/16
字　　数:190 千字
印　　张:14.25
版　　次:2016 年 1 月第 1 版
印　　次:2016 年 1 月第 1 次印刷
定　　价:36.00 元

总　　序

中国国力在改革开放后的变化，使中国在最近几十年开始真正走向了世界。这并不是指在此之前国人与世界的接触不多，而是大规模的、普通民众与外部世界的“亲密接触”的机会是从近期才开始拥有的。由于这个原因，对西方世界的了解，也就不限于学者的兴趣，而逐渐地成为我国普通民众也十分关注的“日常事务”了。

相对于西方而言，这种关注已经晚了500多年。在中世纪晚期与近代早期，西欧的国王们对遥远的中国总是充满了好奇心。1508年，葡萄牙国王给其派往马六甲的使臣塞凯拉的命令中有这样一段话：“汝须问中国人何时来马六甲或其贸易之地，来自何方，其来远否，贸易何物，每年到此有若干艘船，其船有何模样，是否于本年内回国，有无商行在马六甲？彼等为懦夫，抑或战士，有无武器或炮兵及所穿何种衣服，其身躯是否伟大？遵守何种习惯，国境伸张至何处，与何国人邻近。”[1] 当时中国的皇帝若知道这种事，一定会感到非常奇怪。因为坐等万方来朝，已经是“中国”人的习惯。从我国历史来看，以中国为世界中心的历史观一直在史学领域占主导地位。因此，在1840年前，中国甚至没有真正意义上的世界史，有的只是《镜花缘》一类的异域风情书，严肃的史书则只有中国史。在鸦片战争之后，中国才被迫接受中国之外还存在一个世界这一事实。但对西方的研究主要是以急功近利的原则为出发点，缺少系统的基础研究。直到新中国成立前夕，在我国的高校中，世界史都还不能算是能与中国史相提并论的学科，一些十分有名望的老先生，也必须有中国史的论文和教中国史的课程才会得到承认。美国的历史学者对我们这样划分世界史和中国史十分不理解，他们最大的疑问是，

1　王加丰．500年前西欧人的海洋意识和实践［N］．光明日报，2013－02－21（11）．

中国为何不将自己的历史列入世界整体的发展中？他们认为，人类的历史就是世界的历史，在世界历史的版图上细分才是国别史，很难理解在中国还有一个与世界史相对应的中国史。从这一点看，中国人要真正了解外部的世界，尤其是当代的西方世界，不仅需要各种信息的沟通，还需要从根基上调整自己的心态。

当然，时代的潮流迫使国人的观念迅速地做出改变。在中国经济发展与外部世界联系逐渐密切之后，每个普通中国人的生活也随之发生了一些重要的变化。从20世纪90年代以来，出国留学对一般民众而言已经不再是一个遥远的梦。一旦获得出国留学的机会，第一件要办的事情，就是去申领自己的护照。或许你会问：出国为什么要护照，我国通行的身份证难道不可以证明自己的身份？与此同时，你还必须将自己的出国费用从人民币兑换成相应的外汇。所以你会再次发问：为什么人民币与外汇不能通用？于是，在一些极为现实的事情中，人们开始逐步地与“外部”世界的知识亲密接触了。

因为在这样一些再正常不过的常识性问题后面，隐藏着十分复杂的世界政治、经济和社会原理，如果仔细地加以探询，你还会发现更多有趣的问题，比如：为什么这个世界要有国家？国家是怎样组成的，它又是如何运转的？国家有哪些不同的种类？这些不同国家护照有一些什么共同的功能？这些国家使用的货币有哪些？为什么有些坚挺，有些疲软？实际上，回答这些问题已经涉及国家、政府、国际事务、国际政治和世界经济等多方面的当今重大问题，也就是说，我们即便要办好一件只是属于私人的小事，也必须认真地了解外部世界。而这些问题，已经不能依靠我们原有的知识结构进行解答，我们必须拓展自己的知识领域，尤其是关于外部世界的知识领域。

为了增进国人对这些问题的了解，国内出版界已经出版了很多相关的著作。

大体上看，这些著作分为这样几大类：第一类是关于西方国家、政府等有关政治机构的常识性问题。这些现象我们虽然十分熟悉，但并不等于我们已经从理论上了解了它们。因此很多国内的著作对一些概念性的东西进行了提纲挈领的解析，有深有浅，大致可以满足不同人群的要求。第二类是关于各种国家的地理旅游的书籍，这类书籍种类繁多，且多数图文并茂，对渴望了解国外情况的人群，读读这些书显然不无裨益。第三类是各国的历史著作，这些著作大多具有厚实的学术根基，信息量大，但由于篇幅原因，或许精读的读者不会太多。最后一类则是对各种国际组织和机构的介绍，包括各国概况一类的手册，写作的格式往往是一条一款，分门别类，脉络清晰，这类知识对于我们了解外部世界，尤其是西方世界应该也很有帮助。

实际上，所有这些种类的书籍，都会直接或间接地涉及西方的历史，甚至有些知识就是直接构筑在历史基石上的，因为当今世界的很多国际组织、交往原则乃至外交礼仪等，主要出自1500年以后的西方世界。当然，我们不会奢望每一位读者自此成为历史研究的拥趸，但至少还是希望读者们通过上述几类书籍的阅读，能大致了解西方国家产生的原因、现代国家的强制性以及社会服务功能的多重交织性质，西方君主立宪制与共和制的特点，西方国家两党制或多党制产生的过程，政党与利益集团在其中的作用，议会制度的由来与发展，各种主要选举方式的形式与内容，法治与法制的联系与区别，各种国际组织及其机构的特点以及它们在当代国际社会中的作用，尤其是了解它们与中国的关系，等等；此外，还应该了解与西方社会相关的各种社会科学观念，因为正是这些知识结晶改变着人类社会的组织和结构，并引导着现代社会沿着理性的轨道前进。

然而，即便掌握了这些知识，我们是否就真正了解西方了呢？问题显然没有如此简单。

在海外长期生活的华人或是经常出国的人员常常会有一个共同的感受：在各种聚会或是宴请的活动中，只要有“老外”在，哪怕是一个人，气氛就很难避免那种浓厚的“正式”味道；而一旦没有“老外”，都是华人，气氛会一下轻松起来，无论是吃喝还是交谈，人们的心态转瞬之间就已经完全不同。我与一些朋友在经常讨论这一现象时，大家的基本看法是，中外之间，的确有一种文化上的隔膜。这种隔膜十分微妙，甚至并非是相互不能沟通的问题，而只是一种“心态”。

这种心态往往是只可意会，却难以言传。其难以言传的根源在于，人生活在一个由文化构筑起来的历史环境中，这种长期浸润，会不知不觉地对一个人的行为方式、心态产生巨大的、具有强烈惯性的影响，这种影响往往也不是通过学术著作而能轻易加以归纳的东西。因此，要体验这种微妙的文化隔膜，最好的方式就是对西方的文化有一种“生活式的”了解，读一些带一点趣闻轶事色彩的学术书籍，并在掩卷沉思中默默地体验西方人那种日常的生活方式。基于此，我们选择撰写了这套《西方社会文化生活丛书》。共分九册：《市民的世界：城市生活》《生命的解码：墓志铭》《绅士与淑女：西方社会的待人接物之道》《彼岸世界的幻化：西方人信仰的嬗变》《高贵的象征：纹章制度》《自由之翼：演讲术》《学者的伊甸园：西方的大学生活》《性与平等：一部简明的西方性伦理发展史》《守护正义：西方司法之路》。从题目上不难看出，我们力图给大家已经有一定了解的西方世界增加一些斑斓的色彩，使我们的读者能够在某种程度上“触摸”到外部的世界。很自然地，我们也会努力将趣味性与学术性融为一体，让读者们能够在轻松地阅读中获取应有的知识。无论如何，西方文化对中国人而言总归是一种“异文化”，而异文化间的相互尊重、相互吸收、相互学习，是世界发展的趋势。顺应这种趋势的第一步工作，当然是了解对方。但愿我们的这套丛书，能够为读者们了解西方，并进一步加强中外的文化交流做一些有益的事情。

如果你是一个依然保持着好奇心、对问题喜欢打破砂锅问到底的人，那么，请阅读这套有趣的丛书吧！它既能增加你的知识，又能丰富你的生活，或许还能在紧张的工作和生活之余给你带来一丝和煦的清风。同时，我也希望愿意睁眼看世界的同胞，阅读这套丛书后，能更深入和立体地了解外面的世界，从而为自己在处理各种公事和私事时有一个厚实的基础。当然，也希望方家和同好不吝赐教，以使此丛书在再版时的色彩能更加绚丽。

陈晓律

2015 年 11 月 27 日

于南京阳光广场 1 号 1505 室

前　言

今天，如果你造访一个建制完备的欧洲城市，那么有四个地方必然不容错过：教堂、大学、博物馆和城堡。事实上，当你参观完这四个地方之后，对这座城市的历史传统和精神气质已经有了基本的了解。其中，教堂和大学又更有价值。因为博物馆虽然收藏丰富，但只能依靠遗迹来诉说过往历史的只言片语；而城堡尽管雄伟壮丽，但大多已不再延用，属于城堡的封建王朝和冷兵器时代已经一去不返了。只有教堂和大学，哪怕历经千年的风雨沧桑，也仍然是西方人活跃的生活场所。尤其是大学，在这个“知识就是力量”的年代，发展得更为繁荣。

原因并不难解释，教堂和大学分别代表了西方思想两个最重要的维度，即非理性与理性。无论是信仰还是知识，都跟西方人的生活密切相关。简单来看，一部西方文明史就是非理性与理性的斗争史。两者没有绝对的对与错，一个知识渊博的教授也可以是虔诚的基督徒。牛顿，被伏尔泰尊称为“历史上最伟大的人物”，在其所处的年代，他显然是“究天人之际”的天才，但还是无法解决第一动力的问题，只能求诸神的力量，甚至整个晚年都醉心于神学研究。这恐怕跟西方大学的起源有着直接的关联，可以说就是在宗教的母体中孕育了现代大学的胚胎。只是大学自诞生之日起，就涌动着叛逆的血液，有着各种奇思异想，但终究不可能完全摆脱宗教的影响。

这种曲折的历史过程，在今天的西方大学中还能找到明显的痕迹。比如，大多数西方学校还保留着教堂，越是古老的大学越如此。笔者在英国期间游历了十几所大学，概莫能外。牛津大学的基督教堂学院和剑桥大学的国王学院礼拜堂，便是两所著名中世纪大学的标志性建筑，而散落在各学院内的小礼拜堂更是不胜枚举。哪怕是因西学东渐而建立起来的大学，也会在校内建造教堂，比如香港大学、香港浸会大学等。

从学科的设置来看，大学与宗教的关系也显而易见——很多西方大学都设有神学院。比如，许倬云先生就提到过在芝加哥大学神学院的留学经历，那便是一个很著名的神学院。另外，哈佛大学、罗马大学、巴黎大学等设立的神学院，都是学校最有名望的学院之一。从历史上看，神学院与医学院、法学院和哲学院并称四大学院。而从某种程度上来说，神学院是这四大学院中最古老的。巴黎大学的前身——索邦学院，就是最典型的一座神学院。在岁月的长河中，神学院的地位最为起伏不定。最初，神学是当之无愧的显学，因为大学根本就是在教会的授权和扶植下建立起来的。它的目的就是宣扬基督教思想，培养优秀的教士，怎能不以神学为中心？当时入学的条件很宽松，你可以文化水平不高，甚至可以不识字（拉丁文），但有两个限定条件：一、男人，二、基督徒。中世纪最著名的经院哲学，是与宗教神学相结合的唯心主义哲学。不管是唯名论还是唯实论，都是在神学基础上的讨论。但到后来，神学院的命运就不那么一帆风顺了。文艺复兴、宗教改革和启蒙运动，都对宗教发起了挑战。与之相应的，曾经不可侵犯的神学院也受到了冲击。尤其是在19世纪时，尼采振聋发聩地喊出了“上帝死了”！基督教教义已经无法解决人的精神和信仰问题，那么神学还有存在的意义吗？然而，就是在这样的历史背景下，神学院还是存活了下来，大学与宗教的关系可见一斑。金耀基先生去往剑桥时，被数不胜数的教堂建筑所震撼，不由自主地感叹：“在剑桥，上帝未死，他与科学都被钟声羽化成诗了。”在陈寅恪先生为清华大学的“海宁王静安先生纪念碑”撰写的碑文上，有这样一句话：“惟此独立之精神，自由之思想，历千万祀，与天壤而同久，共三光而永光。”这句话虽然是论人，但是如果用来评论大学的本质也是恰如其分的。大学理应是“思想自由，兼容并包”之所在，如果它断然将宗教思想拒之门外，那自由便是伪自由了。神学院的延续，可以看作大学对宗教的一种反哺。

回顾这段历史，我们明晰了大学与宗教的关系，便也明晰了大学与西方文明的关系——大学是西方文明的一部分，承载着西方文明的精神，而作为思想的生发之所，它又成为中世纪以来西方文明的重要来源。雅克·韦尔热在《中世纪大学》一书中提到："中世纪大学长期以来便受到历史学家的关注，被认为是当时西方文明最有原初性的创造……它们几乎独自地承担了一种类型的教学，更广泛地说，一种类型的文化。"[1] 大学是西方文明元素中不可或缺的一环，虽然大学的历史与文化不能涵盖整部西方文明史，但是不了解西方大学就绝不可能理解作为整体的西方文明。

游学英伦半年，笔者的足迹遍及这个海外小岛的东西南北，最难割舍的风景便是城堡与大学。每进入一座古堡，便仿佛穿越到了中世纪，眼前浮现出戎装威武的骑士与硝烟弥漫的战场。然而，一切俱往矣，留给后人的唯有对那个光荣与梦想年代的浪漫回想。大学的命运却与之截然不同，它得以经受千百年历史的风雨沧桑保存至今，甚至焕发出更光彩夺目的青春活力。从历史的角度看，大学曾与王室、教会并称为中世纪欧洲公认的三种权力。时过境迁，教权已衰，王权不再，唯有大学坚守着追求真知的信念，成为西方文化不绝如缕的传承者与代言人。

英国的大学，牛津与剑桥自然是不可不去的学术圣殿。此外，笔者还造访了南部的伦敦大学与萨塞克斯大学、中部的约克大学与曼彻斯特大学，以及苏格兰的格拉斯哥大学与圣安德鲁斯大学，林林总总，各有千秋。在各所大学里经历的很多事情，都成为这次出国交流的难忘回忆。最让人震惊的事情发生在萨塞克斯大学。校方为了节支而大规模裁减员工，学生们便自发组织起来，在校园内游行、演说表示抗议。甚至在名师的讲座上，有学生"拍案而起"，高呼抗议口号。英国警方调遣了大量警力前来维持秩序，但并不干预。可见，"民主"与"自由"的思想早已深入人心。而最为有趣的故事则发生在圣安德鲁斯大学。当时我在圣安德鲁斯拜访好友，正值这所苏格兰最古老的高校六百周年校庆，躬逢盛事，无比荣幸。据说，在圣安德鲁斯大学有一个不知从何时开始的传统，每当春学期（spring semester/term）的期末考试前，学生们都要赤膊跳海，以求通过考试。是否灵验？不得而知，但这已经成了一年一度的狂欢节日。5 月 1 日，凌晨四五点的苏格兰海边，狂风

1 雅克·韦尔热. 中世纪大学［M］. 王晓辉，译. 上海：上海人民出版社，2007：1.

呼啸，寒意逼人。笔者穿着羽绒服尚嫌不够保暖，但是沙滩上早已站满了半裸的同学。他们或是三五成群地围着篝火取暖，或是豪气干云地痛饮烈酒伏特加，或是手牵着手大喊一声冲向冰冷刺骨的大海。远方的海面旭日初升，天边的云彩尽染玫红，为这场勇敢的挑战定格下最美的画面。

当然，最令我流连忘返的唯有剑桥。牛津那古老、神秘又略带忧伤的贵族气质固然醉人，可是因为一个人、一首诗，便有了一生的剑桥情结。古人说："凡有井水处，皆能歌柳词。"以此比附的话，徐志摩的《再别康桥》对于今日的中国人来说亦复如是。

在律动优美的音节中，这位天才诗人氤氲出如梦如幻的剑桥。究竟是怎样的一个人间天堂，让这位素来心比天高的诗人留恋不舍，甚而甘心做那康河柔波中的一条水草？剑桥的美有一半要归功于剑河。剑河不宽，但是宁静而清澈。她蜿蜒曲折，如同一条柔软的蓝色飘带将整个剑桥大学揽入怀中。不知是剑河的清泉哺育了大学，还是大学的气质赋予了河水以灵性。河面波光闪烁，岸边金柳拂水，撑着长篙的小舟不停地从眼前经过，他们也是来剑桥寻梦的人吗？来到剑桥岂能不体验一把志摩诗中的生活情趣。乘一叶小舟，随着涟漪向两岸荡去，剑桥之旅真正开启。笔者半躺在船上，将手放入河中，感受着清凉而柔和的水波从手指之间倾泻而过，两岸的旖旎风光跃入眼帘，仿佛一幅慢慢打开的画卷，诉说着剑桥的历史与荣光。跟撑船的帅小伙聊起徐志摩，他居然也非常熟悉，这让笔者颇为自豪。不必讳言，我独爱剑桥的情感中还有一份乡土情结。我出生于浙江海宁，海宁近代名人辈出，但志摩依然可以佼佼不群，脱颖而出。其人诗才之盛，固然名噪一时，但能流芳至今，恐怕更多地要归因于他那些风流韵事。但无论是诗坛名作《再别康桥》，还是与林徽因的浪漫邂逅，都离不开剑桥。参观过老街上的徐志摩故居，凭吊过紫薇山上的衣冠冢，而去往剑桥，追寻这位与我同饮一江水的诗人的足迹，自小便是我的愿望。国王学院为徐志摩立了一块诗碑，上面用中文镌刻着《再别康桥》的诗句。事实上，在不远处的圣约翰学院，还有另一个海宁人的传奇故事，那便是金庸（查良镛）。查先生曾经在圣约翰学院攻读唐史，被授予博士学位时，因其年迈，由该院院长亲自飞往香港颁发。

不知查先生在此求学时，是否曾站在圣约翰学院著名的叹息桥上，为他的志摩表兄叹息过？

公众的历史总是会选择性地记忆那些美好的片段，这本无可厚非。然而，在这种层累的印象下建构起来的大学形象难免与现实有所偏差。大学往往被描述为无忧无虑的伊甸园或者一尘不染的象牙塔，但纵然是伊甸园，也会有邪恶的毒蛇。当我站在叹息桥上，回首这座名校的前尘往事，不仅有才子佳人的风花雪月，也有惊心动魄的刀光剑影。今日的剑桥市与剑桥大学水乳交融，难分彼此，可又有多少人知道自剑桥大学创立之后的数百年间，剑桥市民与剑桥学生发生过多少次流血的冲突，又有多少人知道在宗教改革的年代，剑桥有七位校长被送上断头台。不谈宏观的历史，从个人处着眼，则剑桥的学生也会抱怨生活。据说，如果在剑桥买自行车，通常用不上几个星期就会被偷走。过不了几天，你会发现被偷的自行车又出现在了二手车市场上，令人啼笑皆非。剑桥的老师也会因为受不了同行的排挤和严苛的校规而转投别校。西方的大学生活就像是一桌丰盛的晚宴，酸甜苦辣咸五味俱全，个中滋味，如人饮水，冷暖自知。从某种意义上说，大学就是钱钟书笔下的“围城”。很多人仰慕名校，削尖了脑袋想要往里钻，比如德国的西奥多·W. 阿多诺，他本已是法兰克福学派最杰出的学术大师，便是因牛津绝不聘用犹太人做老师而遗憾终身。但有些人进去了又拼命地想逃出来，任凭如何求贤若渴，也都心不甘情不愿。比如维特根斯坦，剑桥大学渴望聘任他为教授，他却东躲西藏，总算去剑桥教了几年书，最终还是隐居到爱尔兰。

这种种看似矛盾的现象，与中国的大学生活或许有某种异曲同工之妙。“不识庐山真面目，只缘身在此山中”，或许我们应该以某种特殊的方式，进入西方的大学校园，才能更真切地把握大学生活的细微之处。基于这种构想，本书试图将西方的大学生活以故事的形式展示给读者，让大家以一种轻松的方式与我们一起领略西方大学的风采，从另一种角度探寻西方的精神世界，并在愉悦的氛围中对大学产生某种新的认识。

目　录

第一章 中世纪的大学生活

在此之前，贵族和牧师垄断着欧洲的政治生活，但由于大学的胜利和发展，一种新的学术秩序开始与前两者一起共同影响欧洲人的生活。

——拉斯达尔

第一节　兴起的年代

人们通常会把中世纪的近千年历史描绘得黯淡无光，习惯上称之为“黑暗的中世纪”。但是越来越多的研究表明，事实并非如此。尽管它不像当时的牧师所说的那样，是一种田园牧歌式的生活，但是文明的火种也没有随着西罗马帝国的灭亡而熄灭。尤其是从 13 世纪开始的文艺复兴（图 1－1），堪称西欧近现代文明演进的开端。

事实上，在文艺复兴之前，还有另一场文化的复兴，那就是大学的兴起，甚至有历史学家称之为“12 世纪的文艺复兴”。更有学者认为，文艺复兴之首倡是通过博洛尼亚大学重彰罗马法的方式来完成的。

从更加宏观的角度来看，大学的出现也是意义非凡的。在时间上，大学历经千年，延续至今，是欧洲唯一在历史过程中始终保持其基本模式和社会功能不变的机构。它不仅是欧洲文化的保存者，也是欧洲文化的发扬者与创造者。从地域上看，大学形成了一个学术精英群体，其精神气质基于欧洲的共同价值观，并且超越了所有国界。在世界联系越来越紧密的情况下，“大学”制度已经被推广到全球。毫不夸张地说，它是欧洲最成功的文化输出之一。

大学兴起于中世纪的欧洲，已经是公认的史实。这并不是说之前没有高等教育，而是没有达到“大学”的一些特殊要求。比如最著名的柏拉图学园（图 1－2），它是欧洲第一所综合性学校，求知若渴的青年才俊可以到这里学习、研究。但最关键的是，柏拉图学园不会提供学历资格证明，也就是所谓的文凭。文凭的获得需要通过考试，而大学是唯一把教学和考试紧密结合起来的机构，这是中世纪大学制度的巨大创新之一。当时的文凭与现在的学位证书略有不同，不过在称呼上还是一脉相承地延续下来，比如学士称为

图 1－1　意大利文艺复兴的先驱——但丁

图 1－2　雅典学院

Bachelor，硕士称为 Master，博士称为 Doctor of Philosophy。硕士和博士学位也是一种教师许可证。获得硕士、博士学位的人，能够凭此直接进入教师的行业，招收学生。由此可见，当时的一张文凭比之今日要值钱得多。而博洛尼亚大学、巴黎大学、牛津大学等少数学校颁发的学位证明具有更高层次的效力，该学位的持有者理论上可以在整个基督教世界的大学中任教，因此这些大学被称为“总学”。很多大学为获得“总学”的称号而展开激烈的竞争，甚至用一些强制性的手段限制教师和学生的流失。其实，如果只是为了这个称号则大可不必。因为在实践当中，“总学”的名头并不好使。就巴黎大学而言，甚至就连牛津培养出来的学位获得者，也必须经过重新考核以及教学资格授予才被准许加入自己的机构。而牛津大学对这种傲慢理所当然地进行了反击——尽管有教皇谕令的规定，但也仍然拒绝接纳来自巴黎的博士。总之，到了 12 世纪，世界上才出现了我们现在最为熟悉的有组织性的教育，即以系科、学院、学习课程、考试、毕业典礼和学位为代表的教育机构。

但是，如果要探究大学起源的确切年代，是很难得到确切答案的。就连最一流的教育史专家也已经放弃了这种努力，并不是资料不足，而是一些概念性的东西很难细究。就好像中世纪究竟该以哪一年为终结，这在历史学界仍然众说纷纭，莫衷一是。我们能做到的是从宏观的历史大趋势中做定性的分析，而不能做定量的区分。

以中世纪的那些著名的代表性大学（图 1－3）而言，它们在学校的起源年代上也是含混不清的。牛津大学将学校的起源追溯到阿尔弗雷德大帝，巴黎大学上溯到查理曼，而博洛尼亚大学更加夸张地搬出了罗马皇帝狄奥多西。这样的答案显然是难以令人满意的。即便如此，也不会有人站出来质疑这几所大学的“先行者”地位。后来，博洛尼亚大学将创校时间定在 1088 年，这仍然是一种随意的断代。有历史学家认为，这是当时新近统一的意大利在文化凝聚上的需要，是当时举办的各种各样的纪念性仪式之一。然而，在 1888 年博洛尼亚大学八百周年之际，世界上几乎所有大学的代表们汇聚一堂，参加典礼，他们承认博洛尼亚是自己共同的起源。而在九百周年校庆时，欧洲 430 个大学校长在博洛尼亚的大广场上共同签署了《欧洲大学宪章》，正式宣布博洛尼亚大学为欧洲“大学之母”。同样的情况也发生在巴

图 1－3　中世纪大学分布图

黎大学，如果说博洛尼亚大学是阿尔卑斯山以南大学的宗长的话，那么称巴黎大学是阿尔卑斯山以北大学的祖师也当之无愧。这两所大学无论是在起源还是在影响上都难分伯仲，其后的所有大学都是以它们为模板而创建的，有些则同时借鉴了两者的经验。早在 14 世纪德意志选侯鲁普莱希特（Ruprecht）创建海德堡大学时，就规定它“将依据巴黎大学已经约定俗成的方式和惯例进行统治、布置和管理，作为巴黎大学的侍女——我们期待它名副其实——它将尽可能在各个方面效仿巴黎大学的样子，所以它也将拥有四个系科”[1]。可见，宗师的荣誉不是自封的。尽管这些大学为了扩大影响而不断制造起源上的神话，但是这并不影响它们的声誉和地位。

考察具体的起源年代意义不大，但是分析大学兴起的原因，或许对于了解西方的大学生活有所帮助。有学者认为，大学实质上是一种学者行会，它们是在 11—12 世纪那场席卷欧洲的行会组织本能集结的大潮中自然诞生出

1　查尔斯·霍默·哈斯金斯. 大学的兴起［M］. 王建妮，译. 上海：上海人民出版社，2007：17.

来的。笔者认为，大学跟行会虽有共同之处，但并不能完全算作行会。所谓“行会”，是在封建社会，随着城市的兴起和手工业生产的繁荣，为了保护同行手工业者的利益不受外人的侵犯，为了阻止外来手工业者的竞争，以及限制本地同行业的手工业者之间的竞争，由城市手工业者建立起的一种组织。大学的建立确实是出于保护内部成员的目的，但是它本质上并不排斥外来者。上文提到的巴黎大学与牛津大学互相抵制的例子，所涉及的是教师的求职问题，从根本上说是一个就业问题。如果是学生，只要能忍受长途跋涉的艰辛，都能去往外地甚至外国的学校求学。出乎很多人的意料，最早的大学就是由外地师生建立的。外地人这一因素，是大学得以建立的最重要原因。

11 世纪以降，人们逐渐不满于神学的桎梏，渴望追求新知。而要达到这个目标，最好的方法就是拜入某位名师的门下。直到今日，人们仍然认为大师才是大学的灵魂，但还是难以与中世纪大学的重视程度相比肩。可以说，在那个年代，一位大师就能成就一所大学，比如巴黎大学的阿贝拉尔、博洛尼亚大学的依尔内里奥。追求知识的人们不约而同地以大师为中心汇聚过来。

这个时候，问题就出现了——当时的大学没有食堂，也没有宿舍，师生们（大部分老师也不是本地人）都要自行解决食宿问题。来往奔波显然不可能，他们就必须寄宿在当地的居民家中。他们要跟房东商量伙食费、住宿费，如果一言不合就会引起争斗，或者告上法庭。当地居民在市政府的保护之下拥有特权，而外来的学生则没有相应的特权，想要以一个人的力量对抗这种特权基本上是没有希望的。所以学生们就联合起来，组成同乡会。这种同乡会通常是以学生的来源地区来组建的。成立一个团体组织后，争取利益的成功率就要大得多，他们有近似的语言和风俗，便于互相照顾，有些同学还能一起报到、一起返乡。同乡会是大学的雏形，在博洛尼亚大学就连校长都是由同乡会的代表推选出来的。正因为当时的学校没有固定的场所，不要说图书馆、实验室和博物馆，就连固定的课堂都没有——老师给学生上课也都是在租来的屋子里进行，所以形成了一种“跑得了和尚也跑得了庙”的局面。如果价格实在谈不拢，师生们完全可以集体卷铺盖走人。这样一来，压力反而到了居民这一边。他们一旦留不住大学的师生，就失去了很大一笔收入来源，少赚一些也总比一无所获要好。通过这样的博弈，产生了两种结果：从短期来看，师生们维护了自己的利益，为正常的生活与学习赢得了一片天地；从长期来看，它促使师生们团结起来，催生了集体组织，为大学的诞生做好了准备。归根结底，教师和学生们不确定的社会地位，才是早期大学建立的诱因。

“万事俱备，只欠东风”，在当时的社会背景下，想要真正建立一个被广泛认可的组织，还需要王室或者教皇颁发的特许状。不断发展的高等教育，在思想上形成了巨大的影响，这自然而然地引起了国王（皇帝）、教皇的注意。从大学诞生之日起，教皇们就习惯于把他们描述为“教堂之灯，像天空中星星一样散发明亮的光辉”尽管市民们保持缄默，但国王们并不吝惜给大学荣誉和特权。无论如何，这些官方人物显然认识到了大学的功用，因而努力地保护和发展它们，甚至付出极大的代价。[1] 他们拉拢这股新兴势力，一则为自己歌功颂德，传播文化；二则在授权保护师生们的过程中，将自身的影响力渗透到地方，避免地方势力过分专权。

正因为这些特许状的重要性，以及它们在颁布时间上的确定性，很多大学就以此作为自身创立的标志性事件。比如，巴黎大学就以获得第一个皇家特许状的 1 200 年作为学校的创始时间。不过大学的发展趋势并不总是遵照国王或者教皇的意愿。它一经成立，就是一个独立的机构，更何况它所汇聚的乃是一群思想上的精英。“独立之精神，自由之思想”乃是大学的精髓，想要以一纸特许状收买这些人中龙凤为己所用，简直难于登天。甚至有学者认为，大学乃是中世纪欧洲的第三种公权力。谁能想到国王与教皇都试图扶植的大学，能如此迅速地羽翼丰满，最终成长为与之鼎足而三的强大力量。他们更加料想不到的是，正是在这片新思想不断涌现的阵地上，产生了反教权、反王权的思想，当初的襁褓之婴有朝一日会成为它们的掘墓人。

大学在各种力量的斗争与妥协中应运而生，那么中世纪的大学生活会是怎样的呢？中世纪的欧洲充满了传奇怪异的故事，这个时期的大学生活是否

1　瓦尔特·吕埃格. 欧洲大学史：第一卷［M］. 张斌贤，等译. 保定：河北大学出版社，2008：180.

也同样光怪陆离？

在这一点上，著名学者查尔斯·霍普·哈斯金斯给出了最好的答案。他在《大学的兴起》的最后部分，发人深省地总结道："中世纪离我们已经相当遥远了，在某些方面比古典时代离我们还要遥远。还有，我们很难认识到，现时和那时的男人和女人同样都是人类。我们必须常常牢记，无论时代如何变迁，人类发展的基本要素都大致相同，而且，只要人类的特质和物质环境保持不变，人类发展的基本要素也必须一直保持不变。在生活和求学的关系方面，中世纪的学生与现代学生的相同点要远远大于我们事先的想象。"[1] 也就是说，过往年代的大学生活与当今的大学生活在本质上并没有什么不同，这对于我们理解历史有着重要的指导意义。在这层意义上，当代人谈及古代，并把它拿来与现代做比照，就显得顺理成章了。历史本身就是一个以人为主体的、连续贯穿的时间区间。然而，尽管历史研究的性质是这样，但是历史叙述的对象毕竟在不同的时代背景下展现出不同的特点，只有一个个有血有肉的故事才能使历史形象变得丰满。"一个时代和一所大学的真实情况可能相当不符合其他时代和其他大学的真实情况。"因此，对普遍意义上的学生生活的合理描述几乎是不可能的。历史的普遍性与特殊性的张力由此展现。因此，本书只是尽可能地展示一些具有代表性的情况。

中世纪的大学生活，要从学生注册入学开始说起。相比于今天的入学考试制度而言，尤其是中国高考千军万马过独木桥的场面，在中世纪的欧洲要进入大学深造显得容易得多，甚至去国外的名校留学也就是一场说走就走的旅行罢了。当时的欧洲大学对入学不做国籍、社会地位的规定，连智力和语言的要求都没有，也没有入学考试。事实上，很多进入大学的学生都不一定具有读写拉丁语的能力。教师在接纳学生入学一事上具有很大的自主决定权，只要得到老师的首肯，那也就意味着学生进入了学术共同体。无论是本邦异国还是富贵贫贱，只要你能忍受路途遥远和艰难险阻，大学的大门就会向你敞开，大有海纳百川的气度。大学招生的随意性还体现在，没有固定的

1　查尔斯·霍默·哈斯金斯. 大学的兴起［M］. 王建妮，译. 上海：上海人民出版社，2007：60.

注册或者开学的日期，一年中的任何一天都是适宜的。学生的年龄跨度也很大，虽然大学对最低入学年龄没有限制，但是根据当时的注册记录看，基本上都是 14 岁到 30 多数的青壮年。非要说有什么入学标准的话，那大致有三条：一是作为基督教徒要接受洗礼，二是道德品质优良，三是性别为男。

首先，当时的大学生都是神职人员。这种神职人员的定义非常宽泛，上至教皇下至教堂的看门人都包含在内。他们从小信仰基督教，受过洗礼，几乎是默认的事实。其次，所谓的道德品质是一个很含糊的概念，只需要一个人相信自己是合法出生的就行了。最后，大学完全是一个男性的世界，这倒是一个值得注意的特点。这跟中国的科举制度一样，如果生为女子，哪怕才学不让须眉，也不可能有资格参加科举。当时欧洲以男性为尊的特点也很明显。虽然一些贵族家庭也为女儿聘请家庭教师，接受不输于大学的高等教育，甚至有些人还成了法学家，但是女人想要抛头露面，跟男人一样进入大学，享有特权，是绝对不可能的。当时能进出大学的女性只有教师的家属、女佣、使女、女厨子等，但她们显然不能被视为大学生。单性别的学校难免会有很多问题，尤其是这些男生又正值血气方刚的青壮年时期，酗酒、赌博、斗殴、嫖娼的事情屡禁不止。难怪乔叟在《坎特伯雷故事集》里面还专门记载了一则牛津大学学生勾引房东太太的故事。不可思议的是，这件事被视为牛津大学教育的成功。因为他能够与房东太太偷情而不被房东发觉，体现出了他的智慧。我想这大概与牛津的教育是扯不上关系的，如果真的是牛津大学的功劳，那么从道德的角度看，真是让牛津人哭笑不得。不过，这个故事也从侧面反映了当时部分大学生的生活。

从学生的出身来看，中世纪大学的学生群体一般由三个阶层构成：最上层的是贵族、高级僧侣和其他一些有身份的人，中间阶层是大量的富家子弟，最下层的是贫困学生。虽然说学校对前来求学的学生来者不拒，但这并不代表学校对学生一视同仁。事实上，嫌贫爱富的情况也频繁地出现在象牙塔内。比如，上课、会议、仪式和辩论之时，高级教士、贵族子弟和富家子弟拥有坐在前排的特权，而穷学生是没有机会坐到前四排座位的。

贵族并不理所当然地要进大学，因为他们不需要大学教育的背景就已经拥有了很多特权。但从 15 世纪后半叶起，当整个欧洲的贵族都感受到来自资产阶级的激烈竞争时，他们也打算通过教育途径，着手夺回他们在国家和教会中失去的地盘。

而由富家子弟构成的中间阶层是人数最多的。他们既没有头衔，也没有官职；既没有客户关系，也不像穷学生那样靠减免学费来读大学。但他们是中世纪大学得以生存的最为重要的物质保障——不同地位的学生按不同方式交注册费，富家子弟的人数和如数缴纳的费用成为大学收入的重要来源。怎样吸引足够多的富家子弟来自己的学校，是当时大学最为关注的事情。这些“财神爷”在学校里享有特殊权利也就在情理之中了。

穷学生在大学里的日子过得并不如意，崇尚苦修的观念已经一去不返。他们没有财产、地位和社会关系，各方面都处于弱势，内部凝聚力又差。大学对于贫困学生的入学是有严格控制的，因为学校收入有限，而穷学生不但无法支付学费，甚至还需要学校提供帮助。长此以往，学校财政必然入不敷出。有些学校会针对穷学生给予优惠，如免交学费、开设特别讲座、由教皇为贫困学生颁发博士学位。但这种“特殊鼓励”方式，往往带着抚恤弱者的姿态，反而强化了穷学生的边缘地位。更加不合理的是，不管是宿舍的床位还是奖学金，大多数都给了那些有能力支付上学费用的学生。因为他们与捐助者之间关系紧密，捐助者更愿意让亲戚朋友受益。这种资源分配的方法，无形中使穷学生受到排挤。

学生宣誓、交注册费，并在校长授权下完成注册之后，就正式成了大学团体中的一员。不过新生们可别高兴得太早，他们还需要经过老生们组织的“入伙洗礼”仪式。在这个不成文的传统中，充满着各种各样的恶作剧，某种程度上近乎虐待，而花天酒地的开销自然要算在菜鸟们的头上。新生们被押到“学生老大”面前，谦卑地听候差遣。这种仪式年复一年，各届的学生们也扮演着“多年的媳妇熬成婆”的角色。不过，如果这种仪式不受控制，很容易引起混乱，其间还可能出现敲诈勒索、胁迫和抢劫。许多大学私下还有一种所谓的“新人费”，就是在新生加入学生群体时，由老生向其收取的“进校费”。为了保障良好的秩序，大学的立法权威就开始规范这种“新生过关”的事情。但是，这种菜鸟受虐的象征形式一直在西方大学中保存下来。

图 1-4　牛津大学基督教堂学院

进了大学，首要的事情还是如何安置这些学生。起初，大学并没有固定的场所。无论是学生住宿还是老师上课，都是在租借的房子里进行。可是随着大学的发展和扩张，学舍（college/collegium）便应运而生了。虽然学舍的英文表达跟学院相同，但它们是两个截然不同的概念。当然，学舍、学院、同乡会这些单位在当时互相重叠，很难进行明确的区分。不过从今日的认知回望过去，我们可以认为学院更偏向于以学科来分类的组织，是一种抽象的存在；而学舍则是具象的，更像是宿舍，但是又比宿舍承担着更多的功能。学舍的建筑以一个中央庭院为中心，形成一组方形建筑群，一般包括一个餐厅、多间起居室和多间卧室、一个厨房和地窖、一座讲堂、一个图书馆和一个小礼拜堂。这种格局在今日的欧洲大学（尤其是历史悠久的大学）仍然屡见不鲜，例如牛津大学有默顿学院、基督教堂学院（图 1-4）、圣约翰学院等，它们的建筑风格均为四方庭院的封闭式结构，保留着中世纪学舍的遗风。

最早的大学学舍出现在 12 世纪末的巴黎大学。它们由“穷教士”提供微薄的慈善基金支持，其目的是为了给一些学生提供住所。但是学舍一经建立，就有违其初衷，它们很少被视作为“穷学生”提供的简单寓所，更多的是被当作特权机构，保护它们自己的成员，提供最好的工作和学习条件。换言之，就是组成了一个学者精英团体。所以，教师（享有优先权）和比较富有的学生才被接纳进来。在大多数情况下，进入学舍的机会一般依次给予捐助者的家人、亲朋好友、与家族有交往的人、出生地或者家乡的居民、同国或同一主教辖区的人。学舍得益于不断增加的捐赠，以此扩建图书馆，拥有真正的、合适的教师团体，拥有新颖的、先进的教学机构。“在与学院（大学）的竞争中，学舍的地位不断上升，学院（大学）的作用逐渐被削弱到仅仅授予学位。”[1]

对于生活在学舍里的人来说，他们享受到的好处还有实实在在的物质利益。例如，他们有权生产或免税进口诸如面包、肉食、啤酒和葡萄酒之类的日用品，从而减少了生活开支。学舍成员从中受益，相当于获得了一笔奖学金。他们的食宿全部免费，每周还要发一次津贴，时常有人出资为他们缝制夏季、冬季服装或学位服。

不过，在享受特权和保护的同时，也要付出相应的代价，那就是在舍长的监督下遵守纪律。学舍及其附属学生宿舍里的生活，可能是最为严格的。让我们看看弗莱堡大学的萨皮恩提尔学舍的规定。“学舍不允许女性到学舍访问学生，哪怕迈进一只脚都不行，除非是洗衣妇或者照顾重病患者的夜间值班护士，即使是这些妇人，也要求她们具有无可指责的品行。学舍成员每周轮换负责伙食：每周都有一个学生负责布置餐桌，包括放置和撤走餐盘，打扫餐厅，据推测他可能还要自己做饭，或同助手一起做。在每天的午餐和晚餐时，每人有一份半磅的肉，和一些根茎类蔬菜、卷心菜、豆子布丁或其他蔬菜，进餐时一般还有酒。而烤肉只有在较大的宗教节日、新生入学或者学舍创办人及其兄弟的诞辰年庆上才能吃到。私取定额供给的特制食品是被明令禁止的，厨房和学生的房间都处在监视之下。已经获得了学位的学生，

1　瓦尔特·吕埃格. 欧洲大学史：第一卷［M］. 贺国庆，等译. 保定：河北大学出版社，2008：65.

可免于餐桌值日之责。所有的学生都在同一个寝室中睡觉，当然这个寝室也被分隔成若干个小间，任何人都不能擅自进入别人的房间；房间里一般没有取暖设备；在睡觉时，灯是保持不熄的；值周的人打扫寝室中的公共部分，而每个小间则由各人打扫，‘以使灵魂不沾染灰尘’。学生每日要做弥撒，每周有一次布道，而且至少要在每次宗教节日时做一次忏悔。”[1] 最让学生难以忍受的是在学舍里必须使用拉丁文，而不能用母语。这种行为守则也是受到监视的，学生们戏谑地把此类监视者称之为“狼”，意思是说他们常常在暗处守着，等待学生们犯错以惩罚他们。可见，学生们对“狼”的恶毒有多么的气愤。说母语累计几次就会被告发，另外破坏学舍安宁（包括弹奏乐器、打牌、掷骰子，而弹奏翼琴和下象棋是得到允许的）、出言不逊、怀淫外出都会受到惩罚。普通的惩罚由舍长实施，要么是罚款——这对囊中羞涩的学生而言是非常有约束力的，要么是不给吃饭，尤其是不给酒喝，这种手段在大家集体用餐时显得格外“残忍”。如果涉及是否要将学生暂时或永久开除，则要由大学的校长来做决定。[2] 正因为学舍的好处不是轻易能得到的，很多家境富裕的学生宁可放弃进学舍的机会，而在校外租房。

尽管学舍有利有弊，但是因为数量少、规模小，能容纳的学生人数毕竟是少之又少。即使在学舍数量最多的巴黎，15 世纪时，最多也只有 15% 的大学生能入住学舍。更多的人需要为容身之所四处奔忙。一般而言，只有两种可能性：要么一个人单独租住或与其他人合租私房；要么在由大学批准或监管的学生宿舍内居住。选择第一种的，是来自贵族家庭、富裕的资产阶级家庭或高级教士家庭的高地位学生，他们常常会带上他们的仆人和私人教师一起住。大学一直鼓励第二种选择，而且它也符合经济考虑和社会行为。一方面，有共同语言、背景的学生和导师自然而然地走到一起，满足了学生与导师及其家庭联系的需要；另一方面也符合大学当局以及其他世俗和教会组织监督学生住宿的要求。宿舍负责人，为整幢宿舍购买或租赁合适的家具，

---

1 瓦尔特·吕埃格. 欧洲大学史：第一卷［M］. 贺国庆，等译. 保定：河北大学出版社，2008：247－248.

2 瓦尔特·吕埃格. 欧洲大学史：第一卷［M］. 贺国庆，等译. 保定：河北大学出版社，2008：246.

还要负责食宿以及学术教学。作为回报，他所管理的学生“家庭”每周付给他薪水，他们还要支付食宿费和学习费用，这些费用习惯上也按周计算。而贫困学生的住宿情况是悲惨的。他们没钱租住第一种房子，而学舍、会堂、集体宿舍虽然有时候也提供几个免费的床位，但穷学生一般只能作为仆人入住，通过做仆人来偿付每周的所有或部分费用。有些地方，比如维也纳，特别为穷学生提供“陋室”，那是一种便宜但很简陋的住房，学生们都挤在狭窄的空间里。不知他们是否会有“斯是陋室，惟吾德馨”的情怀。维也纳还有最便宜的“两便士会堂”和“三便士会堂”（每周）租给穷学生。两便士大概只够学舍里用一顿正式的午餐，穷学生们的生活有多么艰苦，由此可见一斑。

解决了食宿的问题，学生的大学生活才能安定下来。不过从史料来看，这些大学生们过得并不安稳。客观上，他们因为物质利益要跟市民做持久的斗争。英语中有一个特定的词组——Town and Gown（市镇与学袍），指的就是当地居民与大学师生之间的重重矛盾。主观上，这些年轻学生本身就不安分守己，制造出不少麻烦。看起来他们并不是为求学而来，而是充满诱惑、逍遥自在的城市生活让他们乐而忘返。从13世纪到15世纪，到处都可以听到人们对他们的抱怨。在雅克·德·维特里主教眼里，巴黎大学是一个国际性的恶人议会，是全世界罪恶灵魂的集合地。教师们曾经不止一次地谈论说：“如果没有学生的话，大学将是一个非常惬意的地方。”从这些评论来看，大学生的形象似乎非常堕落。但是，哈斯金斯教授在《大学的兴起》中极力为好学生正名。好学生最经常的表现就是努力读书、勤做笔记、参与辩论等，但是并没有太多值得记录的东西。拉达什尔说：“有德行学生的生活没有历史记载。”这是有道理的，试想当校友重聚时，追忆最多的就是学生时代的胡作非为，而不是“好好学习，天天向上”。好学生的大量存在是不能否认的事实，但是史料的有限性建构了片面的形象，让人误以为这些大学生整日游手好闲、惹是生非。

虽然保留下来的史料有失偏颇，但是它至少也展现了大学生生活（图1－5）的真实一面。第一，与学生有关的法庭记录。既然是案例，总是离不开骚乱和犯罪。例如博洛尼亚大学的一位学生，手持短弯刀在教室里与人斗殴，使

图 1 – 5　中世纪大学课堂

聚集在教室里听讲座的其他学生受到了重大伤害和损失；牛津大学验尸官的卷宗里记录了市民和学生聚众闹事的种种致命结局。第二，大学为学生量身定制的禁令，主要包括：避免同任何女性接触，禁止携带武器，禁止穿时髦衣服炫耀，禁止在言行上冒犯教授和同学。最为滑稽的是，莱比锡大学针对学生向老师扔东西的不同情况有着十分具体的处罚条例，分为捡起东西但没有扔出去者，已经扔出去但没有击中老师者，击中老师完成自己险恶用心者。[1] 第三，学生书信。只可惜，一来中世纪的书信很讲究形式，二来通过对优秀书信的采集，其中原本就不多的个人色彩再次被过滤掉了。因而原本能提供生动画面的材料也不复存在。要钱是当时学生书信的最主要内容，而且总是以学习的名义讨要生活费、购书费和必要的社会应酬费。从当时的情况看，如果仅仅是应付日常的学习和生活并不会花费太多，而且学校会给予一定的补助，加之当时就已经有各种各样的勤工俭学，能够补贴花销。在家长的回信中经常有责备儿子、让他改邪归正的规劝。这里摘录一封有趣的书信："我最近发现你生活放荡懒散，喜欢放纵自己而不喜欢受约束，喜欢玩耍，而不喜欢工作。当别人都在努力学习时，你却在漫不经心地拨弄吉他。结果是，你才读了一本法律著作，而你的同学却读了好几本。因此，我劝你要彻底改变放荡而散漫的生活方式，这样人们就不会再称你为浪子，

1　查尔斯·霍默·哈斯金斯．大学的兴起［M］．王建妮，译．上海：上海人民出版社，2007：50 – 51．

你也会洗脱污点，获得好的名声。”[1] 联想一下，这跟现在父母教育孩子的口吻多么相似。而且似乎永远有一个优秀的、叫作“别人家的孩子”的人，成为学生们心头挥之不去的阴影。第四，学生诗歌。但是这种记录形式的时间很短暂，大致在1125—1225年的一个世纪中，其创作者是漫游教士，包括学生、以前的学生，甚至教师。他们笔下的游学青年大多生活潦倒，嗜酒如命。

另外，还有一种被称为学生手册的资料，其目的是帮助学生学习外语，适应学校生活。哈斯金斯将学生手册和学生书信、学生诗歌并举，但在笔者看来，学生手册所反映出的学生形象更加具体生动。这类遗作中最有意思的一篇题为《打算上学生大学并在那里有所收获的学生的指南书》。它像是一个故事，完整地把学生的整个大学生涯呈现出来。到达学校时，这位来自乌尔姆的年轻人开始登记注册，他的父母生活境况一般。然后遵循德国的风俗习惯，他准是受到了恶作剧的捉弄。他被装扮成一头长着触角和獠牙的邪恶野兽，好管闲事的同学会把触角和獠牙摘掉，并且聆听他的忏悔，替他做出盛宴款待围观者以示悔罪的决定。随后，他开始了自己的学习，每天聆听三次讲座，学习唯名论，反对唯实论，学习特伦斯的喜剧，质疑法律，学习辩论各所大学的优点、食品的价格、大学啤酒的质量。然后，我们发现他和一位室友因为一本放错位置的书争吵不休；发现他踩着第一声放学铃声奔向餐厅，他们在那里讨论小牛肉和蚕豆的相对价值；发现他在尼卡尔以外的旷野里或沿着著名的哲学家之路散步，而且边走边与他人用拉丁语交谈着鸟鱼之类的话题；他违反了校规；他借了别人的钱，并如数归还了；他坠入爱河，但又恢复如初了；他去听一位意大利胖修士布道了或去市集看杂耍了；他知道三伏天就要来了。最后，这名学生被其父母告知，到了该拿学位和回家的时间了。他开始为此焦躁不安：他没听过几节课，但他不得不起誓保证自己照常上课了；他没有努力学习，招惹了许多教师的反感和敌视；他的老师劝他不要尝试考试；他害怕考试失败的耻辱。但是有人启发他说，明智的礼物

1　查尔斯·霍默·哈斯金斯. 大学的兴起［M］. 王建妮，译. 上海：上海人民出版社，2007：50.

图 1－6　中世纪博洛尼亚大学教师

可以让他赢得所有人的好感，并劝他写信向家里要更多的钱，盛宴款待他的教授们——如果把他们招待好的话，他就无须担心考试结果了。[1]

最后的这个建议对该时代的教育标准做了一个奇特的解释。那么，老师究竟是不是那么容易被收买呢？这需要考察一下大学里的另一个主体——教师的生活情况。

对知识的尊重奠定了教师（图 1－6）威信的基础，然而教师与学生的关系是非常微妙的。他们虽然有师徒名分，但是在契约关系上是平等的。尤其是在学生行会强势的博洛尼亚大学，甚至是学生对教师有着严格的要求。如果在常规讲座上，他不能保证有五名听众的话，他将受到罚款的处罚，形

1　查尔斯·霍默·哈斯金斯. 大学的兴起［M］. 王建妮，译. 上海：上海人民出版社，2007：58－59.

同缺课。因为如果愿意来听的人连五个都没有，那该是多么糟糕的讲座。学生们坚决认为他们应该从教师那里获得与所交学费相匹配的教育。从这一点上看，当时的学生对知识是充满着渴望的，而且维权意识也非常强烈。这种“高压”是能够奏效的，因为起初学生交纳的学费是教师最主要的生活来源。但是这点微薄的学费收入是远远不够的，还必须加上其他捐助才能勉强度日。[1] 为了增加收入，教师们也联合起来形成类似于行会的组织。他们拥有颁发教师许可证的权力。这份证书能作为某人达到这种能力的证明，不管将来从事什么职业都有用处。所谓教师许可证其实就是学位证书，这是大多数学生都希望得到的。教师们通过考试的形式来考查学生，而学生参加考试时必须缴纳高额的费用。后来，学校为了吸引优秀教师前来任教，开始向教师支付薪金（学费和考试费仍旧收取）。总之，在中世纪，教师这个职业既受人尊重又有一定的特权，但是并不富裕，资金问题始终困扰这些知识分子们。他们可以通过生日、婚姻、写作、租房或提供咨询以获得额外的收入，有些教师甚至还会像急需用钱的学生放贷（利息通常比其他要低）。这样看来，学生依靠送礼、走后门这些旁门左道的方法，以求通过考试也是很可能成功的。不过究竟结果怎样，恐怕还要取决于那位老师的德行。

1　这是较为常见的情况。但也有少部分教师本身就出身高贵、收入不菲，还有一些法学教师靠当律师打官司而收入丰厚。

第二节 “小鬼当家”VS“宗师掌校”
——博洛尼亚大学与巴黎大学

今天，提起意大利的博洛尼亚大学和法国的巴黎大学（现已拆分成13所独立的大学），或许并不特别出名。尽管它们仍然能够跻身世界一流大学的行列，但在世界大学排行榜上的位置并不醒目。在2013年的榜单上，博洛尼亚大学和巴黎第十一大学（十三所大学中排名最高）的排名都在180名开外。可是，如果将时间上溯到欧洲中世纪，这两所大学完全可以骄傲地宣布，它们位于世界大学榜单的最前列，因为当时本来就没有几所大学。

从大学史来看，博洛尼亚大学、巴黎大学、帕多瓦大学和牛津大学并称为欧洲四大文化中心。不过细究起来，后面两所大学直接受惠于前二者，尊称它们“前辈”绝不为过。1988年，博洛尼亚大学在校庆九百周年之际，声势浩大地汇集了欧洲430个大学的校长，共同签署了《欧洲大学宪章》，宣布博洛尼亚大学为“欧洲大学之母”。事实上，这个称号还能再扩大一些，不妨称为“西方大学之母”。不管后来的美国也好、澳大利亚也罢，要追溯大学源头的话，博洛尼亚大学同样是其滥觞。

这样说，似乎有点忽略了巴黎大学。不过巴黎大学完全用不着担心自己的地位，因为在尊称博洛尼亚为“母亲”的大学行列中，巴黎大学是唯一的例外。在起始时间上，巴黎大学与博洛尼亚大学不分伯仲，甚至还有人称它为“世界大学之母”。如果以国王（或者皇帝）或教皇的特许令为准的话，两所大学大约都建立于12世纪末13世纪初。博洛尼亚大学（图1－7）号称建校于1088年的说法，其实从史料的考据来看，更多是一种出于时势需要

图 1－7　博洛尼亚大学校徽

的武断。按照这种不太靠谱的方法来推算，巴黎大学能上溯到 9 世纪，比博洛尼亚大学还早。在这方面过分纠缠，已经没有太大意义了，反正现在人们通常都会将博洛尼亚大学与巴黎大学并举。这从欧洲大学校长出席会议的座次上也可看出些端倪，这两所大学的校长一般都是并坐的，随后才是牛津诸校，很好很和谐。如果硬要排出个先后顺序来，不但迂腐，而且也会引发不必要的麻烦。从地理方面看，这两所大学，一个在阿尔卑斯山之南，一个在阿尔卑斯山之北，完全有可能独立产生。这个问题好比人类起源，有人主张非洲起源说，有人主张多地起源说，各有道理。

不过，人们总是喜欢把博洛尼亚大学跟巴黎大学连在一起说，恐怕更重要的原因是它们分属于不同性质的大学，而且特点异常鲜明。博洛尼亚大学是一所由学生当家做主的大学，而巴黎大学是一所由教师扬帆掌舵的大学。就一般意义而言，后者更符合正常的逻辑，但前者就太过逆向思维了。即便在许多研究大学的历史学家眼中，博洛尼亚大学也是一朵“奇葩”。说它是“奇葩”，并没有贬义，正因为其特殊性，成了极有价值的研究对象。或许有朝一日，大学想要大刀阔斧地进行改革的话，也能从它身上汲取营养。巴黎大学，作为与之相反的典型案例，也相应地成了热门的比较对象。一切事物有黑才有白，有正才有反。如果所有大学后来都以学生为主导，那么巴黎大学反而成了例外的“奇葩”。在那个大学刚刚兴起的年代里，未来的道路仍然晦暗不明，有待探索。这正是两所“原型大学”的意义所在。它们虽然选择了不同的道路，但敢于为天下先的“开拓者”必将被永载史册。

博洛尼亚大学

教室里，学生们正在交头接耳地讨论今天的课到底还上不上。老师带着教学笔记走进门庭冷清的教室，当他发现讲台下只坐了三名学生时，显得非常惊慌。这时，学生委员会的一名委员刚好前来检查教学情况。他一目了然地清点了学生的数目后，宣布今天的课取消。学生们立刻欢呼着离开了教室，只剩下学生委员和教师。委员转头对教师说：“先生，非常抱歉，由于您课程的听课人数少于 5 人，按照规定，必须要对您处以罚款。”老师只能无奈地摇摇头，叹着气接受这个处罚，因为他知道这的确是学校的明文规定。

这一幕，看起来有些不可思议，但根据史料记载来推演，的确有可能发生在中世纪的博洛尼亚。为什么博洛尼亚城会成为大学的发祥地，又为什么这座大学一开始会由学生唱主角呢？

博洛尼亚是意大利北方的一座城市。这块古老的土地曾经饱受古罗马文明的滋润。但是在西罗马帝国灭亡之后，亚平宁半岛陷入了四分五裂的局面。博洛尼亚在名义上是属于神圣罗马帝国的土地，但是神圣罗马帝国事实上只是一个徒有虚名的橡皮图章，它既非神圣也非罗马更不是帝国。博洛尼亚成了一个有着极大自治权力的城市。相对于皇帝而言，称得上是“天高皇帝远”；而相对于教皇而言，离罗马也较远，受到节制较少。往往在这种“天不管地不管”的环境中，思想的发展最为自由。而且由于地理位置优越，经济发展相当迅速，行会制度比较健全，富庶、安定的生活也有利于文化的交流。1256 年，博洛尼亚成为欧洲最早废除农奴制的城市国家。13 世纪下半叶，它成为欧洲人口最多的十大城市之一。[1]

在博洛尼亚大学建立之前，当地的学校教育已经被教会学校垄断长达

1　罗红波．博洛尼亚大学［M］．长沙：湖南教育出版社，1993：22 – 23．

图 1－8　腓特烈一世加冕

1 000年之久。但是，时间推进到 12 世纪时，出现了所谓的“博洛尼亚文艺复兴”。这场在真正的“文艺复兴”之前的预演，就是由博洛尼亚大学主导的。当时，一股学习法律的热潮悄然兴起。至于为什么法律会成为一时之选，通常认为有两个原因。

首先，这是现实斗争的需要。这种斗争的范围非常广泛，既有帝国皇帝跟教皇之间的，也有人民与教会之间的。

世俗政权跟罗马教廷的关系一直貌合神离，蓄积的矛盾最后终于爆发。11 世纪末到 12 世纪初，皇帝和教皇为争夺主教和修道院院长的任命权展开斗争。他们都以“任命法”为舌战的工具，法律研究的重要性由此突显。学者之间出现了支持不同势力的两派。格拉齐亚诺撰写了《教会法律丛书》，证明教会具有神圣任命权。另一边，四位博洛尼亚大学著名的法学家应神圣罗马帝国皇帝红胡子腓特烈（图 1－8）的邀请，参加隆卡利亚帝国会议（Roncaglia Diet），其中三人拥护皇帝。为了酬报大学对皇权的鼓吹和论证，皇帝在 1158 年颁布了一条法律，规定帝国范围之内的各个学院都必须成立学生协会，由协会教师主持，学生支付教师酬劳。法律还规定，保护前往异乡求学的学子，不准地方政权阻挠。这条法律，让博洛尼亚大学声名大震，学生数目立刻飙升到2 000多人——其中有不少德意志地区的学子慕名而来，使得博洛尼亚大学从意大利名校转变成整个欧洲的知识中心。[1] 更为重要的是，这条法律确认了大学独立于任何地方政权，从历史的角度看，影响是深远的。但也有学者研究指出，在当时的欧洲，这条法律只不过是一纸空文罢了，因为帝国皇帝根本无力对各地的大学给予实质性的保护。这一点后来就实实在在地体现在博洛尼亚大学身上。从人民与教会的关系来看，人民对于教会的统治越来越不满，急需从世俗学者那里获得更广泛的知识和启迪。这正好配合了学者对罗马法的研究，学生与教师便应运而生。他们组织起一种社团式的协会——Lo Studio，被现代人称之为“协会式大学”或“法学院”。

其次，这跟博洛尼亚商业的发达和法律的渊源有关。博洛尼亚经济繁荣，在封建体系内部资本主义的因素正在萌芽。正因为如此，被马克思称为“以私有制为基础的法律最完备形式”的“罗马法”又重新进入人们的视野。有史学家认为，古罗马的伟大之处并不在于其庞大的帝国版图，而在于其行政制度、法律和艺术。尽管帝国的辉煌已然烟消云散，但是古罗马时代的法律精神并没有在亚平宁的土地上湮灭。博洛尼亚就成了其中最杰出的代表。这里相继诞生了伊尔内里奥、格拉齐亚诺等法学名家，让法律得以薪火相传。伊尔内里奥被尊称为“法律之灯”，他的四位学生后来成为博洛尼亚大学四大法学博士会的台柱。虽然历史学家对伊尔内里奥的历史地位尚有争议，但他对博洛尼亚大学的历史贡献是不能否认的。事实上，任何一所大学都离不开名师。虽然博洛尼亚大学是以学生为主导，但这只是就学校的权力结构而言。从学校的建构上来说，名师的作用仍然十分突出。尤其在中世纪，名师成为学术阵地内强有力的凝聚核心。各地学子仰慕他们的声望，纷纷前来拜师学艺，大学才得以初具雏形。

那么，博洛尼亚大学师生之间的关系究竟怎样？为什么同样仰仗名师，巴黎大学顺理成章地由教师掌校，博洛尼亚大学却是非同寻常地由学生治校呢？这种情况，在历史上又有着怎样的流变？

从博洛尼亚大学的组织起源上来看，人们出于学习和研究法律的需要而

1 罗红波．博洛尼亚大学［M］．长沙：湖南教育出版社，1993：42．

聚集在一起，从而形成了一个共同组织。与中世纪其他专业（文法、逻辑、几何等）的学生相比，他们的年龄更大，地位也更独立，师生之间的条件很接近。有很多学生是拥有财富和社会地位的年长者，所谓的“规训与惩罚”便行不通了。更加重要的是，当时教师跟城市政府毫无关系，他们大多没有固定的薪金来源，基本上要靠学生筹钱获得报酬。这些人与其说是老师，不如说是独立演说家。“他们从事教育活动的方式就是接受别人的延聘，然后对雇主进行学业上的指导。”[1] 因此，学生们的自主权很大，他们能根据教师列出的课程内容、课时和时间，自行选择。这跟现代大学的选课制度非常类似。

然而，这种契约所维持的也仅仅是权利义务平等的社会关系，不足以造成一方压倒另一方的局面。从历史的过程来看，即便是博洛尼亚大学也是先有教师行会，再有学生行会的。教师行会有授予学位、颁发教师资格证的权力。

这场转变开始于12世纪末13世纪初。帝国皇帝实力衰微，意大利的城市纷纷要求独立。博洛尼亚也趁势成立了城市国家政权。为了防止优秀教师流失，吸引更多的学生，城市当局要求教师们宣誓不到本城城墙以外的地区从事教学活动。教师们大多选择屈从于这条命令，但是外城来的学生并不甘心，因为他们在博洛尼亚是无法享有跟本地居民同样的权利的。为了维护自身的权益，对抗城市当局的专制，有一部分学生想方设法逃出城外，留下来的学生根据家乡籍贯组织起“同乡会”。虽然避免了势单力孤的局面，但是市政当局一力偏袒市民。1217年，这些学生集体离开了博洛尼亚。这次事件对博洛尼亚的经济造成了巨大的打击。市政当局和教师方面不得不做出让步，包括在赋税、食物价格、地租和房租方面给予学生很多优惠。此后，“同乡会”之间实现了合并。在1240年前后，形成了意大利人（非博洛尼亚人）为主的“山南大学”和非意大利人为主的“山北大学”，并从学生中选举出校长。大学所有的推选程序都是采取投票选举的方式，有趣的是，投票

1　海斯汀·拉斯达尔. 中世纪的欧洲大学——大学的起源：第一卷［M］. 崔延强，邓磊，译. 重庆：重庆大学出版社，2011：108.

的道具是黑白两色的豆子。在坚持不懈的艰苦斗争中，学生行会的权利一步步扩大，并最终得到了政府的合法承认。

在此过程中，矛盾已经从外籍学生与当地政府的斗争，转变为学生行会与教师行会的抗衡。教师认为学生不能组织合法的行会，尤其是博洛尼亚籍教师竟然联合城市当局抵制外籍教师获得诸多实质性的大学特权。但是面对羽翼已丰、实力强大的学生行会，教师们迫于收入问题，不得不做出让步。学生行会针对教师的管理和控制非常严厉，教师没有得到学生行会允许不能休假；如果外出旅行，为了保证及时返校，必须提供相应的担保；教师必须严守时间和课程进度，否则就要从教师供托于银行的保证金中扣除相应的罚金。[1] 做博洛尼亚大学的老师并不容易，一不小心就会出现各种“教学事故”。另外，学生行会成立后，教师们不再直接从学生手中取得报酬，而是从学生行会那里领取。相比而言，学生受到的限制就要少很多。主要是禁止携带武器和禁止进行赌博——这也是意大利学生最容易犯的毛病。还有一条奇特的规定：学生在毕业前三个月或者拿到学位后一个月这段时间里，禁止其在寝室内玩乐。可能是为了防止带坏其他同学，也可能是为了维护学生本人和学校的荣誉，以免“晚节不保”。

不过不要以为师生之间水火不容，那是行会之间的谈判，老师和学生的私人关系也有一些很不错的。有些老师提供“不用交纳学费也可以试听 15 天”的课程，很受学生欢迎。有些老师为了让经济拮据的学生来听课，还会向他们提供贷款。但也有些老师会做出有辱斯文的事，这主要体现为招生中的明争暗斗。因为对教师来说，多招收一个学生就是一笔不菲的收入。为了吸引学生，老师们“八仙过海，各显神通”。有些老师会让自己的学生把招生广告或书信材料寄给亲朋好友，有些老师会互相拆台，互挖墙脚，甚至大打出手。

相应的，学生对老师也有两种截然不同的态度。对自己喜欢的老师，学生们总会充满尊敬地称之为“吾师”。受到学生们好评的老师一旦开课，大家就会蜂拥而入，抢占座位。这种情景跟现代大学里的一场著名讲座如出一

1 张磊. 欧洲中世纪大学［M］. 北京：商务印书馆，2010：58 – 59.

辙。但也有很不守规矩的学生，对老师无礼戏弄，有时甚至很出格。比如，法学教师阿尔贝里克爱喝葡萄酒，有一群西班牙学生就把他灌醉，并趁机偷了他的教学笔记。

当学校内部、学校与政府的关系相对稳定下来之后，博洛尼亚大学的发展速度明显加快了。原本学生无论是上课还是住宿，都要自己去租借房子。到了 1267 年，博洛尼亚创办了第一所学院——阿维尼翁学院。此后，各种学院也陆续创办起来，其中最著名的是西班牙学院。该学院一般只招收家境困难的学子，并且还要对他们的基础知识进行测试，通过者方能入住。虽然要求严格，但是西班牙学院的待遇还是相当好的。从拉斯达尔的《中世纪的欧洲大学》中，我们能看到对这座学院生活的详细描述。每个学生每天都能获得一磅鲜嫩牛肉或小牛肉，或其他优质肉类，还可享用各种“冷食便餐”。中午的正餐丰盛，晚餐则简单些。面包、食盐和红酒酌情提供，但红酒的采办须经院长同意。宗教节日或四旬斋前的礼拜日，学院会提供比平时多一倍的食肉津贴。斋期到来时，学院的膳食津贴便会用来配给鱼和鸡蛋。在正餐和晚餐后的“协调时间”里，学院全体人员会共进“冷食便餐”，适时适量地享用一些饮料。除了日常用度之外，每年秋季，学院会发放一套厚实羊皮制作而成的新披肩，外加一件布质披肩。五月初，发放一套质地、颜色相同的斗篷和兜帽。除此之外，学院每年还为大家提供总计 12 博洛尼亚磅的生活津贴，以采办蜡烛、马裤、鞋子等生活必需品。[1] 别看条件这么好，学院对个人的要求非常严苛。学生必须参加每日两次弥撒中的一次，参加假日的晨祷和晚祷，参加每天的讲座课程，否则就要罚款。晚上迟归的话，初犯者将被处以“仅食用面包和清水一日为代价进行忏悔”；再犯，则处罚加重至三天；第三次就直接开除。如果夜间翻窗离开学院，也会被直接开除。[2] 总之，事无巨细都有专门的规定。

不过相比起那些家境不好，又不能住进学院的同学来说，这些人的境遇

1　海斯汀・拉斯达尔. 中世纪的欧洲大学——大学的起源：第一卷［M］. 崔延强，邓磊，译. 重庆：重庆大学出版社，2011：140.

2　海斯汀・拉斯达尔. 中世纪的欧洲大学——大学的起源：第一卷［M］. 崔延强，邓磊，译. 重庆：重庆大学出版社，2011：141.

简直就像在天堂一般。有些学生终日靠乞食为生，遭人嫌弃，仰人鼻息。有时候，他们不得不跟狗抢东西吃。有一则记录说，有个学生流着眼泪把馊了的面包和着清水硬往肚子里咽。可见，在中世纪，穷人的孩子求学真是异常艰难。一些学生勤工俭学，自谋生路，但是效果不佳，只好写信向政府要求慈善救助。以当时的物质水平来看，即便是政府出面，也未见得能解决多少问题。试想一下，就算贵为国王，都要随时奔波，从一个封地到另一个封地去“扫荡”食物，普通学子就更困难了。尽管如此，我们也看到他们对知识的渴望，以及以此改变命运的念头有多么迫切。

虽然博洛尼亚号称“学生大学”的典型，但是名实相副的时间并不长。根据文献记载，至少在 1280 年时，就有市政府支付教授薪金的记录。不过那个时候，接受薪金的教授的名单由学生行会选举决定。这无疑是市政府插手学校事务的第一步。市政府支付薪金的目的是要把优秀的人才留在本城，提高博洛尼亚大学的竞争力，吸引更多的学生前来就读。但从效果来看，有点适得其反。因为学生行会规定只能由少数外籍教师获此待遇，反而逼得博洛尼亚本城的优秀老师远赴他乡。市政府意识到问题的严重性后，就增加了受俸教授的名额和金额，以保证“肥水不流外人田”。但随着资金的不断注入，市政府在学校拥有越来越大的话语权，最终市政府把对受俸教授的任命权和管理权委托给一个叫作“拨款委员会”的理事组织。14、15 世纪时，“拨款委员会”已经掌握了大学的实际控制权，到 16、17 世纪时，学生自治最终宣告终结。

博洛尼亚大学“学生自治”的结束，标志着一种具有独创性的教育体制的终结。此后的博洛尼亚大学或委身在教皇的控制之下，或处于战争的硝烟之中。虽然“瘦死的骆驼比马大”，但是其辉煌已经不能跟过去相提并论。

在博洛尼亚大学之后的历史中，最值得一提的，是在九百周年校庆之际，各校共同签署的《欧洲大学宪章》。“它进一步明确了大学的实质，这就是：大学享有充分的自由；大学的知识属于人民；大学是崇高的传统思想文化的捍卫者；大学既创造知识，也传播知识；大学对研究自由和教学自由给予保障；精神和文化是人类尊严的实质内容，而大学则是维护精神和文化的中心”[1]。

巴黎大学

年华似水，不舍昼夜，塞纳河却情有独钟地在西岱岛多停留片刻。它如同热情的母亲般张开双臂，环抱着西岱岛，然后才依依不舍地西流入海。这座小岛不仅是巴黎城最初的源头，而且至今仍然是巴黎的象征之一。矗立在岛上的巴黎圣母院像一位饱经风霜的老者，见证着巴黎城千年的兴衰沉浮。虽然没有钟楼怪人和艾丝美拉达（Esmeralda），但巴黎大学的故事是从这座小岛开始的，并与这座宏伟的大教堂有着千丝万缕的联系。

不过在千禧年之际，巴黎还不是一座伟大的城市。很难想象，这座令后人为之心驰神往的文化之都，当时还是一片狼藉。街道上到处弥漫着死尸和粪便的臭味，罪犯不论男女都赤身裸体地被游街示众。就连国王路易六世的王子菲利普，居然在巴黎街头让一只乱跑的黑猪撞下马摔死，市政之混乱可见一斑。[2] 这种情况，在整个欧洲都相差无几。尽管如此，布罗代尔仍然认为，这个世纪的欧洲，作为一种文化和政治力量开始崛起。在文化方面，巴黎大学的出现无疑是最为重要的因素之一。

巴黎大学究竟在何时建立，一直以来是个争论不休的问题。历史学家在追溯巴黎大学的源起时，都会提到阿贝拉尔。阿贝拉尔无疑是那个时代的明星人物，他的故事还被收录到了法国长篇诗歌《玫瑰传奇》之中。甚至在20世纪90年代，好莱坞拍了一部以阿贝拉尔为原型的浪漫爱情剧《天堂窃情》。

阿贝拉尔出生于一个封建领主家庭，他志在从军千里、建功立业，但家庭把他送往了教会学校接受教育。阿贝拉尔在知识方面展现出惊人的天赋，曾拜罗瑟林、尚波和安瑟姆为师。这三位都是当时最负盛名的神学教师，只可惜在辩才无碍的阿贝拉尔面前都败下阵来。“木秀于林，风必摧之”，过人的天赋加上桀骜的性格，总是会给少经世事的年轻人带来巨大的麻烦。尽管

1　罗红波. 博洛尼亚大学［M］. 长沙：湖南教育出版社，1993：81－84.

2　安德鲁·哈塞. 巴黎秘史［M］. 邢利娜，译. 北京：商务印书馆，2012：45－46.

图 1-9　巴黎大学索邦神学院

才智远不如学生，但是他的这几位老师靠着手中的权力给他设置了巨大的障碍。令人快慰的是，他们的嫉妒排挤并未得逞，反而给阿贝拉尔带来了巨大的名声。由于不能在巴黎主教座堂任教，他就隐居到塞纳河左岸的圣热内维埃夫山，络绎不绝的求学者聚集到这里来。阿贝拉尔不仅吸引了大批的学生，而且他的隐居所在也成了后来索邦神学院（图 1-9）的基址。

正当这位天纵之才达到巅峰之时，真正的考验开始到来。教士福尔贝尔请他来教外甥女爱洛伊丝神学和哲学。孤男寡女共处一室，俩人很快就陷入爱河，难以自拔。而阿贝拉尔的学术研究也因此陷入低潮。学生们抱怨他不认真备课，老是炒冷饭或谈爱情诗。福尔贝尔知道此事后，怒火中烧，纠集了一帮暴徒，割去了阿贝拉尔的两个睾丸。这实在是一项骇人听闻的罪行。尽管福尔贝尔也曾被施以宫刑，但对阿贝拉尔而言，处罚太重，已经于事无补。树敌过多的阿贝拉尔被无数人嘲笑，曾经的老师罗瑟林还写信报复挖苦。此后，由于阿贝拉尔继续发表有损教会权威的“异端邪说”，又在精神上遭到了一次阉割——教皇不允许他再发表言论。好在他跟爱洛伊丝不离不弃，他们用通信的方式保持精神的恋爱。恐怕这就是后人对阿贝拉尔的故事津津乐道的主要原因。1142 年，阿贝拉尔病逝，1163 年，爱洛伊丝病逝，她被好心人埋葬在阿贝拉尔身边，再也没有力量能将他们分开。就在这一年，宏伟的巴黎圣母院开始动工。无论人们怎么看待阿贝拉尔的生平，有一点可以肯定的是，他让巴黎成为全欧洲的文化焦点，慕名“朝圣”的学生为巴黎大学的建立创造了人员上的有利条件。

跟所有的中世纪大学一样，巴黎大学的诞生也跟“市校之争”有重要关系。1200 年的一天，一位德国贵族学生的侍从在小酒馆里被人打伤。他的同乡立刻聚集起来痛揍了老板一顿。巴黎的市民听闻此事后异常愤怒，全副武装地袭击了德国学生的住所，杀害了好几个学生。学者们以集体出走为威胁，向国王腓力二世申诉。国王毫不犹豫地站在学生一边，判处巴黎教区长终身监禁，还审判了一些市民。国王颁布宪章，授予学者特权，这意味着国王承认学者行会的存在。因此，这个宪章通常被认为是巴黎大学的肇始。当时，国王和教皇都希望拉拢学者这个团体，为自己服务。所以，1208 年时，教皇英诺森三世也针对此事颁布了特权敕令，承认学校的司法独立权。

1229 年时，风波又起。无独有偶，这次争端又是出现在酒馆。那年的狂欢节，几个学生到巴黎市郊游玩。他们在一个小酒馆中享用完香甜的红酒后，结账时却因价格问题起了冲突。很快口水仗升级为拳脚相向，一时间杯盘横飞，狼藉一片。寡不敌众的老板找来邻居，一起痛打学生，并把他们赶出小镇。第二天，不甘示弱的学生有备而来，肆意报复那些被他们蔑称为“好人雅克”的巴黎人，还打碎酒桶，让美酒在整个街道上随意流淌。直到镇长带着卫兵出现，天平才倾向于市民一方。但是血腥的气息一旦弥漫开来，就不太容易控制，士兵们不但进攻肇事者，还攻击了在城外举行节日活动的学生。这一回，巴黎大学的老师再次以罢课、迁校来要挟国王。不过这一次不太奏效，未能得偿所愿的师生们倒也真有骨气，说到做到地离开了巴黎。有些人去了图卢兹、奥尔良、兰斯等地创办大学，另一些人应英王亨利三世的邀请，远赴英伦。正因为这场事故，才有了后来的牛津大学和剑桥大学。1231 年，教皇格里高利四世和法王路易九世认识到事情的严重性和人才的重要性，并达成妥协，决定召回师生。这次出走，虽然让巴黎大学的实力暂时受到严重削弱，但是大学收到的回报也是巨大的。教皇颁布了惩处 1229 年暴乱事件肇事者的谕令，而且还让国王授予大学以罢课权、制规权和惩罚权等。拉斯达尔在《中世纪的欧洲大学》第二卷中评论道："在此之前，贵族和牧师垄断着欧洲的政治生活，但由于大学的胜利和发展，一种新的学术秩序开始与前两者一起共同影响欧洲人的生活。"[1]

此后，巴黎大学在教皇和国王的双重庇荫下迅速发展。查理五世时期，巴黎大学甚至被称为"国王的长公主"。这种特权的增加，甚至让巴黎大学的师生到了骄纵无度的状态。1408 年，蒙福贡的纪尧姆下令处死两名犯有谋杀罪的学生。大学不服判决，提请上诉，最终在次年 5 月赢得诉讼。纪尧姆被勒令取下已经腐烂了的学生尸体，并送到修道院下葬。令人不寒而栗的是，大学律师还要求他亲吻死者的嘴唇以示悔悟，这一要求得到了满足。[2]

从查理七世开始，巴黎大学的特权被逐渐剥夺。这可能就是巴黎大学傲骨不再的后果——它在美国国王的威胁之下，奴颜婢膝地做出了圣女贞德有罪的判定。在这个时期的力量对比中，法国国王一方远远超过大学。一方面是因为查理七世在百年战争的胜利中实力大增，另一方面是巴黎大学本身的"名实不副"。由于巴黎大学在前期获得了太多的特权，老师和学生都拥有很多好处。有些学者就滥用特权，游手好闲，对大学的名声很不利。甚至有些人为了保有这些特权，故意拖延不毕业，一边享受学生身份的好处，一边到处赚钱。他们在社会上的所作所为，已经配不上学者的神圣身份。德尚在《婚姻的镜子》中谈及大学生们的生活状况："一些荒唐好色之徒变得令人作呕，还有一些人竟然变成了窃贼和凶手，人人都无意学习，却精于相互斗殴，为了姑娘们彼此间都在你争我斗；仿佛这就是他们的合法权利和合理行为，一个个都弄得神魂颠倒谁又能清醒回头；如此这般的情景要持续漫长的六年，但要毁灭自己谁也用不了多长时间。"[3] 可见当时人们对大学生这种

---

1 海斯汀·拉斯达尔. 中世纪的欧洲大学——大学的起源：第二卷［M］. 崔延强，邓磊，译. 重庆：重庆大学出版社，2011：37.

2 安德鲁·哈塞. 巴黎秘史［M］. 邢利娜，译. 北京：商务印书馆，2012：77.

3 让. 皮埃尔·里乌，让·弗朗索瓦·西里内利. 法国文化史：第一卷［M］. 杨剑，等译. 上海：华东师范大学出版社，2006：248－249.

图 1－10 攻占巴士底狱

本末倒置的生活是很不满的。国王就顺应“舆论需要”，趁势收回特权。到 15 世纪末，这些学者特权几乎已经丧失殆尽。虽然之后仍有些小反复，但国王的目的已经达到，大学不再是鼎足而立的力量之一。

在此后数百年间，巴黎大学一直表现平平，辉煌不再。在文艺复兴和宗教改革运动中，巴黎大学僵化不前，毫无生气，甚至成了阻碍新文化发展的“巴士底狱”（图 1－10）。终于，在轰轰烈烈的法国大革命中，巴黎大学被取消，直到拿破仑称帝时才恢复。但是，巴黎大学真正的复兴要到 1881 年。但好景不长，在 20 世纪 60 年代的五月风暴中，巴黎大学被拆分成了十三所大学。即便如此，也不会有人质疑巴黎大学在大学史上的地位。如果说博洛尼亚大学是剑走偏锋的话，那么巴黎大学就是中规中矩地创造了许多现代大学的典型制度。

在巴黎大学的所有原发性创造中，“学院”可以说是影响最为深远的。这里的“学院”，跟现代意义上学科分类的“学院”不同，比如法学院、人文学院、物理学院等，但是也不同于纯寄宿性质的“学园”，比如浙大的蓝田学园、紫云学园、白沙学园等。巴黎大学开创的“学院”兼含了现代意义上的学院与学园两种功能，既是一个师生共住的社区，又承担着教学的任务。

当然，这种建制并非一开始就卓然成型的。而且当时还没有以“学院”的名字来称呼，有的学者称其为“学寮”，有的学者称其为“社团”，因为“学院”的功能尚未健全。学院由世俗或教会的富人创设，其成立的初衷是救济那些贫困学子，为他们提供基本的食宿，带有民间慈善性质，是一种奖学性机构。虽然中世纪的求学者中不乏贵族和富商的儿子，但是大部分人还是家境一般甚至家徒四壁，求学的开销对他们而言是一笔巨资。很多人都只能露宿街头，行乞为生。当时拜阿贝拉尔为师的学子们，聚集在圣热内维埃夫山脚下的福阿尔街。而福阿尔街的意思就是“稻草街”，就是指学生们自行搭建破烂的凉棚，睡在稻草铺设的席子上，甚至教学也要在这样的环境中进行。

巴黎最早的学院名叫“十八人寮”，建于1180年。一位来自伦敦的朝圣者在参观巴黎圣母院和附近的救济院后，买下了救济院内的一个专门的房间，以此资助十八位学者教士。救济院为他们提供住宿，并且每个月发放补助金。这十八位学者的义务就是遵守院规，以及在舍友的葬礼上背负十字架唱圣歌。到了1231年时，十八人寮已经不再挤在救济院的房间里，而有了自己专属的屋舍群落，更名为“十八人学院”。[1]

学寮向学院的转变，也不仅仅是住宿条件的改变，最主要的还是教学（图1-11）功能的加入。学寮的学者们在晚上会对白天学习的内容进行复习或讨论，其中不乏精彩绝伦的演说和辩论，吸引了许多外面的学生参与进来，由此宿舍逐渐变成了授课的场所。13世纪设立的学院就基本上比较成熟了。14—15世纪，学院的目标已经不仅仅是救济穷学生，而是向特定种族或特定专业的学生提供较舒适的食宿条件。[2] 1300—1500年间，巴黎共创立了50所学院。巴黎国家档案馆收藏了一幅14世纪末的画——《于庞或圣母经

---

1 海斯汀·拉斯达尔. 中世纪的欧洲大学——大学的起源：第二卷［M］. 崔延强，邓磊，译. 重庆：重庆大学出版社，2011：135.

2 张磊. 欧洲中世纪大学［M］. 北京：商务印书馆，2010：140.

图 1 – 11　14 世纪末巴黎的教学

学院章程》，表现了值勤学生一周的生活场景。他需要点燃圣母雕像前的灯，把酒赐给一个穷苦的妇人，每星期六打扫小教堂，对接替他的人交代管理小教堂的书和其他书籍的情况，喂养大鸟笼里的鸟儿。清晨，睡在一张床上的两个孩子中的一个要敲钟唤醒同学，之后就做日课。[1]

在巴黎大学的学院中，最著名的当属 1257 年由索邦建立的索邦神学院。跟所有学院的目标一样，索邦神学院也是为了资助那些学习神学的穷学生。学院设立了 16 个奖学金席位，而且非常平均地分配给四大同乡会——法国、诺曼、皮卡第和英国。索邦神学院受到了大量的资金捐助，国王路易九世还捐献了土地，学院的大楼很快建造起来。因此它的名额也从 16 名增加到 36 名，而且也不仅限于贫困生。除了这些领取全额奖学金的“津贴学者”外，还包括一定数量接受学院正餐、晚餐碎肉资助的“受益人”。后者要为学院员工提供一些低贱的服务为代价。后来索邦的每一位成员都配有一位“贫穷

1　让. 皮埃尔·里乌，让·弗朗索瓦·西里内利. 法国文化史：第一卷［M］. 杨剑，等译. 上海：华东师范大学出版社，2006：241.

教士”作为私人侍从，他们的生活起居共享一室。[1] 索邦虽然研究神学，但是反教会倾向明显，因此建校之初也受到了不少教会学校的排挤。然而14世纪时，索邦神学院已经成为基督教世界最著名的教育中心。甚至有人感慨道：“索邦，欧洲大学之母！”今天的巴黎第四大学就建筑在原来神学院的旧址上，现在还能看到一些古老的遗迹。

从结果上看来，学院的创建兼有利弊。好处在于，学院为学生们尤其是贫困生提供了住宿和教学的固定场所，而且便于集中管理，一定程度上避免了学生惹是生非。很多家长看到这一点，不惜自费也要让儿子入住。但坏处在于，学校也有了不动产，一旦再跟市民或国王闹翻，就有点投鼠忌器，不敢再随便以迁校为条件来威胁市政或王权。因为现在已经是“跑得了和尚跑不了庙”了。随着学院规模的扩大，这种牵制也就越来越大，政治力量的介入也就愈发有效。这在某种程度上，也是导致后来巴黎大学屈从王权的原因之一。不过，这种推测是否准确还是有待考证的，因为牛津、剑桥也是以学院制为主的中世纪名校，但始终保持着一种较高的独立性。

学生的大学时代，有两件事最为重要：一是入学，二是毕业。如果说巴黎大学的入学条件相对简单的话，那么毕业就比较困难了。这可能也是西方大学宽进严出传统的开始。

跟今天的大学生一样，想要毕业就必须要参加毕业答辩。但当时的毕业答辩不是一次就能通过的，而是在整个四旬斋期间持续进行。所谓四旬斋，即四十天的封斋期，也叫大斋节。学生也可以找“助理答辩人”来替代自己一段时间。答辩是极其辛苦的，以著名的“索邦之辩”为例，答辩人必须保持站立，论辩分上下午各六人轮流对答辩人进行发难，只有中午有一个小时的休息时间。在答辩过程中，只有一名观众可以时不时地以拍手或跺脚的形式，向答辩人传达观点是否被认可的信息。[2] 另外，答辩活动很耗费钱财，学生不仅要支付租赁教室的费用，还要请参加活动者喝红酒。而且答辩者会

1　海斯汀·拉斯达尔. 中世纪的欧洲大学——大学的起源：第二卷［M］. 崔延强，邓磊，译. 重庆：重庆大学出版社，2011：138－139.

2　海斯汀·拉斯达尔. 中世纪的欧洲大学——大学的起源：第二卷［M］. 崔延强，邓磊，译. 重庆：重庆大学出版社，2011：125.

图 1－12 巴黎大学答辩会

（图 1－12）尽可能地邀请名人前来捧场，并吸引大批的听众。他的朋友们甚至会临时上街拉路人当听众。如果学生要拿到学位，除了学业方面的考核之外，还要接受道德方面的审查。有些人会因为言语粗鲁、着装不规范或者参与赌博、斗殴，而使申请学位失败。一旦获得学位，该学生往往会举行晚宴来庆祝。晚宴的盛大程度直接跟学生的经济情况挂钩。据记载，1452 年，有一位贵族在首日就准备了足够 600 人享用的猪、牛、羊肉，次日又准备了 300 人的宴席，而且还宴请了全校的所有成员。在那个物资匮乏的年代，这样的花费是极其惊人的。就算是普通学生，其花销也是不菲的。所以我们经常能见到学生在给家长的信中，以此为理由，狮子大开口地要钱。

巴黎大学对毕业生的严格考察，使其能在相当长一段时间内，雄踞西方教学事业的头把交椅。虽然之后毕业答辩和学位授予也逐渐流于形式，但是巴黎大学对学习过程中的考察还是很实实在在的。凡事想要“对付”而过，不仅是对学生不负责任，而且反过来也会令学校名誉受损。西方学校宽进严出的教育制度是非常值得借鉴的。

第三节 “泰晤士河上的罗密欧与朱丽叶”
——牛津与剑桥

“加油！加油！加油！”一阵又一阵的呐喊声响彻云霄，泰晤士河的两岸挤满了围观助威的人群。河面上，两只八人赛艇交替领先，互不相让。只见他们一队身着深蓝色运动服，另一队身着浅蓝色运动服，两队队员都铆足了劲，将手里的船桨运转如飞，不敢有丝毫的落后。相比中国端午节龙舟竞赛的纪念性质，泰晤士河上的竞赛是一场名副其实的决斗。这便是独属于牛津大学与剑桥大学的一年一度的赛艇比赛（图 1 – 13）。这场较量始于近两百年前，不仅有正式的战书，而且每次比赛的结果都被记录在两校的档案中。

1829 年，剑桥大学圣约翰学院的查尔斯·莫瓦尔和他在牛津大学的好友查尔斯·华兹华斯（著名诗人威廉·华兹华斯的侄子，威廉毕业于剑桥大学）约定进行一场划船比赛，以“了结”牛津大学跟剑桥大学几百年来的恩恩怨怨。1829 年 3 月 12 日，剑桥大学向牛津大学下达战书：剑桥大学在此向牛津大学挑战，在伦敦或靠近伦敦的泰晤士河上进行一次八人艇挑战赛，时间定在复活节期间。6 月 10 日，比赛在泰晤士河牛津郡的亨利河面上进行，总长 4. 374 英里[1]，数以千计的观众赶来观战。经过艰苦较量，牛津大学在第一次较量中夺魁。根据协商规则，前一年的落败者就是后一年的挑战者。但第二次比赛一直到 7 年后才举行，这次规模更隆重，观众更多，甚至还有啦啦队。这次比赛在社会上引起了巨大反响，伦敦市民也组织了亨利皇家划船赛。但是这支紫色的船队，尽管实力强劲，却是永远的失败者，因

1　1 英里 = 1. 609344 公里。

图 1－13　剑桥大学叹息桥赛艇比赛

为它根本没资格参加这场专属的比赛。1991 年，牛津大学终于做出了回答：“这是英国两所最古老的大学之间的私人比赛。伦敦队参加会将整个事情搞乱套。”剑桥大学的教练则强调：“马蒂（伦敦队教练）是澳大利亚人，根本不理解这种文化，好像划船比赛是要看谁最快似的！”[1] 这个回答很幽默也很无理，比赛难道不是以快慢定输赢？但这就是牛津大学与剑桥大学的气质，在它们自己的世界里谁也不服谁，但在对外时又惺惺相惜，傲视天下。正如哈维尔・马里亚斯所写：“牛津人对世界上其他任何大学的毕业生都不由自主地流露出蔑视的态度，而对剑桥人表现得特别尊敬（也完全可能是一种根深蒂固的仇恨）。牛津人的那种尊敬好像是因为对方相像的独特性，才让他们感到舒服。”[2] 据说 19 世纪中叶，在比赛之前，两校的划船教练都会到对方观察，目的不在刺探敌情，反而是诚心想帮帮对手，其目的是：“让世界看到最完美的划船。”[3] 这种说法如果放在今天或许有可能，但在 19 世

1　彼得・扎格尔. 牛津：历史和文化［M］. 朱刘华，译. 北京：中信出版社，2005：30.
2　彼得・扎格尔. 牛津：历史和文化［M］. 朱刘华，译. 北京：中信出版社，2005：150.
3　金耀基. 剑桥语丝［M］. 北京：三联书店，2007：120.

纪中叶时恐怕比较困难。因为在首次比赛之后的20年中，剑桥大学和牛津大学先后进行过10次比赛，但比赛中两校不停地为规则细节发生争论。而自1856年以后，赛艇比赛才成为一年一度的赛事，只在两次世界大战中中断过。牛津大学虽然初战拔得头筹，但是从整体战绩统计来看，还是剑桥略胜一筹。

这场延续了180多年的比赛，已演变为两校的历史传统，成为两校高贵地位的象征，同时也成为英国人乃至于西方人的盛大节日。在举办赛事的那些日子里，有几十万英国人亲临现场观战，而电视机前更是有数亿人翘首以盼。由此，英国媒体将牛津大学、剑桥大学比作泰晤士河上的“罗密欧与朱丽叶”。不过罗密欧与朱丽叶乃是一对悲情的恋人，但牛津与剑桥的关系远远较之复杂。那可真是“剪不断理还乱”，爱恨情仇，跨越千年。在世界大学史上，也没有哪两所学校像英伦双子星这般空前绝后。有人会拿美国的哈佛大学和耶鲁大学媲美，还有人会拿中国的北大和清华相比，但它们与这两位前辈比起来真是小巫见大巫。如果您关注一下世界大学排行榜，会发现牛津大学与剑桥大学几乎毫无悬念地牢牢占据着前十名中的两把交椅；如果您再计算一下前十名高校的年龄，更会惊讶地发现，只有牛津大学与剑桥大学才能追溯到中世纪，然而两位“老人”仍然老当益壮。把这两方面的因素结合起来，我们就不难发现牛津大学与剑桥大学的无与伦比之处。德国人彼得·扎格尔写过两本书：一本是《牛津——历史和文化》，另一本是《剑桥——历史和文化》。他在两书的前言中将牛津大学与剑桥大学比作亚当与夏娃，这跟笔者的想法不谋而合，而且这个比喻是可以深入发挥的。

这需要从牛津大学与剑桥大学的起源谈起。哪怕在这一点上，两所大学都要争论一番。牛津大学吹嘘本校由阿尔弗雷德大帝建立，剑桥大学更夸张地说本校是公元前3538年由西班牙王子带领希腊学者建立的。不过，剑桥大学的夸耀显得欲盖弥彰。从正式的大学史来看，被普遍接受的一种说法是，牛津大学学者避难来到剑桥，在原有教会学校的基础上建立起了剑桥大学。事实上，两所学校都有宗教神学的背景，可以说是上帝伊甸园中的产物。而牛津大学学者建立起剑桥大学，就好像是从亚当身上取下的肋骨变为了夏娃。自此之后，“男人”与“女人”便开始了无止无尽地互相追逐，“远之则不逊，近之则怨”。难怪它们都酸溜溜地称呼彼此为“那个地方”。巧合的是，这个比喻也符合两个学校的气质。去过牛津大学和剑桥大学的人

图 1－14　剑桥大学徐志摩诗碑

都会有这种直观的感受——牛津大学像是一位深沉忧郁的绅士，而剑桥大学则像一位端庄明丽的淑女。这或许跟牛津大学、剑桥大学的景观特点直接相关。牛津的城市规模比剑桥要大得多，建筑宏伟而偏冷色调。牛津的骄傲之中有一种王者风范，这是其他任何大学所无法比拟的。试想一下曾经有多少凤子龙孙在此地就读，又有多少位英国首相从这里毕业，就不难理解牛津大学的高贵血统。牛津大学校史，是英国政治史的重要部分。而剑桥虽然在建制上已经升级为城市（连剑桥人自己都觉得不可思议），但仍然保持着恬静淡雅的田园风光，而且建筑颜色跳跃，偏暖色调。牛津大学是石头建筑中的风景，而剑桥大学是风景中的石头建筑。剑桥的这种自然风景要归功于婀娜多姿的剑河，“轻轻的我走了……在康河的柔波里，我甘心做一条水草”（图 1－14），让多少学子魂牵梦萦。“剑河”不但是剑桥大学名字的缘起，更赋予了它内在的灵魂。剑河就像是美人颈间的丝带，“沉淀着彩虹似的梦”。事实上，牛津也有河（牛津名字的由来就是牛群可以喝水过河的渡口），叫作爱西斯河（Isis）。有一位仁兄曾有妙解：牛津人的爱西斯河可直通泰晤士河，所以一帆远航，直上青云。反之，剑桥的剑河不与泰晤士河相通，所以云淡风轻，恬淡隐退。[1]

或许有人会好奇地问，为什么剑桥大学会是牛津的学者创立起来的呢？这的确是大学起源中非常值得一谈的问题。至今，英语中仍然有一个固定的词组叫作“学袍”与“市镇”（gown and town）。这个词组是牛津与剑桥校史的缩影，甚至又一次成为两校所专享的“特权”。因为大约从 1200 年到 1800 年的 600 年间，英格兰就只有这两所大学。600 年，这即便是对人类文明史而言，也是一段不短的时间。

简单来说，这个词组就是指大学与市民之间的权利争斗。这要从牛津大学的建立开始说起。1167 年，英国国王亨利二世同法兰西国王菲利普二世因为土地问题矛盾激化，英王一怒之下把在巴黎深造的学者、书生统统召回，并禁止他们再去法国学习或教学。这批学者在牛津定居下来，并按照巴黎大学的组织方式讲学，逐步形成了一所大学，成为英国经院哲学教学和研究的中心。1191 年，集结在此的学生团体和学者们开始把牛津称为 university，意为一个保护教师和学生免受市民迫害的团体。国王给了这些学者们很多特权，最重要的就是对物价的限定和司法方面的保护，这引起了当地市民极大的不满。1209 年的一件“事故”成了矛盾爆发的导火索。故事有两个版本：一种说法是，牛津学生在练习射箭时误杀了镇上的一名妇女，引发骚乱，几个学者在骚乱中被市民吊死，学校停课，学者纷纷外逃，其中一些人就来到剑桥定居；另一种说法是，牛津大学的两名经院派哲学家被控谋杀了一名妓女，牛津市法庭将他们判处绞刑，学者们在恐慌中逃亡，部分人来到了剑桥。甭管是“一场射箭引发的血案”也好，还是“一个妓女引发的血案”也罢，至少这个事情言之凿凿，应该假不了。这件事从表面上看，应该是英国大学史上的重大灾难，几乎要将刚刚萌芽的大学扼杀在襁褓之中。然而，事情朝着相反的方向发展。没想到这件事竟然惊动了远在意大利的罗马教皇。因为当时大学的主要任务是传播神学，培养神职人员，所以理所当然地成了宗教势力要维护的对象。罗马教皇做出了一个保护学校的重要决定，即授予林肯区主教或其代表对学生行使司法权，这样就产生了牛津大学的第一

1　金耀基. 剑桥语丝［M］. 北京：三联书店，2007：116.

位校长（学长）——罗伯特·格罗斯泰斯特。但市民与学生之间的角力远未结束。1355 年 2 月的修士节期间，发生了惨不忍睹的牛津大骚乱。事情的起因，据说是几个大学生在客栈里骂葡萄酒质量不好，顿时酒杯横飞，大打出手。事情本身颇为平常，但市民们本来就对大学生拥有高人一等的特权和趾高气扬的架势十分不满，这回算是找到了彻底爆发的机会。随后的两天，当地暴民横扫大学生们的居住区，抢劫、凶杀无一不作，有 63 名学生在这次骚乱中丧生。更加恐怖的是，死难学生的头皮被剥下来，血淋淋地悬挂在城中。现在想来，仍然让人不寒而栗。牛津大学向英王爱德华三世告了御状。王室极为震惊，国王亲自指派了王家委员会前去牛津调查，责令市长带领市民去牛津大学认罪道歉，并处以 500 年的罚款。从此以后，每年修士节那天，牛津市长就领着 62 名市民前去大学赔礼道歉，在圣玛丽大学教堂里举行的弥撒上，向大学副校长缴纳 63 个银币。[1] 有人觉得这个时间好笑，但笔者认为，这恰恰体现了爱德华三世的高瞻远瞩——他知道一次性的巨额罚款非但不能调解矛盾，反而可能引起市民更大程度的逆反，但是经年累月的道歉，会让市民对大学的尊重成为一种习惯，形成一种传统。历史证明了爱德华三世的智慧，这种象征性的罚款直到 1825 年才结束。1955 年 2 月 10 日，市民和学校师生达成了明确的和解：市长成为大学的荣誉博士，副校长成了城市的荣誉市民。此事之后，在爱德华国王的庇护下，牛津大学获得了更多的特许状（图 1－15）和权威。

花开两朵，各表一枝，我们再回过头来看看剑桥大学。当那些惊魂未定的牛津学者逃亡到剑桥后，如果他们以为找到了一处与世无争的世外桃源，那就太傻太天真了。事实上，剑桥的居民也不会比牛津温和。早在 1231 年，亨利三世就代表大学生们向剑桥市长抱怨房租太高了。反过来，市民们又对大学拥有的各种特权极度不满，从对酒馆营业执照的监督到享有审判权，这是 13 世纪以来所有的英国君主即位时就允诺给这两所大学的，一直持续到伊丽莎白一世时期。[2] 王室还规定，从 1371 年起，一年一度的镇长及行政长

1　杨薇. 牛津的故事［M］. 北京：中国广播电视出版社，2006：30－31.

2　彼得·扎格尔. 剑桥：历史和文化［M］. 朱刘华，译. 北京：中信出版社，2005：7.

图 1－15　牛津大学特许状

官在宣誓就职仪式上必须开宗明义地宣誓“大学特权神圣不可侵犯”，当地居民把它讽刺为“黑色的聚会”。1284 年，伊里教区主教雨果·巴尔森发现，一些来自牛津大学的学者依然对在牛津的遭遇耿耿于怀，并且开始放荡酗酒，惹是生非，便决定在剑桥创立第一所学院——彼得屋（Peter House），把这些人集中在一起，专心教育。13 世纪时，剑桥最初创立的学院都称为屋（house）或大厅（hall）。14 世纪后，才采用学院（college）这个词。[1] 但是，校舍数量很少，只能供教师生活和工作，学生全部租住在校外的民房中。学生的生活环境像修道院一样严厉和穷困。圣约翰学院规定：“一张床上不超过两人，除非他们不满 14 岁。”清晨和晚上学生们必须做礼拜，坐在简陋冰冷、地面铺着干草的教室里听讲座，进行辩论，没有体育活动或集体

1　章晓明．剑桥的故事［M］．北京：中国电影出版社，2005：9．

安排的业余时间。学生们唯一的调剂就是城里的小酒馆和夫人们。

1342 年，就有人对大学师生的越轨行为表示不满：“光头本应是他们地位的象征，然而他们蔑视这一标志，像女人似的将头发长长地披在肩头，或者烫成卷发、涂脂抹粉……他们穿毛领长袍、红绿色格子的鞋，围很长的真丝围巾，手指上戴着戒指，腰上缠着又宽又贵而且嵌有人物和黄金的腰带，腰带上还挂着剑一般的刀子。”[1] 1347 年，一场让欧洲人闻之色变的大瘟疫——“黑死病”席卷欧陆，很快传播到英伦。1349 年，疾病袭击剑桥大学，师生们四处逃亡。但当时整个欧洲都被死亡的阴影笼罩着，根本无处可逃。英格兰有三分之一的人口死于“黑死病”，剑桥大学更是死亡过半。然而，这只是暴风雨前的序曲。“黑死病”造成的一系列后果——劳动力减少、物价飞涨、苛捐杂税提高、工资却维持不变——导致了西欧历史上最大的一次农民起义——1381 年的农民暴动，也波及剑桥。当地居民趁机发泄对大学的满腔不满。他们冲进课堂，劫掠学院，焚毁了包括王室特许状在内的重要文件和图书。剑桥镇长还声色俱厉地要求大学当局制定规章，保证遵守镇上的法令习俗，并放弃全部特权。农民起义被镇压后，剑桥市镇官员被召到西敏寺接受处罚。王室对城镇采取了严厉的惩罚措施，恢复和扩大了剑桥大学的特权。剑桥大学还被批准成立民事法庭，对牟取暴利、在瘟疫期间恶意造成感染的人，大学都有权审理。同时规定，剑桥大学校长有权审理集市上引起的诉讼，享受自治，不受镇上的行政官员管理；一般的民事刑事案件，除特别严重者外，都由剑桥大学校长自行审理。[2] 除了司法方面的特权，国王还给予了剑桥大学以经济方面的实际利益。剑桥大学有权监督剑桥的度量衡和生活用品价格，甚至检查市民的业余活动，例如足球、演戏、斗鸡和斗熊等。直到 1856 年，议会颁布了一项法令，取消了剑桥大学监督集市和年市、颁发酒馆营业执照和自行判决的权利。到 1894 年，学校保持着不让学生们受到最危险诱惑的古老权利，即批准逮捕妓女的权利。到 1974 年，大学在市议会里还拥有 4 名自己的代表。直到 21 世纪初，布莱尔政府才成功地剥

1　彼得・扎格尔. 剑桥：历史和文化［M］. 朱刘华，译. 北京：中信出版社，2005：5－6.

2　章晓明. 剑桥的故事［M］. 北京：中国电影出版社，2005：17.

夺了剑桥大学最后的特权——颁发葡萄酒经营许可证的权利，该特权可以追溯到 1382 年理查二世的一封文件。[1]

尽管牛津大学和剑桥大学两校在中世纪屡遭劫难，但是在英国王室和教会势力不遗余力的扶持中，反而得以茁壮成长。可以说，大学与市镇的冲突每爆发一回，大学的权利就提高一层，而市镇的权利就退后一步。今日去往牛津或是剑桥，你会感到城市和大学的水乳交融，难分彼此。举个最简单的例子，如果你单说“牛津”或者“剑桥”，既可以指城市亦可以指大学。现在，全英国都把它们视为无价的文化瑰宝，谁能想到几百年前曾有过这样一段腥风血雨的历史。如果你带着这段历史记忆去参观这两所大学，还能在其中找到蛛丝马迹。那就是学院的建筑，比如剑桥的三一学院非常像汉普顿宫，甚至建有塔楼、堞墙等防御工事，这分明是抵御外敌入侵用的！难怪有人说，学院的门墙就是“灵”与“肉”、“大学”与“社会”的界线，就是“学袍”与“市镇”间的疆界。

无论是宗教还是世俗的力量都如此重视大学的建设，哪怕中世纪再“黑暗”，这被呵护备至的文化之火也必将成燎原之势。不过历史总是那么吊诡，它们扮演的角色非但不是中世纪的终结者，反而成了它的重要阵地。不管是把 1640 年英国内战还是把 1688 年光荣革命作为英国走出中世纪的标志，牛津大学与剑桥大学走出中世纪差不多都要在两百年后。一直以来，牛津、剑桥的院士都被禁止结婚（院长除外），金榜题名与洞房花烛从来都难以两全其美。虽然院士在学院内享有各种令人羡慕的特权，但不能结婚的禁令终究是太过专断了。1877 年，禁令及其他限制终于被取消，人们才不无感慨地说，中世纪在牛津大学结束了（剑桥也大约在那个年代）。

更加令人难以相信的是，当工业革命在英国如火如荼地展开时，牛津和剑桥却异口同声地坚决反对在本地建立火车站，他们认为火车只会带来伦敦的诱惑，会腐蚀师生的心灵。要知道，是牛顿的力学定律开启了工业革命的大幕，而牛顿正是剑桥三一学院的院长。这样奇怪的事情在两所大学比比皆是，他们有自己做事的原则，只要是学院师生同意的事，哪怕外人看来再不

1 彼得·扎格尔. 剑桥：历史和文化［M］. 朱刘华，译. 北京：中信出版社，2005：7－8.

可思议，也不能动摇他们的意志——学院对外是王国，对内是共和国。与其说是英国保守主义的传统影响了这两所大学，毋宁说这两所大学正是英国保守主义思想的化身。从牛津大学和剑桥大学走出来的人，既特立独行，又有坚定的原则。正是它们培养的一代又一代的优秀人才，塑造着英国人的思维方式和国民性格。1918 年，汤姆逊爵士就任三一学院院长时，三一学院的大门关得紧紧的，身穿学袍的汤姆逊庄严地用铁环在大门上敲叩，整条三一街都可听到那清脆的声音。门房应声，郑重其事地问来客尊姓大名，所为何事？汤姆逊说明来意，把英王的任命书交他手里。门房请他稍候，随即又把大门砰然关上，并疾行过伟大方庭，到院士休息室把证书呈交资深院士。院士们煞有介事地验明证书无误后，随即依资历深浅，鱼贯而出，列队在大门迎迓新院长。[1] 以一般人的眼光看，这岂止是多此一举，简直是矫揉造作。但剑桥人会说："不，这是我们的传统"。或许正是这份对历史的尊重，才使它们能将辉煌从中世纪一直延续到现在。

这种唯传统至上的理念，让牛津和剑桥得以在历史的洪流中保持独立，不随波逐流。这成了它们保持"思想自由"与"精神独立"的信念与武器。牛津人一直有权选举自己的校长，这保证了大学在教会和王权之间拥有相当的独立性，只有各学院的自律自治才能限制大学。1687 年，詹姆斯二世不顾各学院根深蒂固的自治制度，任命一位天主教徒担任莫德林学院的院长，还要求他们皈依天主教。可是他的威逼利诱，丝毫没有作用。即使在很多反对的院士遭解雇后，学院也拒绝了那位指定候选人。国王不得不亲自来牛津弹压，但仍旧无功而返。詹姆斯二世在倒台前两个月让步了，莫德林学院点起欢乐之火，鸣钟庆祝。从此以后，在每年的 10 月 25 日，学院会以一顿王政复辟晚餐来庆祝这场胜利和院士们的复职。碰钉子的又岂止这一位国王，斯图亚特王朝（与牛津大学的私人关系最好的王朝）的另一位国王查理一世同样在牛津大学吃了闭门羹。牛津的博德利图书馆是除大英图书馆之外英国藏书量最大的图书馆，珍品无数，但是它的规矩是一本书也不外借，只能在馆内阅读。查理一世也同样没有外借的特权，图书管理员给国王寄去的只是一

1　金耀基. 剑桥语丝［M］. 北京：三联书店，2007：80.

封博德利图书馆的章程。无独有偶，剑桥大学莫德林学院的佩皮斯图书馆也有同样的规矩——“这 2 903 册图书一本也不得离开这个房间，连修补也必须在这里进行。”只有莫德林学院的院长可以借出这里的书，但一年只能借一次。自 1819 年以来，就没有哪位院长动用过这一特权。[1] 当英国内战爆发时，克伦威尔将剑桥大学当作了兵营。面对这位节节胜利的新霸主，剑桥大学没有阿谀奉承，反而坚持保皇的立场。好在克伦威尔念及母校旧情，剑桥尽管站错了队，也没有遭到报复。似乎冥冥之中自有天意，或者说克伦威尔算是为自己积了德。查理二世复辟后，克伦威尔的尸体被挖出来鞭尸枭首，头颅被悬挂在西敏寺的柱子上，可是后来这颗脑袋神秘地失踪了。直到 300 年后，1960 年 3 月 25 日，一只神秘的盒子被送到剑桥大学，里面赫然陈放着经过防腐处理后的克伦威尔的头颅。它被偷埋进了克伦威尔生前就读过的西德尼·萨克赛斯学院的前厅里，只有院长和财务主任知道确切位置。克伦威尔生前轰轰烈烈，死后却落得身首异处，直到这一刻才魂归故里。得以回归母校，他也会瞑目的。

然而，一定有人会问，这种几近于极端的保守主义倾向就没有负面影响吗？答案是肯定的。17—18 世纪的牛津大学与剑桥大学就躺在昔日的光荣簿上不思进取。虽然诞生了无数伟大的天才，但也招收了很多游手好闲的王公贵族和富家子弟。“酗酒、赌博、嫖娼成了男人们考核自己的科目，而不是希腊语和希伯来语”。英国著名的历史学家爱德华·吉本回忆在莫德林学院的生活时，认为那是他一生中最无用、收获最小的时间。更加糟糕的是，18 世纪的牛津大学、剑桥大学已经演变为一个小型的阶级社会，等级观念深重。学生为淋雨的院长撑伞时，想要搭话打破沉默的气氛，都会被院长严厉地教训，因为他必须通过自己的导师才能跟院长说话。确实，当它们长久以来都高处不胜寒时，难免会迷失，会不知所措。终于，僵局在 19 世纪被打破。以伦敦大学为首的新兴大学对牛津大学、剑桥大学发起了有力的挑战。可喜的是，牛津大学、剑桥大学不再故步自封。它们在重视传统的人文教育

1　彼得·扎格尔. 剑桥：历史和文化［M］. 朱刘华，译. 北京：中信出版社，2005：103.

的同时，大力推动科学研究的发展。睡醒的雄狮又一次爆发出了惊人的力量。数数这两所大学的诺贝尔奖获得者吧，你会心服口服。精神独立不代表与世隔绝，思想自由不意味着刚愎自用，人们懂得如何调整这种“度”的把握。

谈到牛津大学和剑桥大学，不能不谈及学院。学院制起源于巴黎大学，却在英国发展到了登峰造极的境界。大部分时候，大学只是一种名义，而学院才是实实在在的。甚至可以说，没有大学，这些学院仍然可以安之若素；但是没有学院，大学就不存在了。学院与大学是一种联邦式的关系。学院拥有的权力之大，丝毫不亚于大学。一个夜晚，一所学院的学生偷偷从寝室爬出。他的一只脚已经跨入剑城的街道，另一只脚还留在学院大门里，就在这时被巡街的大学训导长撞见。按照校规，这个学生该罚款六先令八便士。但这位训导长非常客气地通知学院当局，他说他只罚该生三先令四便士，另外一半则听由学院自己处置，他认为这样做是最公道的。[1] 大学承担教学、考试、颁发学位的责任，而学院主要是生活之所，也承担一部分教学任务。而相比于知识的传授，学院的作用更突出地体现在言传身教上。历史上，院士和学生是一起住在学院里的，一起休息，一起就餐。院士既是督导，又是模范，这成了后来导师制的根源。同时，学院还是一个充满脉脉温情的地方。据说有很多白首青衫的院仆，服务过一家三辈大学生，临终时把一辈子的积蓄都捐给了学院。很多人毕业后飞黄腾达，回学院探望时，却愿意放下身段，与这些感情深厚的院仆把酒言欢，当真是“一壶浊酒喜相逢，古今多少事，都付笑谈中”。香港中文大学前校长金耀基先生在《剑桥语丝》中记录了这样一个故事：“二十六年前（1950），一位白蒂小姐，负责大学打字室达半个世纪以上，她兢兢业业，任劳任苦，由少女而老妇，由豆蔻年华而青丝飘霜，剑桥人感谢她的贡献，使她成为剑城当地第一个获得荣誉博士学位的女子。”[2]

---

1 金耀基. 剑桥语丝［M］. 北京：三联书店，2007：26－27.

2 金耀基. 剑桥语丝［M］. 北京：三联书店，2007：51.

牛津大学的学院中，默顿学院颇值得一提。它建于1264年，是众学院之母，被奉为中世纪自治教育机构的典范。默顿在建筑上就很有特色，它的宿舍过道是垂直的，而不是水平的，这样有利于保持安静。它还拥有牛津大学最古老的图书馆，牛津大学的学生说，在这里你能闻到中世纪的味道。默顿学院是牛津大学的灵魂学院，它代表牛津大学的优秀与骄傲，但也继承了它的挑剔与偏执。虽然牛津大学早就在名义上允许各教派人士被选举为院士，但是牛津大学一如既往地仇恨犹太人。早在1218年就规定犹太学者要佩戴黄花以示区分，不能被吸收为大学成员。1882年，牛津大学才接纳了第一位犹太院士，但是有人评价道："这个骗子到了牛津竟成了教授，可实际上，他不过是个卑鄙的犹太小子。"1934年，默顿学院毫不留情地拒绝了西奥多·W. 阿多诺。阿多诺是法兰克福学派最杰出的学术大师之一，他被纳粹党剥夺了教职，到英国后却遭遇了文化上的法西斯主义，只好转身投奔美国。[1] 第二次世界大战后，英国衰落，而美国崛起，这种文化上的包容性也应该纳入到思考中来。

剑桥大学的学院中，三一学院的光芒犹如众星拱月般地闪耀。有一句讽刺诗说："在整个世界和无穷的宇宙中，没有什么有三一学院的院长伟大。"可是三一学院确实是无与伦比的。不知道是否每一任三一院长都堪称伟大，但三一学院绝对无愧于"伟大"这个词。当法国大使在三一学院院长面前吹嘘法国文化时，院长只是淡淡地回了一句："那没错，先生，可您现在所站的这座学院，它诞生的诺贝尔奖得主的数量超过了整个法国。"多么犀利的回答！可是回到三一学院，绝不会有人拿诺贝尔奖得主的名头来炫耀。在这座曾由牛顿执掌的学院里，任何大牌学者都应该虚怀若谷。如果今日去三一学院参观，导游肯定会介绍两样东西：第一，学院大门（图1-16）上亨利八世雕像手中的木椅腿。那原本是国王手中金灿灿的权杖，被调皮的学生换掉了，而今成了三一学院的骄傲景观。第二，是学院大门旁一棵不起眼的苹果树，1954年栽植于此。据说是用林肯郡牛顿父亲家花园里的

1　杨薇. 牛津的故事［M］. 北京：中国广播电视出版社，2006：45-46.

图 1－16　剑桥大学三一学院大门

一根枝条栽成，牛顿曾经被它祖先掉落的苹果砸中，从而发现了万有引力。雕像和苹果树只是一种形式，但它所诠释的自由与探索的精神让后人铭记。

两所大学的争逐贯穿古今，永不停歇。小到学院名字的咬文嚼字（牛津的女王学院叫 Queen's College，而剑桥的女王学院叫 Queens' College），大到首相、科学家、文学家的培养。客观来说，在 16 世纪之前，牛津大学的地位明显高于剑桥，直到伊拉斯谟将人文主义的思想带到剑桥大学，两所学校才真正开始了势均力敌的较量。不过剑桥人不必为此难过。因为今日看来，剑桥大学非但足以与牛津大学分庭抗礼，而且它的文化衍生物——哈佛大学也已在大洋彼岸开花结果，甚至能跟两位前辈平起平坐，不弱于人。

1849 年，在威廉·萨克雷小说中，他首次将牛津大学与剑桥大学并称，发明了“牛桥”（Oxbridge）这个词。剑桥人自然不甘心让牛津领先，便依样画葫芦创造了“剑津”（Camford）这个词。这真的是世界大学史上绝无仅有的趣事。牛津大学和剑桥大学之间的针锋相对，就像是一个绝世高手跟镜子里的另一个自己在过招。人们常说，一个人最难战胜的就是自己，类比为大学也无不可。永远处于挑战自己的良性循环之中，最高的荣耀舍“我”其谁？

第二章 近代早期的大学生活

上帝把我们安全地带到新英格兰后，我们已建筑了住房，制备了生活必需品，开办了数量，设置了政府机构。我们渴求和关注的下一件事，就是增益知识，并将知识传递给后人。

——某清教徒

第一节 转折的年代

15 世纪下半叶是一个动荡不安的年代：土耳其人攻占了君士坦丁堡，东罗马帝国的衰老之躯终于颤颤巍巍地倒下了；英法打打停停地进行了百年的战争结束了，曾经志得意满的英国长弓手终于退守海岛，两个民族国家隐隐出炉；美洲的发现，新航道的开通，环游世界的航行，西欧人终于可以不用看奥斯曼帝国的脸色。西欧人已经放眼全球，商人、奴隶贩子、基督徒以及他们背后的国王，难掩兴奋，世界已经连成一体，等着他们去征服！

人类过往的千百年似乎是一部冗长泛黄的默片，突然间整个世界成了明艳多姿、动感十足的舞台：文艺复兴如一位迈着轻快舞步的芭蕾舞者，宗教改革像一首时而激昂时而悲怆的钢琴协奏曲，君主专制制度的兴衰犹如一幕幕悲喜剧。与此同时，大学历经数百年的发展，从稚嫩的孩童逐渐长成英姿勃发的青年。在这个转折年代，它将如何发展？

西欧大学并未在充满希望的新世纪一帆风顺。宗教改革全面铺开，一场神学大辩论拉开了序幕。起初，大学入学人数突然下降。可能是因为很多地方政府没收了教会原来用于资助大学的捐赠，而大学中无休无止的神学辩论，对一般人来说又有些面目可憎。此外，在文艺复兴和宗教改革中揭露出来的神职人员的道德败坏，着实吓坏了一些普通家庭，父母感到为儿子做牧师或教士的投资似乎并不明智。在 16 世纪初，德意志地区的在读大学生有 4 200人。可到了 16 世纪二三十年代，由于社会和宗教的冲突，德国大学面临空前的灾难，学生人数陡降至数百人。而英国，在亨利八世宗教改革时期，废除了大学中有关教会法的科目，并取消了相关学位，还下令没收了牛津大学和剑桥大学所属的隐修院的财产和房屋，此举导致大学人去楼空，学

图 2－1　加尔文

生人数锐减。

在宗教改革中，由于教会财产和对大学的捐助被国王和市政当局所没收，大学断了财源。在德意志的一些地方，教会学院支付给教师的报酬也被取消。大学教师报酬较低且不定时，为了养家糊口，大学教授常常不得不从事第二职业。1558 年，海德堡大学终于允许教授们零售葡萄酒，以赚点外快贴补家用。

宗教改革的影响持续发酵，曾经大一统的天主教受到新教各派的挑战。在无休止的论战间歇期，各宗教派别终于意识到，为了抢占精神领域的制高点，必须兴办大学。于是，在德意志，路德教派建立了马堡、耶拿和柯尼斯堡等大学。天主教不甘心被新教夺了风头，建立了维尔茨堡和格拉茨大学。在瑞士，茨温利组建了苏黎世大学，加尔文派（图 2－1）则建立了日内瓦学院。即便正处于反抗西班牙、争取民族独立之关键时刻的尼德兰，也建立了弗兰克大学和莱顿大学。短暂的低谷过后，在 1580—1640 年间，英国的牛津大学和剑桥大学的学生数又稳定在了年均 450 人。天主教在法国的地位非同寻常，它受到法国国王和罗马教廷的双重影响。无休止的宗教冲突，在胡格诺战争中达到顶峰。天主教以其强大的势力跟宗教改革做顽固对抗，复兴旧大学，创办新大学。高等教育机构完全成了耶稣会实现宗教和政治目的的软性手段。受到异教威胁的地区和国家，尤其重视哲学和神学的教学。西班牙和意大利，孤注一掷地努力保持着大学的合法性和中世纪传统，直到17世纪后半叶，统计学和自然法仍然禁止在大学中教授。18世纪时，很多医学院还一如中世纪的模式进行运作。因此，一般来说，天主教国家的大学比新教的更封闭。[1]

宗教改革的论争，使大学的学术自由受到破坏，宗教迫害的事件屡见不鲜。在文艺复兴时期的意大利，教授曾经享受充分的学术自由。但是，天主教会的高压把宗教迫害和恐惧带到了亚平宁半岛，所有的教授都须宣誓效忠罗马天主教。天主教会要求把重心放在《圣经》的教学和天主教神学上，人文主义研究又被打入冷宫。西班牙的宗教法庭开出一份禁书目录，并重新检查所有的教科书，一经发现有异端邪说，立刻归入另册。教师被监视，如果他们有丝毫偏离正统的天主教路线的言行，便不能逃脱被拘押的命运。在德意志，从1592年开始，维滕贝格大学所有的教授都要签名，宣布无条件支持路德派的《奥格斯堡信纲》。维也纳大学要求所有神学教师的教学只能僵化地围绕隆巴德的《警句》和其他天主教著作，不得有出格的思想和言论。著名的数学家和天文学家开普勒，因为新教徒的身份，被迫离开任教的格拉茨大学。1576年，奥格斯堡大学的德国物理学家和植物学家劳沃尔夫，因为信奉新教遭驱逐回乡。在波兰，克拉科夫大学的学生朱克塔被指控犯有信奉异端罪，立即被取消了读书资格，并遭到流放。

与此同时，曾经集聚在天主教统一旗帜下、少有国家概念的西欧各国，陆续成为君主专制的民族国家，统一而独立的强大国家是各国的梦想。国王希望摆脱中世纪时的孱弱形象，树立起权威，真正成为号令八方的统治者，牢牢控制政治、经济、文化、宗教大权。因此需要建立起一套新的官僚制度，不仅要求增加公务员人数，还要求他们忠于国王、精明强干，受过更好

1　瓦尔特·吕埃格. 欧洲大学史：第二卷［M］. 贺国庆，等译. 保定：河北大学出版社，2008：442.

的教育，掌握专业知识和多种技能。因此，世俗政权也大力扶植新大学的建立。在英格兰，都铎王朝的亨利八世借着离婚的由头，和远在罗马的教皇撕破脸皮，自立为英国国教会的首脑，统领教俗两界。1544 年，巴力门通过法案，英国国王可以解散任何学院，没收其财产。亨利八世并没有昏庸地关闭学院，他非常重视大学，曾经不无自豪地说："我认为在英格兰没有哪片土地比给予我们大学的土地利用得更好的了。这是因为它们能够确保我们死后及腐烂后，我们的国度仍可以得到很好的治理。"[1] 自他开始的英国君主一向关心大学的发展。从 16 世纪中后期开始，正是由于都铎和斯图亚特两朝对牛津大学和剑桥大学的专注和控制达到前所未有的程度，两校掀起了扩建老学院、兴建新学院的热潮。牛津大学在 1500 年有 10 所学院，到 17 世纪初达到 18 所。这一时期，剑桥大学也建立了基督教学院、莫德林学院等 6 所学院。1546 年，亨利八世把迈克尔书院和国王学堂合并，成立三一学院。他为之倾注了异乎寻常的热情，投入了相当于原来两所老学院财产 4 倍的土地和资金，三一学院一举成为当时剑桥最富有的学院，年收入达到 1600 英镑。[2] 在俄国，满怀雄心壮志的彼得大帝和女儿伊丽莎白，热切希望能够效法西方走上现代化之路。他们仿效莱顿大学和德意志帝国的一些大学，建立了莫斯科大学和圣彼得堡学园。创办这些教育机构完全是君主的意志，与教会无关。事实上，东正教教会一直对此耿耿于怀。[3]

政府对大学的控制和监管，宗教教派之间无休止的论争和宗教迫害，损害了大学的学术自由。在本应培养学术和研究科学的圣殿，与之背道而驰之事盛行。师生如果坚持己见，可能受到排斥，甚至作为"暴乱分子和革新者而接受审判"[4]。英国王室为了加强对"牛桥"的控制，使其早日完全实现国教化，对大学施以"胡萝卜加大棒"的政策。伊丽莎白一世（图 2－2）对牛津大学似乎偏爱有加，在 1566 年和 1592 年两次大驾光临。她率领大队

---

1 贺国庆，等. 外国高等教育史［M］. 北京：人民教育出版社，2003：87.

2 章晓明. 剑桥的故事［M］. 北京：中国电影出版社，2005：28－29.

3 瓦尔特·吕埃格. 欧洲大学史：第二卷［M］. 贺国庆，等译. 保定：河北大学出版社，2008：135.

4 瓦尔特·吕埃格. 欧洲大学史：第二卷［M］. 贺国庆，等译. 保定：河北大学出版社，2008：55.

图 2－2　伊丽莎白一世

人马在此小住，发表演说、听课，临走还用拉丁语深情表达不舍和祝福之情：“别了，别了，亲爱的牛津，愿上帝祝福你，使你的儿子们数目增加，在圣洁和道德的方面不断前进。”[1] 伊丽莎白女王恩威并施，为牛津制定《伊丽莎白法令》和《伊丽莎白章程》，对阅读书目、课程内容、学位授予条件等做出详细规定。从 1581 年开始，任何 16 岁以上的牛津学子在踏入学校大门之时，就要对着《三十九条信纲》宣誓，表示效忠国教。要想获得学士或硕士学位，必须会背诵《三十九条信纲》。剑桥大学比牛津大学稍显宽容，学生无须在入校时宣誓，只要在毕业取得学位之时表示效忠国教即可。即便如此，还是有不少才华横溢的英国人因为拒绝改宗而不能入读“牛桥”。

在德意志，萨克森公爵解雇了莱比锡大学所有不接受路德教的教授，蒂

1　杨薇. 牛津的故事［M］. 北京：中国广播电视出版社，2006：39.

宾根大学也发生了同样的清洗行动。普鲁士公爵要求柯尼斯堡大学的所有教授，不仅要宣誓效忠教会，还要向他个人宣誓效忠。在巴塞尔和日内瓦，大学完全处于市政官员和议会的控制之下。维也纳大学则完全服从于哈普斯比格大公，教学的各个环节都要接受政府的监督和检查。巴伐利亚公爵也对因戈尔施塔特大学实行了严格的控制。柯尼斯堡大学和日内瓦大学是新教大学，维也纳大学和因戈尔施塔特大学是天主教大学。虽然教派不同，但大学必须接受政府的管理和监督已成为通行做法。[1]

整个16世纪后半期，残酷血腥的宗教战争摧残着法国，大学在大时代中岂能独善其身？亨利二世代表的天主教政府，决心与新教徒一决高下，于是加强对大学的控制和管理。1561年的《奥尔良法》和1579年的《布鲁瓦法》规定，全国的教育机构都必须以正统信仰进行一切教学活动。巴黎大学的几个教授受笛卡儿哲学的影响，经常讨论并向学生讲解，政府就派大主教去警告他们必须放弃这些新学说。巴黎最高法院还出面禁止了一场计划进行的、反亚里士多德主义的辩论赛。这一时期，几乎所有最重要的科学和学术作品都被巴黎大学禁止发表和出版。胡格诺派新建的学院和大学，也被下令停止一切教学活动。胡格诺派的科学家不但被剥夺博士学位，甚至被迫流亡国外。1600年，政府最终成功地实现了对学术生活绝对的高压控制。国王亨利四世不无骄傲地宣布，从此巴黎大学将由国家直接掌管，课程和学术程序全部由政府制定。[2]

大学逐渐丧失了中世纪一贯具有的国际性，变成了地区性的中心，为所在国家服务。世俗政府基于宗教和政治的原因频出禁令，求学不再是一件完全自由的事。但是，有些贵族子弟热衷于欧洲范围内的游学，他们往往有贫穷子弟和助手相伴，目的地一般是巴黎大学、莱顿大学、海德堡大学等。英国学生对巴黎大学和图卢兹大学情有独钟；波兰学生看重维也纳大学；德意志学生青睐博洛尼亚和莱顿大学。当时，博洛尼亚的法学、帕多瓦大学的医学、萨拉曼卡大学的神学以及巴黎大学的哲学，在学子心中都如圣地般令人

1　贺国庆，等. 外国高等教育史［M］. 北京：人民教育出版社，2003：89－90.

2　贺国庆，等. 外国高等教育史［M］. 北京：人民教育出版社，2003：91.

仰望。[1] 即便如此，学生主体已经变得日益本国化甚至本地化。由于宗教的不宽容政策，1559 年，西班牙国王腓力二世规定：除博洛尼亚、那不勒斯、罗马和科英布拉大学外，严禁西班牙人出国上大学。1570 年，法国政府颁布一道禁令，从此弗朗什—孔泰省的居民，除了罗马城和罗马大学之外，不得前往不顺从政府的大学进行研究和学习。昔日欧洲的 80 所国际性大学几乎都变成了国内大学或地区性大学，大学中的通用语言——中世纪时的拉丁语也被各民族语言所代替。

在近代早期的巨变时代，大学这个古老的机构，显得风雨飘摇、命运多舛，仿佛被政治、宗教势力玩弄于股掌之间。由于越来越多地受到政府的控制和干涉，大学成为培养政府机关“公务员”和教会牧师的加工厂，但也成为兴起的中产阶级的子弟们从事政治和工商业不可替代的训练所。15 世纪以来，大学毕业成为在法国世俗或教会高级机构中的任职条件。巴黎大学的文凭是最好的求职简历，毕业生往往能凭着这段学习经历谋得高级公务员的职位。中世纪时文科备受青睐，16 世纪时宗教和语言学成为宠儿，很快又由法学所代替。从 16 世纪后期到 17 世纪，法学热持续不退，中央集权国家的官僚政治，需要从法学学生中选拔优秀人才，以充实决策部门的公务员队伍。于是，无论是西班牙、德意志，还是意大利、法国，法学都成了中坚学科。它对贵族和新兴的资产阶级都显得吸引力十足。相当多的法学学士虽未成为律师，却跻身于统治阶级中的高层职位。法学院师生的言论往往被视作权威。在法国，无论是宗教战争时期，还是“投石党运动”以及后来的大革命期间，总会有法学家站在运动的最前列。法学学生人数激增，世俗的、文雅的学生取代了早先充满牧师风格的学生，在大学里占有支配地位。

同时，职业的世俗化成为趋势，大学毕业生也可能成为“自由职业者”——律师和医生是其中的典型。并且，大学学习成为某些职业的必要经历。要想成为法官，必须在大学中谋得法学学位，医生也需要有医科学院的毕业文凭。18 世纪，医学成为最受追捧的主要学科。医学是最明确的为一种

1　瓦尔特・吕埃格. 欧洲大学史：第二卷［M］. 贺国庆，等译. 保定：河北大学出版社，2008：344.

专门的职业活动做准备的学科。在荷兰或法国南部，每700—800名居民中就有一个外科或内科医生。大学生就业的世俗化程度在各个国家进展并不一致。即使在宗教改革之后一段时间内，英国大学仍然主要为培养新教牧师服务。大学如同一个培训基地，为国教会输送神职人员。据说，正是这群数量庞大又满腹经纶的牧师，成为17世纪上半叶宗教争端的导火线。

在文艺复兴之前，中世纪大学的主要目的是培养神职人员。教学主要是传授神学知识，具有强烈的宗教意识。中世纪时大学更类似于职业性学校，训练学生掌握专门知识，为以后献身于教会做准备。所以，大学更关注职业方面的教育和训练，专业科目在大学中占有比较重要的位置，培育人文素养并不是大学分内之事，认为这些“纯知识”不实用，予以排斥。[1]

到了近代早期，文艺复兴冲击着古老的大学，人文主义占领各所大学。在这个时期，大学的传统系科组织和学术管理体系，跟中世纪比起来并没有革命性的突破。但文科课程的变化，特别是引入了人文主义的“新知识”，对经院主义神学和哲学独霸天下的局面形成了强有力的冲击。希腊文、修辞学、诗歌、历史等学科被正式纳入大学课程。即使在宗教改革后，神学研究又一度被重视，大学的课程设置也没有开倒车。希伯来语和其他近东语言重新赢得了地位，在《圣经》研究领域开始出现重要的学术著作。

17世纪初，英国国王詹姆士一世统治时期，一群博学的希伯来文化和希腊文化的专家学者，推出了《圣经》英译本，成为国王钦定的版本。在法国，巴黎大学作为经院主义最固若金汤的阵地，宗教特征十分明显。即便如此，1530年，在国王弗朗索瓦一世（图2－3）的首肯下，巴黎成立了一所主要进行人文主义研究的全新教育机构——法兰西学院。它与教会大学决裂，抛弃经院哲学的那一套，专注于古典主义教育和所有以人为中心的学问，开设希腊文、拉丁文、法文和哲学等讲座，以及算术、医药和东方研究等课程。因其得风气之先，一时成为美谈。在这场人文主义风暴中，低地国家的大学并不落后于人。创办于1575年的莱顿大学，堪称欧洲“新知识”

1　欧小军．论文艺复兴时期欧洲高等教育发展的文化选择［J］．教育史研究，2013（2）：79－83．

图 2－3　法国国王弗朗索瓦一世

的重镇之一。人文主义者利普修斯和斯卡利杰先后任教于此，使莱顿大学逐渐闻名于欧洲知识界。在德意志，文艺复兴原本就发端于大学。早在 1456 年，人文主义学者彼得·路德从意大利学成归来后，应邀在海德堡和莱比锡等大学讲授新学。1484 年，荷兰人文主义者阿格里科拉在海德堡大学讲授古典文学。1487 年，维也纳诗歌学院院长凯尔梯斯被德皇腓特烈三世授予“桂冠诗人”称号，他就曾经在巴伐利亚大学担任教授。1500 年后，人文主义学说比从前发展更为迅速。梅兰希顿这样的大学教授不仅是最杰出的人文主义者，也是路德派的宗教改革的中坚分子。及至 16 世纪，更多新学科的代表人物走上德国大学讲台，人文主义教学聚集了相当多的人气。

人文主义学科的分量大大增加了，它们像一颗颗闪耀的明星照亮了静谧的夜空。在 1151 年的英国，杰出的人文主义者、剑桥大学校长费希尔创办圣约翰学院。他力主以“新知识”作为核心课程，为希腊文教学和希伯来文

图 2-4　伊拉斯谟

教学提供了大量的机会。同年，被后世称为“圣贤”的伊拉斯谟（图 2-4）接受女王资助，到剑桥进行希腊文的研究和教学。[1] 伊拉斯谟的到来，使得用希腊语和希伯来语学习“新知识”成为一种潮流。原始资料研究取代了中世纪的经院哲学，雄辩术取代神学成为教学的重心。教学的目的从培养牧师变成了培养有学识的绅士。从此，古代语言和文学在英国大学的教学课程里长期占有重要的地位。国王学院的一些革新派教师常常聚首于白马酒馆，探讨从德国传来的人文主义理论，这个小圈子赢得了“小德国”的美称。[2] 1540 年，亨利八世以国王之尊亲自过问牛津大学和剑桥大学的教学，设立神学、民法、医学、希伯来文和希腊文的教授席位，体现了最高层对新知识的培植和扶助。大学的经院哲学简直受到致命的打击，神学的地位也一落千

1　瓦尔特・吕埃格. 欧洲大学史：第二卷［M］. 贺国庆，等译. 保定：河北大学出版社，2008：37.

2　刘亮. 剑桥大学史［M］. 上海：上海交通大学出版社，2012：11.

丈，失去了昔日的光环。在牛津大学，《圣经》取代《箴言四书》成为教材，人文主义终于在英国大学中站稳了脚跟。人文主义对传统的法学也产生了影响。法律学生所用的教科书，采用伊拉斯谟、梅兰克顿等著名人文主义者在方法论方面的著作。当时医学院除了学习医学，还要学习“三艺”或“四艺”，有些人学习“三艺”“四艺”的热情甚至高过了医学。医学院的教授热衷于编辑、评注及翻译新发现的古代中世纪的作品。在那些古老的大学中，新教神职人员必须接受以人文主义为基础的神学训练。当然人文主义的学习也不乏实用主义的想法。当时有人说：“如果谁懂希腊文，就能获得一个教长的职位；如果懂拉丁文，就会获得一种好的生活。”[1]

17—18 世纪，科学迎来巨大发展。当哥白尼、培根、伽利略、开普勒、笛卡尔、牛顿这些闪亮的名字，以及他们石破天惊的发现呈现在世人面前时，大学似乎是置身事外的。此时的大学已失去中世纪时对知识的垄断，大学中的科学研究是一片荒芜。在欧洲众多的大学中，大多数和科学的联系极为松散。后世的研究者甚至认为“科学革命的历史几乎完全与大学无关……任何情况下，欧洲的大学都不能被认为是科学革命的发起者”[2]。从 17 世纪下半叶起，欧洲大学的招生总数递减，大学作为文化中心的地位下降。大学逐渐失去在中世纪时享有的对科学和学术研究及培养精英的垄断地位，最具创新精神的学者和科学家纷纷离开大学。大学把新科学拒之门外，态度傲慢而消极。

大学并非科学发展的理想土壤，绝大多数自然科学的设想和实验都是在大学之外完成的。17 世纪，大学之外就出现了各种非正式的科学团体。如果说，在文艺复兴时期，大学是国际科学界的避难所，那么科学协会在启蒙时代就成了科学的伊甸园。巴黎的蒙莫学园、林西学园、皇家科学学园以及伦敦的皇家协会，在科学界如雷贯耳，汇聚了大量的科学精英。他们既不需要承担枯燥的教学工作，也不受正统派神学的束缚，而且无须参加宗教测试，免于参加授圣职仪式。这种比大学更自由、更有活力、更安全的生活，有什

1　贺国庆，等. 外国高等教育史［M］. 北京：人民教育出版社，2006：81.

2　瓦尔特·吕埃格. 欧洲大学史：第二卷［M］. 贺国庆，等译. 保定：河北大学出版社，2008：556－557.

么理由不吸引真正的科学家呢？伽利略和培根为设立科学发展的新场所大声疾呼，希望用新的方法和思路发展，用眼睛而非课本来观察。因此，观察和实验成为科学发展的新口号。大学之外的场所更能满足开展科学实验的要求。那些实验令人大开眼界：最著名的气压检验实验，竟然是由一位业余人士——马德堡的市长进行的；在西门托学园，物理实验是他们的理论基础。这些学园或科学协会往往得到皇家或贵族的支持，资金充足，设备先进。他们的实验常常能吸引大量业余科学爱好者，甚至是追逐时尚的普通人。

但这真的是一幅全景图吗？难道科学风潮掠过大学竟没有留下一丝涟漪吗？其实在当时，大学中的课本和教学已经有所改变，只不过推进的过程是渐进而谨慎的。学术界的保守性固然不可否认，但新科学的缓慢渗透也同样是不争的事实。在莱顿大学的法语学院和日内瓦学院的意大利语系，像伽利略的落体定律这样的新学说，在历经各种抵制之后，最后也能融入有限宇宙和四元素学说的传统体系中。在法国的某些地方，虽然还保留着宇宙不可毁灭的一般理论体系，但是像太阳黑子、木星卫星的发现以及月亮外彗星的存在也已经为师生所接受。[1] 新科学生存于夹缝之中，通过课外讲座、私人讲授以及后来在德国大学中盛行的研讨班（seminar）中得以发展。今天，我们从学生笔记、图书馆目录和讲座记录中会发现，也许大学并不是科学的绿洲，但也绝非科学的荒漠。剑桥大学一位普通教师亨利·格斯特林所遗留的120本书中，有23本是数学书，其中不乏维艾特、笛卡儿的著作。17世纪中叶，牛津大学虽然仍将亚里士多德和托勒密的著作作为自然哲学和天文学教材，但讲座中师生探讨的则是“原子和磁性假设”以及“天文学的哥白尼学说”。[2]

况且，这时的科学和学术中心正在慢慢转移。与中世纪曾经辉煌的博洛尼亚大学和巴黎大学相比，帕多瓦大学和莱顿大学变得更为重要了。18世纪以前，莱顿大学就引进了关于牛顿学说的一种解释和试验哲学。从1709年

1　瓦尔特·吕埃格. 欧洲大学史：第二卷 [M]. 贺国庆，等译. 保定：河北大学出版社，2008：582.

2　瓦尔特·吕埃格. 欧洲大学史：第二卷 [M]. 贺国庆，等译. 保定：河北大学出版社，2008：558.

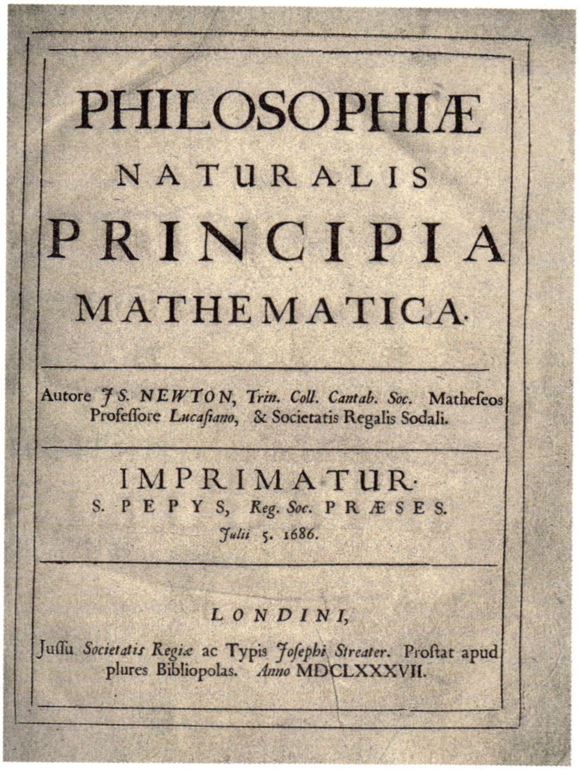

图 2－5　牛顿《自然哲学的数学原理》1687 年拉丁版封面

起，帕多瓦大学的课堂上就出现了实验的方法。在英国，即便在宗教改革如火如荼的时期，大学也没有中断科学研究。18 世纪初的剑桥大学更是掀起了一场自然科学的教学风暴。三一学院的院长本特利开设了普鲁米天文学教授职位，还修建了天文台。1703 年，他还为化学教授装备了一间实验室。1664 年，英国牧师亨利・卢卡斯将一笔钱捐给剑桥大学，希望设立荣誉数学教授职位，用每年 100 英镑的高额津贴吸引优秀学者在这个讲坛上讲授数学、物理、天文和地理等自然科学知识。能在这个讲坛上授课者，都是当时最杰出的学者。首任教授巴罗在这里讲授数学、几何学，甚至光学。他的高足牛顿也加入讲坛，成为客座教授。巴罗的卓越工作大大地提高了剑桥大学的声望。6 年之后，他毅然举荐牛顿为自己的继任者。1687 年，牛顿发表了《自然哲学的数学原理》（图 2－5），后世以此作为近代科学发端的标志，剑桥大学也借此闪亮地登上了近代科学的舞台。

虽然大学已失去中世纪时对科学的垄断地位，但很难相信，若是没有大学这片沃土，自然科学这株苹果树是否会如当年那样硕果累累。17 世纪末的 65 名英国科学家中，75% 的科学家曾经在“牛桥”接受教育，还有 5% 毕业于其他大学。有趣的是，在为科学革命做出贡献的最杰出的那些科学家当中，没有接受过大学教育的只是极少数人。而且推动近代早期科学发展的大师们，大多以大学教授为业。虽然哥白尼、笛卡儿、开普勒谨慎地跟大学保持距离，牛顿、伽利略也或早或晚离开了大学，但更多闪亮的名字，莱顿大学的阿尔比努斯、布尔哈夫，剑桥大学的巴罗，牛津大学的巴拉德雷……永远刻在了大学的名人堂上。正是大学为学者和科学家们提供了经费和薪水，使他们衣食无忧，淡定从容地投入科研活动。正如瓦尔特·吕埃格在《欧洲大学史》中说的那样，近代早期大学是科研事业的生命线。[1] 如果没有大学，又有多少好学的有志青年错失聆听大师教诲的机会？我们无从细究开普勒从梅斯特林处受益多少，也无法了解牛顿在巴罗身上有多少收获，但导师的启发和引导无疑是年轻学生一辈子的财富。牛顿在一年中就开设八场讲座，以帮助学生理解《自然哲学的数学原理》，很多听众后来都在各自的领域成就斐然。[2]

科学虽出走大学，但有一门学科的发展则从来都是以大学为中心，这就是医学。中世纪以来，内科医生的教育和培训一直在大学里进行，大多数解剖学、生理学和医学理论方面的重大进展也完全依托大学。大学不仅给有志于成为医生的人提供了学习的机会，也成为他们未来行医的敲门砖——如果没有医学学位，是无法获得合法行医资格的。再者，当时能安全而合法地解剖尸体的场所寥寥无几。在医学院中，解剖室是宣传解剖学、革新病理学的绝佳教室。大批杰出的学生投身于著名教授的门下。哈维是法布里希乌斯的

---

1 瓦尔特·吕埃格. 欧洲大学史：第二卷［M］. 贺国庆，等译. 保定：河北大学出版社，2008：569 - 570.

2 瓦尔特·吕埃格. 欧洲大学史：第二卷［M］. 贺国庆，等译. 保定：河北大学出版社，2008：567 - 570.

图 2－6　16 世纪大学课外生活安排

学生。正是老师，培养了他对静脉瓣膜和胎儿的最初兴趣。[1]

中世纪大学的学子中，贫困学生不在少数。但在近代早期，曾一度出现过大量贵族子弟涌入大学的景象。这跟君主专制国家的官僚体系膨胀、官员要求严苛有关。贵族子弟为了在未来的官场上站稳脚跟，必须接受高等教育。同时，受人文主义思潮的影响，上层人士的子弟也渴望获得知识。学术生活开始出现贵族化的倾向（图 2－6），英国大学表现得尤为明显。在 16 世纪之前，英国贵族崇尚闲情逸致、斗狗放鹰的生活，并不热衷于读大学和学术研究。从亨利八世时期开始，有一些贵族子弟踏进大学校园。1563 年，议会中只有 67 人上过大学，而 20 年之后，数量翻番。到 1593 年，议会中的大学毕业生已经达到 161 人。16 世纪后半期，每 8 个大学生就有 3 个贵族子

1　瓦尔特·吕埃格. 欧洲大学史：第二卷［M］. 贺国庆，等译. 保定：河北大学出版社，2008：571.

弟。16 世纪之前的德意志，大学里罕有贵族学生的身影，除非他立志从事神职工作。16 世纪以来，贵族子弟数量明显上升。不过这些上层子弟到大学似乎并非为了获得学位。他们很少有人愿意中规中矩地毕业，考试和学术资格也不在他们眼中。[1] 大学，只是一种可与人谈说的经历。西班牙的情况也大抵相似。16 世纪时，一些低级贵族子弟进入大学，他们对法学情有独钟，期望日后能从事公共管理或跟法律相关的职业。到 17 世纪初，平民学生和贵族子弟的比例已经变成了5∶6。大学俨然是个小型的阶级社会。越来越多的富家子弟和权贵子弟进入大学。中上层人士，如爵士、庄园主和律师的子弟逐渐取代了从前在大学中占主要成分的职员、技工和农民的儿子。这些学生往往享有特权，可以在高桌上与教授一起用餐，住所也更为宽敞而舒适。

不过 16 世纪时，大学的平民子弟还为数不少。他们出身小商人或是小乡绅，家里指望他们大学毕业后能成为牧师，或者在文法学校做个老师。这些学生在经济上尚能维持，可以申请奖学金，幸运的话，还能得到主教和有钱人的经济资助。学生中最底层的减费生，需要靠勤工俭学继续学业。他们可以在餐厅和厨房做侍者，端盘子、发啤酒，也有人甘愿为富有同学帮佣和跑腿。牛顿曾经就是剑桥三一学院的一名减费生。为了付学费，他不得不为富家子弟服务。从 16 世纪下半叶开始，大学中的平民学生相对减少了。尤其在新教国家，教会的财产多被剥夺，从前靠教会奖学金维持学业的贫困学生骤减。此外，经济萧条带来的就业市场饱和，大学学位能否改善生活境遇，贫困者感到信心不足，使他们不愿踏进大学。而穷人的孩子因为高昂的费用，往往不得不绕开法学、医学等热门学科，文法学校似乎是个更为实际的选择。

1 瓦尔特·吕埃格．欧洲大学史：第二卷［M］．贺国庆，等译．保定：河北大学出版社，2008：331－333．

第二节　在传统与变革之间

——莱顿大学与爱丁堡大学

自由的堡垒——莱顿大学

莱顿是荷兰的一个城市，位于首都阿姆斯特丹和海牙之间的古莱茵河畔，只有10万人口，属于典型的欧洲小城。对于大多数中国人来说，它是个不知名的所在，即使在一般的世界地图上也难觅其踪。但在欧洲，莱顿却是座名城，因为这里有座莱顿大学，这所大学被1765年版的法国《百科全书》誉为“欧洲第一流”。

莱顿大学的创建和发展一直与荷兰的命运休戚相关。16世纪时，荷兰尚未成为一个国家。相当于今天荷兰、比利时、卢森堡和法国东北部的一些地区，因为地势低洼，被统称为尼德兰（意为低洼的地方）。此时，整个尼德兰地区在西班牙哈布斯堡王朝的统治之下，当地经济发达、人口众多、加尔文教传播甚广。西班牙在经济上仰仗尼德兰地区，并竭尽残酷压榨之能事，但又严禁尼德兰商人和西班牙有业务往来，并利用宗教裁判所疯狂镇压新教徒。1568年，被压迫的人民终于爆发出惊人的力量，人们冲进天主教堂和修道院，捣毁圣像，尼德兰革命由此展开。这场反对西班牙殖民统治的革命持续了80年。直到1648年，荷兰才真正被欧洲各国所承认。

1573年，在独立战争中表现突出的莱顿，遭西班牙军队围困。城内弹尽粮绝，死伤惨重，但居民誓死抵抗。第二年，荷兰奥兰治亲王威廉率军前来解围，炸毁了附近的堤坝。西班牙军队的战线瞬间被洪水冲垮，士兵落荒而逃。莱顿迎来解放（图2－7）。为了表彰莱顿人民为自由而战、宁死不屈的

图 2－7　1574 年莱顿解放

精神，奥兰治亲王决定给莱顿一个二选一的机会：免除 50 年税收，或者在莱顿建立一所大学。当时莱顿的起义者在反对殖民统治的斗争中意识到，要想保卫革命成果、摆脱统治者的压迫，必须彻底与天主教划清界限。这就意味着城内的学者和青年学子都不能前往信奉天主教的鲁汶大学，所以建立一所自己的大学是莱顿人共同的迫切愿望。于是他们毅然放弃免交税收，选择建立一所大学。1575 年 2 月 8 日，莱顿大学诞生。这一天成了市民的狂欢节。人们走上街头，观赏盛大的游行。在游行队伍中，抗击西班牙殖民者的市民自卫军官兵和刚刚受聘于莱顿大学的教师，接受了人们诚挚的欢呼。他们手举着旗帜和武器，通过临时搭建的凯旋门，最后来到学校所在地达拉蓬堡大街。一艘载着阿波罗和九个缪斯神像的木船被置于此，祈祷莱顿大学得到艺术众神的佑护。

当时的欧洲大学几乎都与教会有着千丝万缕的关系，而莱顿大学却是由市民创办的。最初，校舍就建在修道院内，几经辗转，迁移到改建的白尼姑修道院。直到今天，这座修道院仍然是大学的主要教学场所。师资是新大学最大的问题。最初的一批教师并未打算在学校长期任教，而且当时来自西班牙的威胁并未消除。荷兰军队内部在是否坚持抗击西班牙的问题上意见不一，使不少国内外的学者打消了到莱顿大学任教的念头。1579 年以后，政治局势有了逆转。已经解放的北方各省结成乌特勒支联盟，宣布脱离腓力二世的统治，成立七省联盟共和国，即荷兰共和国。形势稍微稳定下来，延请名师的想法就又被提上议事日程。他们斥巨资从鲁汶大学挖来人文主义学者利普西斯，无形中提升了莱顿大学在欧洲知识界的知名度。可好景不长，利普西斯竟然和天主教会重修旧好，要回到鲁汶大学去。因此，莱顿大学急需聘请一位德高望重的人文主义学者。法国的语言学家、古典学者、胡格诺教徒斯卡利杰成为他们的目标。为了请大师出山，学校允诺特别优厚的待遇，工资比任何教授都高，并且可以免除授课的义务，只需为几名特别优秀的学生单独辅导。1593 年，为了保证他安全抵达，荷兰甚至派舰队护送迎接。斯卡利杰也不负莱顿大学，一直在此任教，直到 1609 年去世。多多纳斯是《草药书》的作者，他离开维也纳宫廷，成为莱顿大学医学院的中坚力量。法学家多耐吕斯也从海德堡大学来到莱顿大学。大师成就了大学，这批学术大师使莱顿在短时期内就闻名遐迩，被誉为“欧洲第一所新教大学”。

莱顿大学诞生在与殖民者的斗争中，所以在这里自由和解放比金子还宝贵，学校的定位是“自由的堡垒”。在创校之初，加尔文教未占主导，连最有影响力的校监杜斯都不是加尔文教徒。学校看重的是传道、授业、解惑、追求真理的大学精神，而非教师的个人信仰和行为，爱才惜才，不拘一格。研究希腊问题的福勒坎尼先生，生性冲动鲁莽，本来已经在科隆的天主教大学谋得了一个教职，但因为性格问题，惹恼了校内一些实权派，被拒之门外。莱顿大学却因为他是研究希腊问题专家，把他奉若上宾。阿森代尔夫特教授是天主教徒，在莱顿大学时常常给住在他家中的学生传授天主教教义，被人告上莱顿的陪审法庭，罪名是利用教师身份擅自灌输和传播天主教思想。法庭禁止他继续在莱顿大学教书，还要提起刑事诉讼。好在他是莱顿大学的注册教师，应由学校法庭做出最后的判决。学校法庭表面上做出与市政法庭同样的决定。但暗地里，这位先生非但没有入狱，而且继续在莱顿教课，只是被私下警告不要在上课时向学生宣扬天主教思想。大学的爱才惜才之心由此可见一斑。加尔文教徒莱赛斯特任总督期间，想尽办法迫使有天主教背景的利普西斯离开莱顿大学，希望加速校内的加尔文化进程。总督亲自给杜斯学监写信进行威胁，要求学校解雇利普西斯。但莱顿大学顶住压力，留住了有国际影响力的利普西斯，直到他本人主动离开。在给友人的信中，利普西斯这样描述他在莱顿大学的生活："到莱顿不是为了赶时髦，而是因为需要一个安宁的环境。这里充满了和平，用不着乞求谁。"[1] 在罗马天主教会逼迫伽利略放弃日心说时，莱顿大学向他敞开怀抱。从一开始，莱顿大学就以无比的魄力和博大的胸怀，容他人所不容之人。在几百年的历程中，包容各种信仰和思想，一直是莱顿大学不变的宗旨，也成为它发展的不竭源泉。

17 世纪，荷兰依靠海上贸易、抢占殖民地，成为当时世界上最强大的国家，经济空前繁荣。莱顿大学也得到迅速发展，成为欧洲最著名的大学之一。17 世纪初正是欧洲近代大学转型的重要时期，神学将主宰地位让位于科学。因为其海纳百川的办学思想和自由宽容的氛围，莱顿大学吸引了大批学者，成为大学发展的先锋派，在古代研究、医学教育和自然学科方面表现得空前活跃。

在当时的莱顿大学，人人都要读古代作品。语言学家要读西塞罗、塔西佗、荷马的作品，哲学家要读亚里士多德，神学家要读《旧约》和《新约》，医学家则要读希波克拉底。为了读懂古代作家的作品，各学科都必须学习语言学，掌握古代语言。两位古代语言学大师——利普西斯和斯卡利杰的影响远远超出了语言学的范畴。利普西斯的《永恒性》，被誉为"晚期人文主义的圣经"，到 1783 年已再版 75 次。斯卡利杰在语言学、历史、医学、植物学、天文学多个学科都有建树。当时，荷兰和阿拉伯国家建立了贸易往来关系，出于对外贸易和政治的需要，荷兰急需了解这些国家的语言和文化。斯卡利杰精通阿拉伯语、波斯语和埃塞俄比亚语，填补了莱顿大学对东方语言研究的空白，开创了莱顿大学东方研究的繁荣局面。

在建校初期，莱顿大学就在医学教育中引入了观摩教学。1589 年，保夫在莱顿大学进行了一次公开解剖，并给予讲解。三年后，学校专门建起了解剖学观摩教学课堂，领先于众多欧洲老牌大学。不过当时的解剖课（图 2 – 8），

1　董俊新．莱顿大学［M］．长沙：湖南教育出版社，1988：18．

图 2－8　17 世纪莱顿大学尸体解剖课现场

仅限于老师示范，学生观看，不能动手。而且因为尸体储藏条件有限，解剖只能在冬天进行。因为机会难得，故而解剖尸体成为医学生的一件盛事。每次进行尸体解剖时，学校上下全部停课。在 18 世纪早期，布尔哈夫就在莱顿大学创设了临床课程。为了给学生更多实践的机会，莱顿大学的医学教学跟临床相结合。当地的一家医院中有两个大房间和 12 个床位专供教师和学生实习之用。师生每周轮流去医院两次，他们在那里获得了难得的尸体解剖的机会。解剖课使莱顿大学的医学教学处于欧洲一流水平。学校的植物园自 1587 年建成后，一直都由医学院的教授负责管理，并讲授植物课。在 17 世纪最初的 10 年中，植物园中的植物品种从 1 700 多种增加到了3 700多种。[1] 化学也和医学研究息息相关。医学专家西勒福进入莱顿大学之后，开设了化学课。1669 年，莱顿大学设立了供研究和教学之用的化学实验室。莫尔特还在莱顿大学建立了私人化学实验室。

最初，莱顿大学的自然科学学者借助古代知识进行科学研究，但师古不泥古，他们敢于突破前人的某些定见和偏见。到 17 世纪末，自然科学研究已是气象万千，涌现了一大批杰出的科学家。1746 年，物理学家麦森·布洛

1　董俊新. 莱顿大学［M］. 长沙：湖南教育出版社，1988：28.

克发明的一种最早的容电器，被称为“莱顿瓶”。据说“莱顿瓶”问世之后，英国的物理学家考林森就寄了一只给美国的本杰明·富兰克林。在电闪雷鸣之时，富兰克林把一只风筝放上天空，风筝上系着一条金属丝，金属丝下端放进“莱顿瓶”中，获得了电火花。这次实验的成功，直接促使富兰克林在1760年成功发明了电火花。[1]

17世纪到18世纪初，莱顿大学吸引了许多外国人慕名前来。因为学校统一使用拉丁语授课，来自德国、法国、苏格兰、爱尔兰、奥地利、波兰、俄国、瑞典和丹麦的大学生都可以毫无语言障碍地听课。即使是短期停留，很多人也要在莱顿大学注册。也有人在莱顿大学学习，却并不注册。他们不上公共课，只在教授家中接受私人辅导。可到了18世纪后期，外国学生人数开始持续下降。因为一直以来，莱顿大学的德意志留学生最多，但自从德意志有了自己的耶拿大学、哈雷大学、莱比锡大学和哥廷根大学，他们就不用舍近求远了。

莱顿大学的不景气也和荷兰自身的衰败不无关联，“海上马车夫”昙花一现。18世纪，荷兰在经济、贸易上被法国和英国超越，殖民体系逐渐崩塌，殖民地多半易手。跟工业、贸易一样，莱顿大学在欧洲数一数二的地位受到强有力的冲击。由于大学间的激烈竞争，留学生数量减少，大学间聘任名师的竞争也日趋白热化。显然，莱顿在这一轮大学的比拼中已经败下阵来。哥廷根大学、维也纳大学、爱丁堡大学都是以莱顿模式建立起自己的医学教育，并获得了蓬勃发展，但莱顿大学自己的医学教育一落千丈。布尔哈夫死后的几年中，学校的医学临床实践课已经完全陷于瘫痪，学生只能在课堂上听“医学实践课”。供教学、试验、实践和欣赏之用，曾经是欧洲最好的植物园，此时已经逐渐凋敝。赫拉菲山德编写的物理学教科书被译成英文和法文，被很多国外大学使用。但赫拉菲山德的弟子米森博鲁克死后，曾经有巨大影响力的莱顿大学物理学教学也趋于停滞了。[2] 莱顿大学的图书馆，曾经因为收藏大量的东西方手稿和新书而令很多学者心驰神往。但在1725

1 董俊新．莱顿大学［M］．长沙：湖南教育出版社，1988：32－33.

2 董俊新．莱顿大学［M］．长沙：湖南教育出版社，1988：41.

年之后，图书馆几乎不再购买新书了。

只有语言学、神学和法学还保持着一些优势。古代语言学占据着荣耀的位置，罗马法作为法学研究的中心，神学学者用《旧约》和《新约》做教材。这些学科历来在莱顿大学的教学和实践中占据着独立的地位。而新兴的自然学科，例如植物学和化学，则被视为医学的附属学科，没有自己独立的固定位置。从事植物学和化学研究的学者们觉得没有发展的空间，纷纷改行从事医学研究和教学，导致了新兴学科停滞不前。

后起之秀——爱丁堡大学

爱丁堡是一座建立在火山灰和岩石峭壁上的城市。去过的人，无不被爱丁堡城堡的苍凉和皇家英里大道的忧郁所震撼。爱城历史悠久，城内至今还留有 2000 年前罗马军队安营扎寨的痕迹。7 世纪，不列颠列国纷争时期，诺森伯里亚的国王埃德温浴血奋战，勇夺此地。他依山修建城堡，爱丁堡这个地名便由"埃德温的城市"演化而来。爱城因其地理位置，凡由英格兰去往苏格兰，多由此经过。年复一年，这里便成为经济繁荣、商贾云集的大城。1437 年，爱丁堡成为苏格兰的首都，集苏格兰王室、政府中心和商业中心为一身。之后人口迅速增长，既有锦衣贵胄，又有律师、贸易商等崛起中的中等阶层，更有引车贩浆的小商小贩。

从 16 世纪中期开始，市政委员会就非常渴望建立一所大学。他们不断地向玛丽女王申请土地和资金。直到 1581 年，国王詹姆士将一块地赠给爱城，学校有了场地。长老会的捐款成了学院的启动资金。万事俱备只欠东风，国王在 1582 年颁发了特许状，学院终于诞生了。1583 年 10 月 10 号，又名"唐尼斯学院"的爱丁堡学院开始招生。[1] 这是苏格兰在宗教改革之后建立的第一所高等学府。

苏格兰已有的大学都建立在主教控制的市镇，而唐尼斯学院则建立在商业繁荣的都市。在宗教改革者看来，城镇是宗教改革的潜在增长点，也是人

---

1 R. D. Anderson, Micheal Lynch, Nicholas Phillipson. The University of Edinburgh [M]. Edinburgh: Edinburgh University Press Ltd., 2003: 3.

们行为举止更加文明的发生地。皇家自治市镇自命为“文明者”，不仅要保持政治上的重要地位，更要成为智慧的产生地和知识精英的汇集地。当然，学院的建立还有比较实际的想法：这样的一所学院，本地生和外地生收费自然不同，本地家长可以花更少的钱让子弟获得良好的教育，何乐不为呢？更何况，把十四五岁的孩子送到外地读书，家长除了担心也有几分不舍。

作为一个市镇学院，唐尼斯学院并未大兴土木，校舍大有凑合的意思。学院的全部家当只有一个带围墙的四方院，几间教室，一个大厅，几间宿舍。[1] 第一年招生迎来80个学生，却只有一位老师——罗洛克校长本人。巧妇难为无米之炊，对于雄心勃勃的罗洛克校长来讲，最头疼的就是学校的资金。事实上，从学院建立一直到17世纪30年代，学校始终都为钱所困。之后，因为私人慈善，大量资金注入，学校才得以有喘息之机。建校之初，市镇当局曾经靠增加税收来帮助学校建立新校舍，但显然老百姓对此举并不欢迎，多少影响了学院的口碑。因为资金不足，学校不得不克扣教师薪金。罗洛克刚上任之时，年薪40（苏格兰）镑外加学生的学费，本地生一年2镑，外地生3镑，所以校长的收入大约有190镑，跟教区的牧师比起来颇为微薄。[2] 而普通导师在1583年的年薪只有27镑，到16世纪90年代也只有100镑。因此，学院的教师更替频繁，跳槽率高得惊人。很多年轻人往往把学院当成暂时的落脚之处，一旦有机会就辞职去做教区的牧师。

1587年，学院终于培养出了第一批毕业生，他们一共是47人。但是，也有很多学生由于语言不过关而被淘汰，过关的学生的拉丁语水平也差强人意。学生来自苏格兰低地的广大地区，由于文法学校的质量不佳，要想适应学院的人文主义教育，必须先提高拉丁语和希腊语水平。为此学校特地请了邓肯·耐恩先生为他们强化语言训练。爱丁堡大学还因此云集了大量的私人教师，专门为学院的学生补习古典语言。而那些语言基础好的学生，可以在众人艳羡的目光中直接入读二年级。

学院实行导师制，导师不分科，负责一个班的所有课程。学生生活与做

---

1 张薇. 苏格兰大学发展研究［M］. 呼和浩特：内蒙古大学出版社，2011：86.

2 R. D. Anderson, Micheal Lynch, Nicholas Phillipson. The University of Edinburgh [M]. Edinburgh: Edinburgh University Press Ltd., 2003: 20.

苦工无异，夏天 5 点起床，冬天是 6 点。17 世纪之后，起床时间向后延迟一小时。周六和周日的早上也要上课。一年级的课程中，拉丁语和希腊文是重头戏。老师教学亦无良方，无非是强令学生反复背诵语法，以及每日一小考、三日一大考。17 世纪时，学生平均年龄约为 15 岁。天真烂漫的少年整日埋头于繁重的功课，其辛苦令人唏嘘。

1587 年，学院向首批毕业生授予学位，堪称惊世骇俗的僭越之举。根据欧洲的传统，学院只负责教学而并无授予学位的权力，直到 1685 年，在爱丁堡市镇当局的记录中，才首次使用了爱丁堡大学的称呼。1688 年，英王詹姆士二世才下诏确定爱丁堡大学的大学地位。

最初的几十年，跟苏格兰已有的三所大学相比，爱丁堡学院只是一座有些默默无闻的文科学院。站在历史的十字路口，是跟在老大哥后面亦步亦趋，还是走出一条自己的道路？是为市民社会培养官员、律师和医生，还是产出神职人员？学院的回答是：成为第二个莱顿大学，立志培养专业人士。17 世纪 70 年代，牛顿的光学、笛卡儿的物理学和亚里士多德的学说出现在课堂上。格雷戈里叔侄的数学课向全校开放，成为学院一大盛事。学院课程覆盖了光学、力学、机械原理和数学，令听者大开眼界，但难度颇大。

爱丁堡大学日后以医学著称于世，大概跟爱丁堡城有着深厚的医学基础有关。早期在苏格兰行医的人往往是教士和理发师。中世纪的苏格兰跟欧洲其他地方一样，大多数人是文盲，教士是唯一有文化的群体，他们理所当然地担负起救死扶伤的重任。而理发师在当时则是一个神奇的职业，他们常常充当行医的神职人员的助手，利用自己对理发刀的熟练掌握，帮助医生在必要的时候为病人刮脸和放血。[1] 13 世纪时，罗马教会规定，禁止教士和神学家手上沾有鲜血。于是行医被人为地分成内科和外科，前者由教士负责，后者由理发师承担。经过理发师的不懈努力，外科发展突飞猛进。1505 年，爱丁堡就成立了英伦三岛上最早的外科社团——理发师—外科医生同仁会，后来还建立了皇家外科学院。

最初的医学教育始于跟新建的内科医学院的一场竞争。为了体现大学的

1　张薇. 苏格兰大学发展研究［M］. 呼和浩特：内蒙古大学出版社，2011：91.

权威和地位，在内科医学院建成之后，市镇委员会和校方不甘落后，在1685年任命了三位医学教授。但这三人既没有固定的教学任务，也不在学校领取薪水。但无论如何，大名鼎鼎的爱丁堡大学医学院初具雏形。1694年，医学院获得了王室的特许状，开始系统地教授解剖学。市镇委员会也大力支持，将无人认领的尸体交给解剖学讲座使用。[1]

当爱丁堡大学逐渐走上正轨并欣欣向荣之时，医学院不再是个无人问津的小角色，各种势力都开始重视这个后起之秀。1665年，市政委员会正式决定，市政委员会主席和校长一起成为学院的共同管理者。这么做实为迫不得已，因为爱丁堡大主教也希望控制和利用学院。帕德森主教甚至准备向学院的院长授予称号，所幸议会否决了这一做法。市政当局岂容他人插手自己一手建立的大学。

与此同时，国王也对学院产生了兴趣，并开始加强对学院的控制。1687年，皇家巡视团进入学院。1688年，学院恢复了最初的名号“詹姆士国王大学”，并获得新的特许状。至此，学院终于被最高权威确认为“大学”，并享受大学应该享有的一切权利。爱丁堡大学终于可以名正言顺地为哲学、语言学、神学、法学和医学等学科授予学位了。光荣革命时，詹姆士二世被废黜，玛丽和威廉夫妇登上王位。苏格兰议会被极端的长老会贵族把控。1690年，皇家巡视委员会发动了一场大规模的清洗运动。主教派的牧师和学者厄运难逃，而持温和意见的长老会成员也多有牵连。校长门罗被革职，强硬派人士鲁尔在哀鸿遍野中取而代之。拒绝向国王和长老会效忠的人一律被赶出校园。就这样，爱丁堡大学的第二个百年在政治的倾轧中艰难开场了。

新校长鲁尔是个执着的长老派，曾在莱顿大学学医。此时虽已年过花甲，仍矢志不渝地要把爱丁堡大学办成一所正统的长老会大学。本来市政委员会以为光荣革命是个发展大学的好机会，他们请求王室拨款以设立更多的法律和医学教席，充实图书馆以及购买实验设备。而王室却希望把大学办成一所培养长老会牧师的修道院。这让鲁尔如鱼得水，他推出了一套完全体现长老会教条和意志的哲学课本，希望以此作为教改课程的基础。教师的讲课

1　张薇．苏格兰大学发展研究［M］．呼和浩特：内蒙古大学出版社，2011：90－92.

笔记和学生的听课笔记都要经过仔细查验，确保不存在信条和道德上的问题。老师需要参加冗长的“长老会审查”考试，没有通过考试的老师被迫离开学校。著名的数学教授大卫·格雷戈里为此远走牛津大学。他们的空缺往往由一些平庸无奇的人来填补。1701 年，鲁尔在任上去世，他的改革计划也随之灰飞烟灭。[1]

17 世纪下半叶到 18 世纪初的几十年中，前往荷兰接受教育，几乎成为苏格兰中部富裕土地阶层和中等阶层的子弟的一种惯例。爱丁堡的贵族、绅士普遍把子弟送到更为开明的莱顿、乌特勒支等荷兰大学，接受绅士教育并学习专业知识。这些衣食无忧的学生甚至会在国外待上三四年，学习法语、意大利语、音乐和艺术，并前往意大利和法国旅行。即使预算并不充裕的家庭，也会尽其可能送子弟前往荷兰进修。但荷兰的教育价格不菲，为期两年的民法或医学课程，年费超过 100（苏格兰）镑，这是普通家庭所不能承受的。

校长的水平往往关系到大学的兴衰。鲁尔校长死后，爱丁堡大学迎来的新校长是“改革的设计师”——威廉·卡斯塔斯先生。卡斯塔斯也是一位知名的长老会要人，但并不像鲁尔那样正统、极端。他胸怀开阔，对市民社会抱有好感。这位莱顿大学的仰慕者，在爱丁堡大学找到了施展拳脚的地方。他希望改变教会之前的极端做法，吸引更多海外学生前来就读。他设立了公法、民法、解剖、化学等学科的教席，曾经一度沉寂的教会史教席重新活跃起来。他还利用自己的政治影响力，从国王处获得每年 300（苏格兰）镑的赞助。[2] 卡斯塔斯改革的核心是重组教学体系。长期以来实行的导师制被废除，实行教授制——由专门的教师讲授某一门课程，而非一名导师讲授所有课程。

爱丁堡大学分别在 1705 年和 1711 年设立了解剖和化学的教席，正式将这两门学科引入医学教育。但当时，医学教育和医生执照的发放仍然被内科

1　R. D. Anderson, Micheal Lynch, Nicholas Phillipson. The University of Edinburgh [M]. Edinburgh: Edinburgh University Press Ltd., 2003: 53 - 55.

2　R. D. Anderson, Micheal Lynch, Nicholas Phillipson. The University of Edinburgh [M]. Edinburgh: Edinburgh University Press Ltd., 2003: 60 - 61.

学院和外科学院所把持，没有授予医学学位的机构。卡斯塔斯和挚友门罗推动了这个进程。约翰·门罗也是长老会成员，在流亡期间曾在莱顿大学学习医学。回到爱丁堡后，他非常迫切地希望以莱顿模式在大学中建立医学教学的体系。他设立外科药师协会，并在1712—1713年任外科医生社团的主席。因此他在市政委员会有一席之地，并在大学事务中有发言权。1719年，门罗的儿子亚历山大从莱顿大学学成归来，成为解剖学教授。亚历山大希望建立一套新的体系，培训外科医生社团中的成员，为此设计了一套综合课程，涉及解剖、化学、医学理论和实践。但是，这个组织并没有学位授予资格。门罗成功地劝说了市镇委员会，把内科学院和外科学院的教学全部转移到爱丁堡大学。市镇委员会还将无人认领的尸体一律交给外科学校，这就为爱大解剖实验室的建立和解剖系的成立创造了条件。[1]

1715年，卡斯塔斯先生去世，所幸改革后继有人。新任市政委员会主席乔治·德拉蒙德和新校长威廉·维希特继承了他的衣钵。此外，被誉为“苏格兰无冕之王”的阿盖尔伯爵，跟权倾一时的沃尔波尔过从甚密。这位政治家的骨子里是个科学狂人，曾经在莱顿大学学习化学，还拥有自己的实验室。他对数学疯狂着迷，是英国皇家学会的成员。他深谙大学对于塑造现代国家的宗教和政治文化的重要性，坚定地支持卡斯塔斯开创的改革之路。他亲自过问学校的教席人选，确保教授是有真才实学之人。很快，苏格兰法律和数学史教席设立起来。1725年，牛顿的爱徒科林·麦克洛林也在此讲授数学。

1745年，爱丁堡大学（图2－9）已经基本完成了卡斯塔斯开创的改革事业。以荷兰大学为蓝本，校内教席多为荷兰教授担当，神学、法学、医生和哲学教学的课本也多来自莱顿大学和乌特勒支大学。但学校保留了最初的“唐尼斯学院”的特点，由市政委员会在学术、财政和管理上进行控制。学校由实行双头管理——校长和市政委员会主席。卡斯塔斯和维希特两任校长的改革之所以成功，重要原因在于跟市政委员会主席的关系融洽。此外，阿

1　R. D. Anderson, Micheal Lynch, Nicholas Phillipson. The University of Edinburgh [M]. Edinburgh: Edinburgh University Press Ltd., 2003: 62.

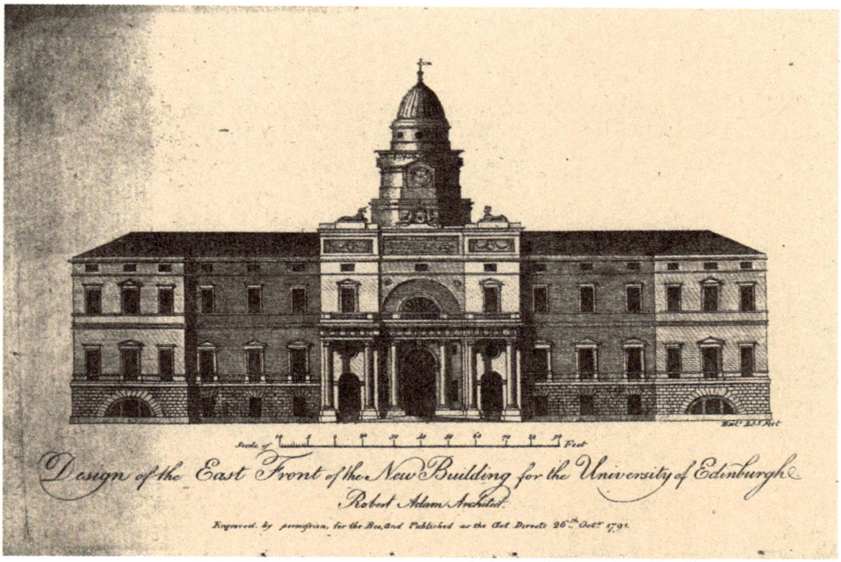

图 2-9　1745 年爱丁堡大学新楼设计图

盖尔伯爵和王室的支持也很关键。然而，正是因为大学在各方面仰仗政府和王室，在设立新教席时，难免要迎合上层的心意。有趣的是，在启蒙时代享有更多学术自由的“牛桥”在学术上却略显平庸，而政治上亦步亦趋的爱丁堡反倒成为学术之星。18 世纪后半期，爱丁堡大学取代莱顿大学，成为一个进步的、开明的学习场所，是众多国外学生眼中的圣地。

第三节 “他山之石，可以攻玉”
——美国名校的全面兴起

在美国哈佛大学的庭院中，大学会堂前方伫立着一座高高的坐像（图 2 - 10）——它身着殖民地时期的宽大斗篷，脚穿长筒袜，面容清秀，目光炯炯，一本翻开的厚厚的书放在腿上。坐像的底座上刻有三行字：约翰·哈佛，创校者，1638 年。但因为这三行字无一靠谱，所以称其为“三谎言雕像”。首先，这座雕像根本不是哈佛本人。在哈佛先生捐资助学两百多年后，学校才雕塑了这尊坐像。哈佛本人的面目已无从考证，雕塑家竟然让一位哈佛大学应届生谢尔曼·霍尔做模特，塑造出了一位长相英俊、气质儒雅的哈佛先生。其次，哈佛本人并非学校的创建人，只是一位最慷慨的早期捐赠人；最后，哈佛大学创办于 1636 年，而非 1638 年。尽管都是错误，但哈佛的一代代学子们似乎无意修改。这座雕像跟自由女神像、林肯纪念堂内的林肯坐像和费城自由纪念馆内的富兰克林雕像，一起成为旅游者最爱的摄影圣地。[1]

“三谎言雕像”在一定程度上体现了殖民地早期办学的艰难景况。16 世纪的欧洲，宗教改革运动风起云涌。英国国王亨利八世自立为英国国教会的首脑，将教权和政权合为一体。但官方领导的宗教改革并不彻底，保留了很多天主教的烦琐形式。16 世纪 60 年代开始，对国教会不满的声音逐渐增多。他们要求“净化”教会，用加尔文教派的精神彻底改革国教的教义、仪式和组织，因此这些人被称作“清教徒”。国王和国教对“清教”的迫害逐步加

1　谷峰. 哈佛的故事［M］. 北京：中国电影出版社，2005：16 - 17.

图 2－10　哈佛校园内的约翰·哈佛先生坐像

重。詹姆士一世时，清教徒们纷纷转入地下，其中一些人漂洋过海，转战他乡。1620 年，五月花号船上的第一批清教徒历经千难万险徒抵达北美大陆。10 年之后，第一个殖民地政府在马萨诸塞建立。

清教徒中不乏受过良好教育的绅士。踏上新大陆不久，他们就急切地希望兴办学校，把从欧洲带来的文化遗产和精神财富传给后人。1633 年，牧师约翰·艾略特提议模仿母校剑桥大学，在新城（Newtown）建立一所学院。在筹办学校的 12 个监事会成员中，有 8 人毕业于剑桥大学，1 人来自牛津大学。一年之后，监事们索性把新城更名为剑桥，以解思乡之情。这所学院也就成了“剑桥学院”。1637 年，剑桥大学伊曼纽尔学院的毕业生约翰·哈佛随着众多校友迁居北美。据说这拨移民潮中的伊曼纽尔校友竟多达 35 人，新英格兰地区因此获得了“伊曼纽尔之乡”的美誉。哈佛先生在剑桥大学获得学士和硕士学位，得到牧师的头衔，立志在新天地中继续自己的事业。可是上帝并未眷顾这位忠实的信徒。到新英格兰不到一年，哈佛便罹患肺病，英年早逝。临死前，他立下遗嘱，将自己一半财产和所有图书捐给新城学院。对学院而言，这笔719英镑17先令2便士的捐赠，相当可观。[1] 首任院长的年薪也不过区区60英镑。1639年，为感谢哈佛先生的慷慨助学行为，学院正式更名为“哈佛学院”。自此，北美殖民地高等教育事业翻开了崭新的一页。

哈佛学院的创办得益于剑桥大学的校友，而耶鲁大学则是拜一群哈佛大学的校友所赐。这群哈佛大学毕业的清教牧师，对母校的办学方向心怀不满而另立门户。他们认为哈佛大学的清教传统正在削弱，自由主义泛滥。为维护清教的纯洁和正统，他们选择了跟当年逃离英格兰的清教前辈一样的道路——出走。他们在康涅狄格建立了一所“联合教会学院”。学校在建立之初异常艰难，既没有英王室的特许状，也没有足够的经费和固定的校址。困顿当中，学校的科顿·马瑟先生给波士顿东印度公司的官员伊莱休·耶鲁写信求助。因为他相信耶鲁先生是一个有理想又慷慨的人。耶鲁没有让马瑟失望，他把向中国出售船只赚得的550英镑全部捐给了学校，外加412本书、英王乔治一世的肖像和纹章，他雪中送炭的义举使学校获得了生机。学校把校址定在了纽黑文，“联合教会学院”也因此更名为耶鲁学院。[2]

殖民地早期，学院由清教徒创立，注重宗教。他们远离祖国，历经千难万险移居新大陆，与其说是追逐商业利润，不如说是为了信仰的自由。泅渡的苦难和创业的艰难，使他们格外感念上帝的眷顾。希金森在《新英格兰殖民地》一书中写道：“令我们倍感安全，并赋予我们一切异己势力的强大动力，源于我们拥有真正的宗教，源于万能的上帝对我们的神圣启示。而设若上帝与我们同在，谁又能反对我们呢?”[3] 耶鲁学院校长斯泰尔斯告诫学生，教授给他们的圣歌，是他们在天国中所聆听到的第一首圣歌。赞美和感谢上帝的荣光，培养虔诚的合格教士，成为清教徒最重要的任务。坚持宗教正统性的耶鲁学院，其办学宗旨从第一天起就异常明确——为公理会培养服务民众的神职人员。正如威廉玛丽学院的创建者所说，建立本学院是“为教会提供宗教信仰虔诚的、具有渊博知识和优雅举止的青年，并在印第安人中传播

---

1 贺国庆，等. 外国高等教育史［M］. 北京：人民教育出版社，2003：168.

2 非非. 耶鲁的故事［M］. 北京：中国广播电视出版社，2006：17－18.

3 贺国庆，等. 外国高等教育史［M］. 北京：人民教育出版社，2003：171.

基督教”[1]。于是，各教派纷纷建立学院，培养神职人员，传播自己的教义，公理会的哈佛学院、耶鲁学院、达特茅斯学院，圣公会的威廉玛丽学院，长老会的新泽西学院（即后来的普林斯顿大学），浸礼会的罗德岛学院（即后来的布朗大学）。牧师在人们心目中地位崇高，虽然没有资格从政当官，公理会也没有教长职权，但牧师被认为是绅士，是上帝福音的传播者，是人们进入天堂的引路人。因此，牧师成为知识青年的首选职业。人们进入大学读书就是为了毕业后能获得牧师资格。但北美地广人稀、茫茫荒野，远离旧世界的一切繁荣和喧嚣，要面临随时可能发生的重重困难和危险。严酷的现实不允许清教徒们坐而论道。他们更关心如何在新世界中生存，更重视神学的实用性，更关注如何把神学应用于日常生活和社会实践。“注重实际”是殖民地拓荒者的信条和生存方式。也许因为殖民地拥有众多“宗教难民”，所以不同教派之间也大多惺惺相惜，和平相处。哈佛是公理会控制的学院，有明确的宗教倾向性，但学生并不都来自清教徒家庭。学生入学时，不必进行宗教宣誓。这种现实主义态度远非英国可比。当然，殖民地的这种宗教宽容也可以理解为一种迫不得已。各校之间的生源竞争很激烈，任何一个教派都无法保证招收的学生全是本教派的子弟，哪里敢人为设置障碍而减少生源呢？新泽西学院、罗德岛学院和达特茅斯学院都明文规定，不能进行宗教测试，以保证每个教派的学生享有平等的教育自由和教育利益。1760 年，哈佛学院允许圣公会教派学生参加其他活动，也不再强令学生参加圣公会的礼拜活动。

殖民地办学的另一个重要目的是继承欧洲的人文科学传统。教会兴办教育是源自欧洲中世纪的古老传统，历经文艺复兴和宗教改革，这一传统依然在人们心中根深蒂固。教会的神职人员被公认为人们精神生活和文化生活中的领导者。在踏上陌生而荒芜的新大陆之初，清教徒普遍受过良好教育。17 世纪 40 年代，新英格兰居民中大约有 100 个剑桥大学毕业生和 32 个牛津大学毕业生。约 150—200 人就有 1 名大学毕业生，比例之高，恐怕连英国本土也望尘莫及。[2] 这让整个群体都意识到重任在肩。现在遗留下来的早期清

1　贺国庆，等. 外国高等教育史［M］. 北京：人民教育出版社，2003：171－172.

2　郭健. 哈佛大学发展史研究［M］. 石家庄：河北教育出版社，2000：7.

教徒的著作中，有这样的语句："上帝把我们安全地带到新英格兰后，我们已建筑了住房，制备了生活必需品，开办了教堂，设置了政府机构。我们渴求和关注的下一件事，就是增益知识，并将知识永远传递给后人。"[1]

当时北美殖民地的高等教育，由于多由英国"牛桥"的毕业生操办，很大程度上因袭了英国的教育模式。但随着殖民地教育的逐渐发展，就越来越多地体现出自己的特点。殖民地大学既是英国式的，也有着鲜明的"殖民地"标签。

"牛桥"的毕业生漂洋过海，把文化的种子带到美洲，撒播在新天地的广阔沃土中。他们在新大陆上创建的一座座英式学院，如幼苗破土生长，逐渐枝繁叶茂。最初的殖民地学院，体现出一种对昔日"牛桥"的追慕之情，从教学内容到学院管理都依照英国大学的模式。早期的哈佛学院简直就是伊曼纽尔学院的翻版，从学院章程、学生纪律到课程设置都严格仿效。哈佛最初就叫做"剑桥学院"，连各个年级的叫法也完全取自剑桥：一年级叫作 freshman，二年级叫作 sophomore，三年级叫作 junior sophister，四年级叫作 senior sophister。1642 年，年轻的剑桥大学毕业生邓斯特成为哈佛学院校长。课程设置完全遵循剑桥大学模式，体现了当时人类的知识体系：既包括了中世纪的"七艺"，也有文艺复兴时期人文主义对希腊和拉丁古典作品的研究，以及体现宗教改革思想的宗教教育。在 1642 年哈佛学院的课表上，我们能看到拉丁语、希腊语、希伯来语等古典语言，也能看到亚里士多德的自然哲学、道德哲学和心灵哲学，还有逻辑学、修辞、伦理学、形而上学、算术、几何等。邓斯特的这套课程体系跟牛顿时代到来前的英国大学基本一致，一直沿用至 18 世纪中期。学院对古典文科的重视，在 1646 年的入学章程中也可窥见一斑："任何学生，凡能阅读西塞罗的作品，或阅读此类古典拉丁语作者的作品，能用纯正的拉丁语诵读和写作诗歌和散文，能按照变格规则准确无误地指出希腊语的动词和名词变格，即可获准入学。"[2] 在整个 17 世纪，殖民地学院和英国大学一样，表现出对自然科学、实用学科的敌视和

1 郭健. 哈佛大学发展史研究［M］. 石家庄：河北教育出版社，2000：5－6.

2 郭健. 哈佛大学发展史研究［M］. 石家庄：河北教育出版社，2000：15.

轻视。

但是，世事不会一成不变。时代的节奏在变，象牙塔既然不能独善其身，不如放下身段，拥抱时代。1715 年，达默向耶鲁学院捐献了 800 册书籍，其中有些是关于牛顿自然科学的。我们无从探究新思想、新科学对整日沉浸在古典人文学问中埋头苦读的学生造成怎样的冲击。但在当时这些书属于禁书之列。有人警告学生，阅读笛卡尔和牛顿，将会破坏了他们纯洁的信仰。而此时的哈佛学院已经感受到一股科学之风扑面而来。1728 年，哈佛学院设立了“赫利斯”自然哲学和数学讲座，用实验的方法讲授自然科学。讲座的第二位主讲人温斯洛普接手讲座时，年仅 24 岁。这位才思敏捷又敢想敢干的年轻人建立了北美殖民地的第一个太阳黑子观察站和哈雷彗星讲座。他证明了地震完全是自然现象，并非上帝发怒。耶鲁大学也在 1734 年从欧洲进口了一堆稀罕玩意儿用于教学：一架望远镜、一台显微镜和一台气压计。校长克拉普亲自讲授牛顿的《自然哲学的数学原理》，并为教学制作了太阳系仪。他的天文学观察甚至引起了大洋彼岸英格兰皇家学会的注意。殖民地学院对科学课程已从抵制转向欢迎和接纳，甚至控制学院领导权的教会人士，也认为宗教和科学并不矛盾，可以和平共处。

此时的大学不但有科学和实验室，还有世俗化的风气和实用化的办校理念。1708 年，约翰·莱瓦莱特作为非神职人员成为哈佛的校长，仿佛平地一声惊雷，颇有惊世骇俗之感。从此，哈佛学院自由派占了上风，办学的世俗化趋势得以增强，特别是 1727 年以后，校监委员会由一批富有的波士顿商人“把持”，世俗化的倾向愈加明显。学院不再像 17 世纪以培养牧师为己任，也着力培养政府官员、文法学校教师以及各行业专门人才。1755 年，在富兰克林的倡导下，美国第一个无教派学院费城学院创立了。在费城学院，除了古典课程外，职业技能课程格外引人注目。英语成了教学语言。拉丁语的学习时间被压缩至三年。拉丁语、希腊语的学习占全部课程的三分之一；各种实用科目，如农业化学、测量、力学及航海占三分之一；逻辑学、伦理学、形而上学、政治学、商业贸易、历史等占三分之一。[1] 国王学院的院长

1　贺国庆，等. 外国高等教育史［M］. 北京：人民教育出版社，2003：184.

约翰逊公开宣称要为当时的纽约商人提供知识服务，并满足学生从事传统职业的需要。在这里，学生可以学习测量、航海、耕作、矿物学、地理学、商业等新学科。

殖民地的专业教育直到18世纪下半叶才崭露头角，医学、法学讲座出现在哈佛学院。当时新英格兰地区医学的主要传播者不是受过专业训练的医生，而是粗通医术的牧师，医生的培养还停留在学徒方式。就连殖民地最负盛名的医学世家波士顿的克拉克家族，整整六代人行医，却无一人受过正规的医学教育。1765年，第一家正规的医学教育学校终于在费城学院出现，学校完全复制了爱丁堡大学的模式。直到1783年，哈佛医学院才正式挂牌，迎来了最初的两名学生。学期五年获得医学学士学位。是否攻读博士学位，全凭本人意愿。但最终获得医学博士学位，却是一个长期而艰难的过程：七年的临床经验，通过笔试和拉丁语与英语的答辩，才可申请学位。

殖民地学院的性质问题，即究竟是公立还是私立，始终是个纠缠不清的重要问题，而且从某种程度上说，正是这种身份差异成为不同学院走上不同发展道路的根本原因。

这个故事要从耶鲁学院的建校说起。据说，在建校前几日，十位参与筹备工作的牧师在纽黑文的布兰佛小镇聚会，每人带来了一些私藏的书。并庄严宣告："我为学院的创建捐上这些书。"虽然这个传说的版本众多，但捐书的基本事实不变，一代代耶鲁人对此津津乐道。在如今耶鲁大学的斯特林图书馆（图2-11）入口处正厅的上方，就有石刻的"十牧师捐书图"。但耶鲁大学的建校日期似乎一直是个谜，1700年、1701年和1702年，三种说法莫衷一是。但1752年五十周年校庆后，校长克拉普多次对1702年的建校日期表示怀疑，强调耶鲁早在1700年时就已创立，创立者就是那十位牧师。克拉普之所以如此执着，恰恰在于他试图强调耶鲁由教会而起的私立性质。[1]

私立还是公立，关键还是"钱"的问题。来源基本是政府、民间和学生三个渠道。初期，来自政府的资助稳定又得力。哈佛学院得到政府的批和拨款才得以成立。1636年，马萨诸塞议会同意拨款400英镑开办一所学院，并

1 非非．耶鲁的故事［M］．北京：中国广播电视出版社，2006：18．

图 2-11　耶鲁大学斯特林图书馆

且在学院的监理会中安排了一半的政府官员。这笔钱后来被分两次划拨下来，支撑着哈佛学院走过最初也是最艰难的日子。政府对于教育的投入花样百出。马萨诸塞议会将查尔斯河的摆渡费定向交给哈佛学院。后来建了一座桥连接两岸，政府就将过桥费继续拨给哈佛学院。政府甚至批准哈佛学院发行彩票以增加收入。哈佛大学[1]在独立战争以前发行的彩票竟多达 18 种之多，共计约 12 000 万镑，收入极为丰厚。当地政府还要求每户居民给哈佛上交四分之一蒲式耳的小麦或同等价值的现金，这可算是殖民地的一种新型教育税吧。英国圣公会牧师布莱尔在弗吉尼亚创办了北美另一所高等学校威廉·玛丽学院，因为建校之初就很快获得了英国王室颁发的皇家特许状，学校以英王威廉三世和王后玛丽二世的名字冠名。这座有着英国王室官方背景的学院，最初就得到了英王室资助 2 000 英镑的资助，此外还从殖民地政府那里得到毛皮税和烟草税的收入。后来，对不法商贩的罚款也用来资助学院

1　1780 年，哈佛学院正是更名为哈佛大学。

办学。

殖民地学院虽有政府的资助，但财政也屡屡险象环生，陷入入不敷出的窘境，有时竟然是靠一笔横财渡过难关。耶鲁大学著名的康涅狄格楼竟是因为彩票中奖和获得殖民地缴获的一艘法国舰船而得以兴建。民间特别是校友的捐助是殖民地教育的一大传统，也是后来私立大学的一大特色。1769 年，获得特许状的罗德岛学院因为资金短缺，不得不在 1795 年宣布：“任何人在本学年之前，向本董事会赠款 6 000 美元，或相当数额的证券，这所学校就以他的名字命名”，竟然 8 年无人回应。直到 1803 年董事会将金额减少到 5 000美元。小尼古拉斯 · 布朗先生终于出手相救，学校也因此改名布朗大学。[1] 邓斯特任哈佛校长之时，学院每年平均支出 175 镑，而收入只有 100 镑左右，因此校长常常四处化缘以求学校的正常运转。经过多方筹款，邓斯特在 1642 年首届学生毕业前夕，用 1 000 镑善款建成了一座集教师、图书馆、办公室、宿舍、餐厅、厨房为一体的多功能建筑。哈佛学院初建之时，许多刚刚经历了迁移之痛、人地生疏之苦的清教徒移民毫无保留地为学院添砖加瓦。捐赠一群绵羊者有之，捐献一匹布者有之，捐献一只精致的碟子、一把汤匙、一只镶银大水壶的人有之。他们的捐赠虽价值有限，从 5 先令、9 先令到 1 镑、2 镑不等[2]，但其赤诚之心令人感佩。事实上，殖民地居民捐资办学的热情高得惊人。耶鲁学院建立之初，纽黑文、赛布鲁克和法特福特的居民都在筹集资金，为迎来学院落户展开激烈的竞争。最终因为纽黑文是当时康涅狄格州最大的城市，交通又十分便利，最终在竞争中获胜。费城学院根本就是一个由民间募集资金建立的大学。25 位捐赠者承诺分 5 年每年捐出 400 镑，其中本杰明 · 富兰克林就是其中一位“施主”。校友是学院最珍贵的财富，学院的毕业生往往进入上流社会，风光地回馈学校。

为了充分发掘财源，学院没有忘记隔海相望的英国本土的乐善好施者。哈佛学院建校之初就派专人回英国募集资金。建校的前 100 年，哈佛学院从英国人那里得到了 11 500 英镑的助学款。圣公会的柏克莱主教跨越教派的资

1　舸昕. 漫步美国大学——美国著名大学今昔纵横谈：续编［M］. 哈尔滨：哈尔滨工业大学出版社，2000：204.

2　贺国庆，等. 外国高等教育史［M］. 北京：人民教育出版社，2003：168.

助曾经是一段佳话，他曾为奉行公理会教义的耶鲁学院慷慨出资。可是这种民间的友好往来从独立战争起受到严重挫伤，来自英国的捐助直线下滑。战争的影响不可忽视，但据说殖民地机构未能按惯例公开出版印有捐助者姓名的小册子，也是其原因之一。这似乎伤害了英国人的感情，于是他们不如以前那么慷慨了。

虽然有着多样化的资金来源，但殖民地时期的9所学院都在很大程度上接受了政府的资助。整个18世纪，康涅狄格的官方资助超过了耶鲁学院资产的一半。从这一点上说，早期的学院都颇有几分官办色彩。但学院又几乎都被教会控制，所以学院的性质实在有几分说不清道不明。耶鲁学院的克拉普校长却成为一个“反潮流”英雄，竭力想回答“公立还是私立”这个难题，他倾其所有试图证明耶鲁的私立性质以维护学校的独立。为了抵制地方政府对学校的干涉，他甚至不惜和康州议会对簿公堂。1763年，克拉普以其卓越的辩才赢得了胜利。他的策略就是，反复强调地方政府颁布许可状之前，十牧师已经通过赠书的方式建立了耶鲁学院。克拉普校长赢得了官司，耶鲁学院获得正名走上独立之路，但这条路万分坎坷。没有了政府的资助，学校只能靠民间力量和学费勉强度日。直到独立战争之后，斯泰尔斯校长才和康州政府达成谅解。州长和6位高级官员进入校董事会，妥协为耶鲁学院带来了急需的资金，新校舍拔地而起。但耶鲁人终究是不合时宜的。19世纪初，当校内外的人们对宗教的热情逐渐淡去，以新教教义立校、载有沉重宗教使命的耶鲁学院再也不能沉默，和政府的冲突再起。州政府也对怒不可遏，对于耶鲁学院这种一面用着自己的钱一面跟自己对着干的行为忍无可忍，单方面终止了对耶鲁学院的资助。多亏了校友的慷慨解囊，耶鲁学院才走出了这次困境。

长期以来，殖民地各学院默认自己的私立性质，即使接受政府资助，也不愿轻易以牺牲独立的管理权为代价。最终这个问题以1819年达特茅斯案而获得彻底解决。达特茅斯学院（图2－12）是殖民地九校中默默无闻的小兄弟，前身是1754年成立的“摩尔印第安人慈善学校”。校内学生以印第安人居多，在50年代的英法战争中，学校中的印第安部落决定和法国人结盟，把枪口转向英国一方。从此得罪了康涅狄格州，在此地生存变得异常艰难。

图 2－12　达特茅斯学院

加之教派之争，校长伊利扎·惠洛克将学校搬离康州，并改建成一所新的学院。1769 年，学院在当时尚无大学的新罕布什尔扎下根来。改名为达特茅斯的学院获得了英王的特许状，旨在“教育印第安部落的年轻人及英国的年轻人。”[1] 惠洛克校长将职位传给了自己的儿子。小惠洛克是个刚愎自用、独断专行的青年，学校由公理会控制，民主意识几乎不存在。19 世纪初时，董事会和校长的关系几乎跌入冰点，宗教教派之争、权力之争、政治党派之争，加上个人恩怨，使双方无法合作。校长匿名发表了一篇罗列董事会恶性的传单，职责董事会滥用职权，把学校财务搞得一塌糊涂。董事会终于查出匿名者是校长本人，便集体罢免小惠洛克。当时的董事会主要由联邦党人把持，而州政府则是共和党人执掌。州议会修改学校宪章，把“达特茅斯学院”改成“达特茅斯大学”，改组董事会，安插多名政府指派的人员进入新

1　舸昕. 漫步美国大学——美国著名大学今昔纵横谈：续编［M］. 哈尔滨：哈尔滨工业大学出版社，2000：11.

的校董事会。小惠洛克成为新的达特茅斯大学的校长，在任两月，便一命呜呼。原董事会自然不服，靠着民间资助，竟然仍维持原来的学校。于是出现了相当滑稽的局面：校园中有两个学校共存。原来的学院有 95 名学生，新的大学只有 14 名学生。主管学校常务的伍德沃德是校长小惠洛克的外甥，因拒不交出学院的特许状、大印和账本，被学院董事会告上法庭。官司一直打到美国联邦最高法院。学院董事会聘请校友丹尼尔韦伯斯特出任首席律师。韦伯斯特一生成就辉煌，在联邦最高法院打过 150 多场官司，后来还成为美国的国务卿。但真正使他载入史册的是这场“达特茅斯案”。在法庭上，他作了长篇的演说，最后甚至声泪俱下地说：“先生们，我说过，这是一个小小的学院，但还是有人珍爱它。”最后，法庭终于以压倒性多数判决校方胜诉。由大法官马歇尔主笔的判决书，认为达特茅斯的特许令是要将学校建成一个慈善学院。州政府无权干涉学校的内部事务，独立前的特许状相当于一份合同，它并不因为美国独立而失去效用。马歇尔的判决书其实也为殖民地时期建立的其他学院赢得了合法的“私立”地位。这些学院纷纷长舒一口气，终于可以扬眉吐气地为自己正名了：政府不能完全控制学校，教师也并非是政府官员，政府为学校的投入并不是学校成为公共财产的借口！[1]

时至今日，殖民地九校中有 7 所仍保留了私立身份，只有两所因为时运不济，资金匮乏，已成为公立大学，身份也随之贬值。威廉·玛丽学院是九所学校中官方色彩最强的，由英王室直接建立，有着辉煌的早期历史。在英王颁发特许状的同时，就大笔一挥，奉上 2 000 英镑。此外，学院还有两万亩土地用于投资。该校培养出不少杰出校友：4 名校友参与过《独立宣言》，16 名校友参加过大陆会议。但学院命运多舛：主楼新建不久之后即在一场大火中付之一炬；独立战争时，学生纷纷参军入伍，学校不得不关门大吉；1782 年重新开张后也未能走出萎靡不振的宿命。1859 年，学院包括图书馆、实验室在内的主楼竟然又一次葬身火海。南北战争中，北方军队又一次将主楼烧毁。1865 年重新开张后，竟无学生前来报名。为了挽救一个有着数百年历史的老校，最终由弗吉尼亚州在 1906 年将其收编，成为真正的州立大学。

1　舸昕. 漫步美国大学——美国著名大学今昔纵横谈：续编［M］. 哈尔滨：哈尔滨工业大学出版社，2000：11－13.

另一所殖民地老校是当年的皇后学院，由荷兰的改革教会归正会创办于1766年。这个教会既小且弱，建立的学校也是最小最穷。其他学校都或多或少地接受殖民地当局的官方资助，唯独这所学院没有得到任何的官方支持，是一所彻头彻尾的私立大学。学校在最初的8年中只有20名学生，生源不足最终在1795年关门。后来几经复活再关门的闹剧。1825年，学校希望找到一位捐赠人以解燃眉之急。一位叫鲁特格的大亨捐出了区区5 000美元债券和一口大钟，便取得了冠名权。最终，根据《增地法案》，鲁特格学院获得联邦政府的增地款，成为一所公立大学。

早期学院的管理异于欧洲大学，充分体现殖民地特色——由外行的校外人士管理学校。中世纪以来，欧洲的学院和大学中，教授自己组成“学者行会”，进行的是自我管理。但殖民地尴尬地发现他们无法复制欧洲模式：一是没有足够的高水平学者和深厚的传统文化底蕴，无法组织起“学者行会”；二是没有独立的经费和物质基础，无法像欧洲大学那样拥有大量的土地房产。欧洲意义上的自治犹如水中花镜中月。再者，清教徒所属的加尔文教派的基本信条之一就是世俗认识必须参与社会机构的管理和决策。哈佛学院在建校之初就由一个校监董事会全权管理学校事务。委员中有6位当地官员，6位公理会牧师。但由校外人士任校监者有自己的本职工作，任校监本来就是兼职，往往不愿投入较多的精力和时间。校长常驻学校，主持日常行政工作，但没有权力。所以校长后来也进入了校监董事会。为了更好地管理学校，哈佛学院成立了一个驻校管理机构——管理委员会，由校长、财务主管和5位评议员组成，评议员都是教师。但实际上，因为当时教师数量非常有限，一共不过两三人，所以为了凑够法定人数，只得指定一些公理会牧师充当。所以“自治”仍是一个遥不可及的梦想，连校长的任命权都还掌握在校监董事会手中。哈佛的管理是典型的殖民地“双院制”，虽然两个委员会经常发生矛盾，互相扯皮拆台的事情屡有发生，但好在可以互相监督和制约。

威廉·玛丽学院有更多的王室血统，企图保持英国大学“自治”的传统。虽然有一个由校外人士组成的校监委员会，学校更多地是由一个“教授会”管理，处理一切校务。到独立战争时，校监委员会仍没有实权。但之后学校历经各种磨难，教授会和校监委员会为了争夺学校的管理权，陷入了无尽的争斗中。耶鲁学院由于是哈佛学子兴建，在校监董事会的组建上多有模仿哈佛学院的痕迹。但耶鲁学院的创新在于，只设校监董事会，无管理委员会，但必须保证校监董事会成员全部由校外的公理会牧师担任，以维护学校的纯洁性和正统性。校监的身份随着时代发生着变化，有官员、律师、医生和商人，他们并不参与学校的日常运作，但却牢牢地把持着学校的管理权。学院倚重董事会的做法是殖民地的独创，由校外人士担任董事会成员使学校和社会联系更加密切，更面向社会，更直接服务社会。因为这种独特的管理模式，校长成了学校和董事会之间重要纽带。他全面负责学院的运行。大部分校长本身就是牧师，很多人一方面承担教学任务，另一方面还得负责筹措资金、招生，并管理学校的全部事务。因此防止校长管理权力过分集中，成了教育界人士的一块心病。耶鲁学院在 1745 年之前禁止校长加入校监董事会，费城学院也一直拒绝校长参与学校的重大决策。杰弗逊在筹备弗吉尼亚大学的计划中，甚至根本不专设校长一职，而是由学院教授轮流承担校长的职责。

殖民地初期的学生生活规律而刻板，几乎照搬了英国大学的做法。在哈佛学院，每天 5 点起床，10 点睡觉。每天除了上课，祈祷、自修和吃饭占据了大部分时间。起床后先做早祷才能吃早餐。一个小时的自修之后，8 点正式上课。授课方式基本按照中世纪的套路，老师大声朗读拉丁课文，学生跟读、背诵。中午的集体就餐，饭前照例要祷告一番，感谢上帝赐予食物。饭后是短暂的休息时间，学生喜欢在校内散散步。接着又是口头背诵或问答课的时间。当时殖民地学院高年级学生的辩论往往在下午进行。辩论在当时是最高级的教育，讨论的题目常常是“巫术是否真的存在?”“奴役非洲是合法的吗?”每周还有 5—6 名学生发表演讲。下午 5 点是晚祷时间，之后还有一个小时的自修，7 点半开饭。饭后是娱乐时间。宗教在殖民地人民生活中的地位至高无上。学生必须参加早晚的祷告。许愿生活中最重要的日子是主日，这是每个星期最重要的日子，这一天的大部分时间学生都在参加集会和做祷告。在严肃的学习生活之余，偶尔也有轻松时刻，夏天学生们可以去打猎、捕鱼、划船或游泳，冬天溜冰、滑雪、玩雪橇。

学院的校规严苛得令人窒息：哈佛学院明令学生不能出入镇上的酒馆、留宿镇上的旅馆或者无故离开剑桥镇。对各种违纪行为实行罚款制裁：祈祷或上课迟到罚款两便士；祈祷或上课缺席罚款四便士；安息日缺席，不能重复布道内容，携带枪支，未经许可打猎、钓鱼或者在深水区玩闹罚款三便士；上课时间在宿舍逗留、未穿外套或礼服走出校园、响铃之前进入聚会场所罚款两先令；打架斗殴、撒谎、酗酒、赌钱罚款五便士；咒骂神灵、亵渎圣经、玩纸牌或掷骰子赌博、在校园放枪罚款十便士。如果学生的行为非常恶劣，例如严重渎神、未婚私通、抢劫、造假，则会被开除。为了杀鸡儆猴，一旦有学生被开除，校长召集全校学生集合，宣读其错误行为和校管理会的决定，并当众将这名学生的姓名从名单中划去。颇具仪式感的开除，极大地震慑和教育了其他学生。

当时的学院甚至盛行体罚，体罚作为惩罚学生的一种公开方式，和罚款、开除无异，教师和校长皆坦然行之。这也取法于“牛桥”，牛津大学、剑桥大学的学生违反校规而受体罚的历史已经有好几百年。殖民地的学生经常被打耳光、鞭笞、罚跪、拧耳朵等。直到 18 世纪，校方的体罚行为才受到社会上越来越多的关注和批评。父母因为孩子屡受体罚，忍无可忍之下写信给哈佛校长，恳请校方不要像虐待牲畜一样对待孩子。哈佛最终在 1767 年取消体罚制度，耶鲁等学院都是在独立战争前后才相继取消体罚的。

因为学校的学习生活刻板无聊、纪律严苛、体罚严酷，哈佛学院的学生屡屡群起反击，校园骚乱时有发生。1674 年的一次大规模的学生暴乱，毁坏了所有办公室门窗的玻璃，整个学校处于极度混乱、危险的境地，学生索性以全体离校要挟校方妥协。面对空荡荡的校园，校方只能让步，结束这场对峙。骚乱的和平解决，多亏了校方极大的克制和妥协，即使在最混乱的时候，校方也没有对学生施加暴力，并禁止警方未经学校同意闯入教室或宿舍捕人。[1]

按照欧洲的惯例，大学的特许状上应该明确注明是否具有学位授予权。而哈佛学院建成后，连英王室的特许状都没有。只是在 1650 年从马萨诸塞

---

1 郭健．哈佛大学发展史研究［M］．石家庄：河北教育出版社，2000：34－37．

议会得到了特许状，并且只字未提学位授予权。但早在 1642 年，哈佛学院就已经向 9 名学生颁发文学学士学位。擅自授予学位，无视传统，颇能彰显殖民地人民的藐视权威争取独立自由的性格。这种个性非但没被剿灭反而得到尊重，到 1650 年连剑桥大学都承认了哈佛学院颁发的学位。西方大学的毕业典礼向来是人生中的一个里程碑，学生、学校、亲友都相当重视。到 18 世纪时，哈佛学院的学位授予仪式已经是整个新英格兰地区的一件盛事。一般典礼的时间是在 7 月，往往在典礼前的一两周，兴奋的人们就从四面八方赶来，并在校园内的草地上搭起了帐篷。整个剑桥镇迎来众多的异乡客，也都跟着沸腾起来。典礼的头天晚上，学生、校长和教师开始欢乐地齐声高歌，校外的酒馆里到处都是举杯庆祝、纵情歌舞的人们。第二天早晨，居民们倾巢而出来到校园，整个小镇万人空巷，校园中人头攒动。学生们身穿黑色礼服，由警察开道，进入大厅。他们两人一排，最前面是文学士，紧跟着硕士，后来是校长、教师、校监董事会和管理委员会的成员。师生所到之处，掌声和喝彩声不断。大厅里也挤满了人，有人甚至爬上窗台。仪式以校长讲话开始，接下来是优秀学生代表用拉丁文发表毕业演讲，接着学生们 4 人一组到台上接过校长亲手奉上的毕业证书。晚上，欢快的气氛继续延续着，学校里有大型宴会招待师生。[1]

毕业的欢快气氛是以毕业前的苦读和毕业考试为代价的。哈佛学院遵循中世纪大学的传统做法，要经过一系列严格的考试方能毕业。考试一般采取口试的形式，连续几个星期，学生每天上午在学院大厅接受校长、教师和学监的提问，或者由老师指定学生以分组辩论的形式。以今天的眼光看，最初的校规中对于毕业生的要求并不算太高，要求“学生证明能够用拉丁语阅读《旧约》和《新约》，并能符合逻辑地解答分析，在生活中、交谈中和公共活动中表现虔诚诚实”，即可获得第一级学位。[2] 到 18 世纪中叶，学生必须熟练掌握所学过的所有科目方能毕业。耶鲁学院在 18 世纪中后期也提高了毕业生考试的要求。1785 年时，有 4 名学生不幸未能通过考试，这是多年来

1　郭健. 哈佛大学发展史研究［M］. 石家庄：河北教育出版社，2000：25 - 27.

2　郭健. 哈佛大学发展史研究［M］. 石家庄：河北教育出版社，2000：24.

的第一次。其中 3 个学生由导师作保、董事会表决才得到了一种特殊的毕业证，毕业典礼之后，才拿到了学位证。这种不近人情的政策竟使很多学生担心自己不能顺利毕业，因此远走哈佛学院和达特茅斯学院。

殖民地时期的学院中，阶级性和等级性并不如欧洲大学那般鲜明刺眼。学生来自各个阶层，高等教育并非有钱人的专利，但学费对穷人家的子弟不是件轻松的事。学生的学费也是学院的财源之一，但因殖民地地广人稀，生源是各学院心中隐隐的痛。当时任何一所学院的住校生总数都不超过 100 人，毕业人数常常是以个位数计算。资格最老、规模最大的哈佛学院，1771 年毕业的学生也只不过 64 人，而其他学院远远达不到这样的规模。正是因为学生人数有限，为了吸引更多人前来就读，学院不得不降低学费。即便如此，仍然有学生拖欠学费。如果实在无法用现金缴纳学费，校方只得同意学生用实物抵扣。在哈佛大学的校史纪念馆里，可以看到当年的财务档案上记载着学生用于缴纳学费的实物五花八门，有牛肉、羊肉、牛蹄，也有小麦、大麦、黑麦和其他谷物，有面粉、黄油、鸡蛋和奶酪，也有蔬菜和水果、衣物和鞋子，有各种各样的五金工具，也有马鞍和长剑等。学校把吃的喝的能用上的东西留下来，其余则由财务人员拿到集市上出售，换回现金。[1]

殖民地学院虽说没有欧洲大学那样等级森严，但仍然留有欧陆的某些贵族气息。学生入学后，名单的排序是根据家庭出身和社会地位而定。哈佛学院直到 1770 年才将此陋习废除，学生开始以姓名的字母排序。但学生当中依然有着某种隐形的等级制度，高年级学生常常对低年级学生颐指气使。不同年级的学生服装不同，以示区分。学生一入学便会被分到三四人居住的宿舍中，有一二人是高年级生，其余是新生。新生很快发现自己沦落为跑腿打杂的二流角色，早晨还要为学长整理床铺、准备洗漱用具、打早饭，晚上要等到学长入睡自己才算长舒一口气。这些以大欺小的行为校方心知肚明，早在 1667 年校监董事会就命令废止低年级学生为学长服务的做法。但实际上，到 19 世纪中期之前，高年级学生役使低年级学生一直是哈佛大学不太光彩的传统。

1　郭健. 哈佛大学发展史研究［M］. 石家庄：河北教育出版社，2000：31 – 32.

第三章 近现代的大学生活

如果真理是依靠自由探讨而获得的话，那么德国的大学教授和知识分子，无疑正昂首阔步地行进在这条金光大道上。

——迪克诺尔

第一节　改革的年代

1804 年，英国工程师德里维斯克造出了世界上第一台蒸汽机车，此后，火车的行驶速度一再刷新，人们的出行速度大大加快。19 世纪，人类如同登上了一辆高速行驶的蒸汽列车，窗外的景色瞬息万变，令人目不暇接。然而，正当科学研究在社会上热火朝天之时，却在大学里遭到了冷遇。沉睡中的大学急需一场深刻的教育改革。

此时，英格兰在如火如荼的工业革命中蒸蒸日上，法兰西正沉浸在拿破仑的帝国迷梦之中，美利坚则满怀新兴国家的光荣与梦想。但恰恰是被战争凌虐而饱受民族耻辱的德意志，揭开了大学改革之幕、举起了科学研究大旗。

1789 的法国大革命，如暗夜惊雷，震动了封建统治下的欧洲。“自由、平等、博爱”的种子，随着拿破仑（图 3－1）的铁骑撒遍欧洲，生根发芽。被征服地区接受了大革命的原则，废除贵族特权、没收教会土地、允许出版自由、承认公民平等。征服战争大大简化了欧洲版图，德意志地区由 300 多个小邦合并成 30 多个邦国，统一的民族意识在德意志兴起。拿破仑万万没想到，他带去的大革命思想有力地武装了被征服地区的民众。他们以新式的“思想武器”和本国统治者站在一条战线上，对拿破仑反戈一击，并开启了一场持续几十年的民族独立运动。

1806 年，普鲁士军队被拿破仑重创于耶拿，被迫签订《提尔西特和约》，将近一半的人口和领土拱手相让，政府组织几乎陷于崩溃，耶拿大学和哈勒大学被关闭。1807 年，普鲁士国王弗里德里希·威廉三世接见了来自哈勒大学的教师，教师们要求在柏林重建大学。国王刚刚经受战败之辱，正

图 3－1　拿破仑在教皇见证下加冕约瑟夫为皇后

是卧薪尝胆之时，与学者们一拍即合，当即表态："太好了！国家必须用脑力来补偿在物质方面所遭受的损失。"[1]

于民族危亡之际发出的吼声，悲怆而洪亮，承载着一个千疮百孔的民族的复兴希望。教育大臣洪堡（图 3－2）受命进行改革。洪堡堪称跨领域的奇才，早年在法国研究语言学和人类学，后担任外交官。1809 年，他被迅速调到内政部，任教育大臣，开始对德国的学制、课程、教学法、考试、学校管理和师资等进行全面的改革。这位被后人称为"大学之父"的教育家也许没有想到，由他定下基调的这场改革，不仅奠定了德国教育的方向，也影响了欧洲乃至美国的高等教育。大学一蹶不振的历史由此改写，真正意义上的现代大学开始登上历史舞台。

洪堡创办的柏林大学是他践行教育改革思想的阵地。洪堡为学校网罗了一大批一流学者，包括神学教授施莱尔马赫、法学教授萨维尼、医学教授胡弗兰德、历史教授尼布尔等。他们深感意义重大，都欣然前往。不过大名鼎

1　贺国庆. 西方大学改革史略［M］. 石家庄：河北教育出版社，2011：9.

图 3－2 洪堡大学正门洪堡雕像

鼎的数学家高斯，因为不愿意离开哥廷根大学，婉拒了柏林大学的教职。

对于传统大学把传授知识作为主要职能，洪堡不以为然。他认为大学的主要任务是进行科学研究、追求真理。他首次提出要把教学和科研相结合，教师只有把在创造性的科研活动中取得的成果传授给学生，才能叫作大学教育。于是，柏林大学不再以博览群书和熟读百家为能事，而是要求学生掌握科学原理、提高思维能力，并鼓励他们从事创造性的科学研究。

“为科学而生活”成为柏林大学的校风。洪堡坚持在现代大学中重塑科学精神。学校发展了研讨课制度，高年级学生承担课题，老师和学生定期见面，汇报和讨论研究情况，或做读书报告，讨论文章和专著。学校还引导学生在实验室、研究所进行科学研究，撰写科学性的博士论文，创办不同门类的科技期刊和社团，组织各个学科的国内、国际会议。一时间，科学的春风吹进课堂，求知求真的风气蔚为壮观。师生们凭着对科学的一腔热情，以研究和探索万事万物为核心，迎来了现代大学的繁荣。

柏林大学很快成为标杆，引来众多仿效者。波恩、慕尼黑等地纷纷新建大学，莱比锡、海德堡等老牌大学也争相学习。1819 年，普鲁士政治转向反动，改革走入低谷。但由于科学精神已经扎根，大学科学研究的职能基本确立。1830 年以后，德意志在医学和科学研究中的重要性超越了法国，到 19 世纪中期，又在自然科学方面超越法国。德意志帝国时期，德国大学迎来了又一个发展的春天。第一次世界大战前，42 名诺贝尔自然科学奖金获得者中，有 14 名来自德国，法国和英国分别是 10 名和 5 名，美国只有 2 名。德国的 14 个获奖者都是大学教师，仅柏林大学就占 8 人。这足以说明，当时的德国是世界科学的中心，而大学又是德国科学的中心。[1]

科学精神在德国大学树立之时，其他国家紧张而又充满好奇地观望着。在柏林大学建立前两年，拿破仑亲自过问法国的教育，将大学改造成为军事、机械、农业、医学等高等专科学校，为国家输送专门人才。彻底贯彻实用的原则，学校建设服从国家需要。学校的教授只是讲课的教师和主持考试的监考人员，科学研究几乎成了不合时宜的东西。19 世纪的前 30 年，法国在科学领域仍然保持着领先优势，但很快就丧失了领头羊地位。1870 年，普法战争以法国在色当的惨败收场。有人将战败的原因归于高等教育：“柏林大学报了耶拿失利的一箭之仇。”[2]

德国成为现代大学的摇篮，德国模式声名远播。1814 年，一位波士顿商人向哈佛大学捐款两万美元，设立一个希腊文学教职，被 21 岁的埃弗雷特获得，校方决定送他去欧洲深造。埃弗雷特与另一位学者迪克诺尔踏上了前往欧洲的访学之旅。他们此行最初的目的地是英国大名鼎鼎的牛津大学和剑桥大学，但因为这两所大学的英国国教传统，只能作罢。于是他们来到哥廷根大学。成为留学德国的第一批美国人。此后百年间，上万名美国人慕名来到德国学习。德国大学的一切都是新鲜的，自由地追求科学真理，探索未知世界，学生们可以根据不同情况选择课程学习。这让来自保守的美国大学的学者大开眼界。迪克诺尔在给杰弗逊的信中写道：“如果真理是依靠自由探讨而获得的话，那么德国的大学教授和知识分子，无疑正昂首阔步地行进在这条金光

1　贺国庆. 近代德国大学科学研究职能的发展和影响［J］. 河北大学学报（哲学社会科学版），1996（4）：8－17.

2　贺国庆. 近代德国大学科学研究职能的发展和影响［J］. 河北大学学报（哲学社会科学版），1996（4）：8－17.

大道上。”[1] 1876 年，约翰·霍普金斯大学建立，被认为是美国第一所真正意义上的“大学”，美国现代大学由此诞生。科学研究职能成为区别大学和学院的重要标志，美国进入“大学”时代。学校的办学思想师法德国大学，强调教授从事学术研究，鼓励师生从事高深学术研究，引入研讨班制度，着重研究生教育。人们冠之以“美国的柏林大学”“巴尔的摩的哥廷根大学”的美誉。既是对霍普金斯大学的褒奖，也是向德国大学致敬。1926 年的一项调查表明，在当时 1 000 名卓越的美国科学家中，就有 243 人毕业于霍普金斯大学。[2]

19 世纪初，英国只有两所大学——牛津和剑桥。他们崇尚古典学科，轻视科学研究。英国有着良好的民间业余科研传统，科学家的科学知识都是自学而来。直到 19 世纪前期，大部分科研工作是在皇家科学普及协会或私人实验室进行的。尽管有波义耳和牛顿的先例，科学研究并非大学中的主流。英国生物学家托马斯·赫胥黎是德国大学模式的忠实信徒，认为只有像德国大学那样献身于科学研究和学术教育的学者团体，才能被称为真正的大学，德国一所财力不足的三流大学的年度研究成果，比财力充足的英国大学 10 年所取得的成果还要多。他认为要改变英国大学的落后局面，关键是扩大大学职能，开启科学研究之风。在德国大学科学精神的影响下，英国大学的改革缓缓启动了，在 19 世纪新建的大学中，首先引入科学教学和研究。19 世纪后半期，一向傲慢的牛津大学、剑桥大学也不得不反躬自省。牛津大学成立了专门的自然科学荣誉学院，克莱伦顿实验室是英国的第一个物理实验室。剑桥大学拥有了后来享有盛誉的卡文迪许实验室，成立了马格斯维尔研究所。两座古老的大学一旦投身科学研究，立刻焕发出青春的风采，成为英国乃至全球的最重要的科研基地。

《圣经·新约》中有句名言：“上帝的归上帝，恺撒的归恺撒。”但大学和宗教相剥离，经历了一番漫长而曲折的过程。欧洲一些国家在启蒙时代就开始了世俗化进程，但大部分大学仍然是教会机构，或者由教会直接监管，

---

1 郭健. 哈佛大学发展史研究［M］. 石家庄：河北教育出版社，2000：73－74.

2 贺国庆. 近代德国大学科学研究职能的发展和影响［J］. 河北大学学报（哲学社会科学版），1996（4）：8－17.

图 3－3　伦敦大学议事大楼

或者跟教会保持联系。19 世纪，世俗化进程在工业化和城市化的催化下加速，大学纷纷确立宗教中立的原则，逐步摆脱宗教束缚，赢得信仰自由。但在 19 世纪上半叶，牛津大学和剑桥大学仍然固执地把非国教信徒拒之门外，学生进校时必须宣誓服从《三十九条信纲》，以示对国教的忠诚，教师则全部由教士担任。但英国社会已经义无反顾地走上了世俗化、现代化的道路。在有识之士的推动下，两校的宗教性一再减弱，分别在 1854 年和 1856 年对非国教徒敞开大门。1871 年左右，“牛桥”取消了入校的宗教宣誓仪式，教师也不必由教士担任。1828 年，在中产阶级的推动下，伦敦的高尔街上出现了一所“没有宗教信仰的学校”——伦敦大学（图 3－3）。本着有教无类的原则，学校向罗马天主教徒、其他非国教徒和犹太人敞开怀抱，学生无须进行宗教宣誓。从此，国教再也不能垄断教育，信仰也不再是教育的樊篱。

美国的早期学院因袭宗主国英国的大学传统，宗教气息浓厚，教派众多，如清教的哈佛学院，圣公会的威廉·玛丽学院、公理会的耶鲁学院、浸礼会的罗德岛学院等。但是随着殖民地教派的多元化，宗教宽容成为一种趋势。独立战争之后，宗教宽容和信仰自由更加深入人心。1785 年佐治亚州大学的宪章就规定："董事会决不能仅仅因为不同宗教观点或宗教派别，就剥夺其他教派成员所享有的自由、平等的受教育机会，包括接受大学教育的自由、权力和机会。"[1]

此后，美国通过立法形式确立国家的世俗化原则。1786 年通过的《宗教信仰自由法案》为美国的政教分离制度奠定了基础。[2] 1791 年通过的宪法第一修正案，以法律的形式确立了政教分离的原则和信仰自由的权利。国家的世俗化加速了大学的世俗化，大学和宗教逐渐疏离。1825 年，弗吉尼亚大学在自由主义者、时任总统托马斯·杰弗逊的主持下诞生了。杰弗逊曾要求人们在他的墓碑上留下这样的文字："杰弗逊——美国《独立宣言》的起草者、弗吉尼亚宗教自由的倡议者和弗吉尼亚大学的创办者。"他对这所大学的厚望可见一斑。弗吉尼亚大学被认为是第一所真正的州立大学，与任何教会没有关系，是完全的政府行为。[3] 杰弗逊认为，大学是为了促进各种知识的发展，而非培养虔诚的教徒，因此弗吉尼亚大学将建立在"人类思想无限自由"的基础上。虽然杰弗逊被时人诬蔑为"一个放荡的人，一个无宗教信仰的人，一个说谎者"，但这丝毫不会减少他对美国大学世俗化的贡献。[4]

而在法国，当人们吞咽着普法战争失利的苦果之时，一场轰轰烈烈的教育改革正开始酝酿。在检讨战败原因时，众人归咎于教育体制的落后和教学内容的陈旧。此后的教育改革，是在共和派和天主教会争夺教育阵地的过程中进行的。1875 年，在天主教会获得建立大学的权利后，各地都出现了设有法学院、医学院、理学院和文学院的天主教大学。但在天主教控制的学校，课程中常常体现着反现代的保守落后，无意培养具有现代法律意识和公民意

1　Richard Hofstadter, Wilson Smith. American Higher Education: A Documentary History [M]. Chicago and London: The University of Chicago Press, 1961: 152.

2　董小川. 20 世纪美国宗教与政治 [M]. 北京：人民教育出版社，2002：22 -23.

3　郭健. 哈佛大学发展史研究 [M]. 石家庄：河北教育出版社，2000：87.

4　李子江. 学术自由在美国的变迁与发展 [M]. 北京：北京师范大学出版社，2008：23 -24.

识的学生。共和派则认为，要富国强兵，首先要加强科学教育，培养爱国精神，因此教权主义是他们改革路上的拦路虎。费里站在了教育改革的最前沿，他的理想是建立一个没有国王、没有上帝的国家，因为“国家与教会的混合对国家或教会都不利，会使政治问题变成宗教问题”[1]。1879年，他提交的有关大学改革的法案获得了通过。于是，私立机构不再拥有大学称号，私立高等教育机构不能享有学位授予权。学位资格考试的权力集中到国立高等院校，国家垄断了学位的授予权。天主教会在大学中失去了主导权，宗教退出了大学，共和派取得了压倒性的胜利。

19世纪，随着工业化、城市化和世俗化的进程，高等教育的大众化也初现端倪，越来越多的人得以进入大学学习。

19世纪30年代，英国已经完成了工业革命，成为世界上第一个工业国家。1832年，英国议会改革又开启了民主进程，有“钱”的资产阶级如今也有了“权”。他们充满活力，在历史舞台上大显身手。随着工业革命的完成，城市扩张、人口增加，中产阶级的数量和实力都在增加，他们的子弟希望接受高等教育以促进工商业发展。此外，随着工业革命向纵深发展，社会也需要大量具有文化和科学知识的人才。

1828年，在中产阶级的不懈努力下，一座跟古典大学相抗衡的伦敦大学应运而生。在数百年来“牛桥”一统天下的英格兰，不啻为一场革命。学校重视现代学术和自然科学，设置了矿物学、工程学、设计和教育等专业性课程，而传统的神学被取消了。老师上课使用英语而非拉丁语。学生不再寄宿于学校，一年的学费只要25—30镑，大约是牛津和剑桥的十分之一。[2] 伦敦大学如磁铁一般吸引着中产阶级子弟，仅仅两年之后，学生就超过了500人。1835年，它获得了政府颁发的特许状，定名为大学学院。1831年，保守势力和国教会为了跟大学学院竞争，在伦敦建立了国王学院，由国王乔治四世担任保护人。学校独尊国教，但课程设置更广泛、更现代，譬如反映时代要求的商业原理。

1 郑崧. 试析费里教育世俗化改革［J］. 浙江师范大学学报（社会科学版），2002（6）：40－43.
2 贺国庆. 西方大学改革史略［M］. 石家庄：河北教育出版社，2011：128－129.

大学学院和国王学院相距不过两英里，这两所新式大学上演了一出同城德比，但都没有获得大学学位的授予权。19 世纪 30 年代，政府曾考虑将它们合二为一，但国王学院不愿意跟一所没有宗教立场的学校联姻。1836 年，自由派的辉格党政府最终促成此事，新学校称为“伦敦大学”。当时的伦敦大学实则是一个考试机构，下辖大学学院和国王学院，对其学生进行考试，授予学位。此后，伦敦大学下属的学院遍地开花，在英格兰就有 29 所学院和将近 60 所医学院。[1] 学院和大学之间分工明确，各学院在招生、教学、财务和管理上独立自主，伦敦大学负责颁发学位，形成了一个联邦制的庞大体系。以伦敦大学为起点，英国掀起了一场新大学运动，建立了一系列城市学院。它们奉行伦敦大学的理念，没有宗教门槛、学费适中、课程设置富有时代气息。这些学院的建立契合了当时英国盛行的功利主义思想，强调职业教育，旨在培养技术人才，服务当地社会。它们多半建立在曼彻斯特、伯明翰、利物浦这样的工业城市或港口城市。曼彻斯特学院有英国最好的化学专业。伯明翰学院，在化学、植物学、生理学之外，还设有工程学、采矿学、商业管理等实用课程。有趣的是，伦敦大学始终是一个半官方机构，到 1870 年才终于有了真正意义上的总部，维多利亚女王认为“这开辟了伦敦大学历史上的新纪元”。此后，伦敦大学追随大英帝国扩张的步伐，附属学院遍及帝国的每个角落。1886 年，《爱丁堡评论》认为“英帝国和伦敦大学的考卷永不日落”。[2]

在转型时代，伦敦大学功不可没。它继承了大学传道授业、传播文化的传统，同时降低门槛，使更多人得以接受高等教育，“象牙塔”从此敞开大门，面向社会，直接为国家建设和工商业发展服务。在 19 世纪，大学的功能大大拓展了。

英国大学的创造性发展，在大洋彼岸的美国赢得了回响。南北战争之后，美国的城市化水平提高，新兴城市不断涌现，城市人口也不断增加。美

1　Keith Vernon. Calling the tune: British universities and the state: 1880 – 1914 [J]. History of Education, 2001, 30 (3): 251 – 271.

2　F. M. L. Thompson. The University of London and the World of Learning [M]. London: Hambledon Continuum. 1990: 9.

国人在完成工业革命之后，也希望在文化教育领域进一步发展。国内开始出现大学服务于工农业的声音，议员莫雷尔最积极地奔走呼号。他主张大学开办实用科目，促进工农业生产。在他看来，工农业发展不仅要求大学保存和传递知识，还要从事研究以扩大知识。大学只有为服务社会，才能为自身赢得发展的机遇。他先后提交两次提案，要求联邦政府赠予公地给各州，创办农业和工艺教育。1862 年，林肯总统签署法令，这就是著名的《莫雷尔法案》。此后，各州掀起了创办赠地学院的高潮，这些学院对学生一视同仁，无论阶层、种族、肤色和性别，一律可进校读书，为美国社会造就了大量的优秀公民。从此，美国大学的职能得以拓展，除了传承文化、研究科学之外，也要服务于社会。

洪堡办学的原则之一是保持大学的独立性，只有精神的完全自由，科学才能不屈从于外来权威。洪堡的见解并非原创，它来源于大学“自治”的传统。大学之所以历经数百年沧桑而不倒，始终以独特的气质传承人类的文化财富，与其自治的精神密切有关。从中世纪开始，在与教皇和国王的斗争中，大学始终保持着独立自治。到 19 世纪，现代大学纷纷建立，教会逐渐褪去光环，大学和宗教渐行渐远。但在世俗化的同时，行政化的趋势逐渐增长，大学成为国家官僚制度的一部分。明确大学和国家的关系，保持大学自治和独立的传统，争取学术自由，成为时代的重要任务。

从法国大革命到第二次世界大战爆发，欧洲大学逐渐失去了财政和物质上的独立性，国家成了大学的财源。在拿破仑建立帝国大学之初，他不忘把 1789 年前的大学资产赠予学校，并且不干涉学校财政。但此后，国家对大学财政的控制逐步加强。波旁王朝复辟时期，学校财务交由一个专门的收益法庭来管理。1834 年，学校预算成为公共教育部预算的一部分。政府出手缓解了大学的资金紧张，但政府攥着学校钱袋子的那只手再也没有松开过。因为政府出钱不够大方，实验室和图书馆的投入有所不足，教授们的研究也常常捉襟见肘，所以大学中人不免怨声载道。[1] 再看德国，洪堡当初创建柏林大学时，设想的是赠予大学一大块土地，使其有固定的土地收益，从而保证其

1 Walter Ruegg. A history of the university in Europe: Volume III [M]. Cambridge: Cambridge University Press, 2011: 86.

财政独立。但这个计划被他的继任者放弃了。[1] 1894 年，柏林大学接受的政府资金占全部的 84%，而海德堡大学高达 86%。就连一贯信奉自由主义的英国也开始认识到，既然大学在为国家培养专门人才，国家不该完全置身事外，理应为大学提供资助。20 世纪初，英国开始对曼彻斯特大学和伯明翰大学这样的“红砖大学”进行资助。为了更科学地向大学投入资金，一个由学者组成的大学拨款委员会成立了，对各大学每五年拨款一次。到 20 世纪 30 年代，原本完全经济独立的牛津大学和剑桥大学，也加入了接受政府资助的行列。

财政上越来越依赖国家的拨款，其后果是大学逐渐成为国家官僚制度的一部分。拿破仑创办的帝国大学，不再是中世纪行会似的自治组织，也不是英国“牛桥”那样由学院组成的大学。帝国大学名义上是大学，实则是教育部，是帝国教育行政领导机关。帝国大学之外，还设立了公共教育委员会，由各学科的学者组成，掌管教师的任职资格、录用、工资待遇和教授职位的设置，各学科接受委员会的垂直领导。由此形成一种双轨制，国家负责分配和管理经费，而公共教育委员会决定着教师的职业和教学。[2] 1817 年，普鲁士成立了信仰、公共教育和医疗事务部。其他国家也纷纷创建类似机构。各个层面上的公共教育都被国家纳入了总体政策和预算体系。大学的教学内容、考试规定不再是校内事务，而是纳入了统一的国家标准。[3] 在欧陆国家中，大学教师成了公务员。在德国，大学教授在公共生活中谨言慎行，时刻履行作为公务员的义务。他们不但要维护社会秩序，还要积极支持国家行动。教师的录用，一般由教师委员会等审议机构或者高等教育委员会决定。但在集权国家，往往还要得到最高机构的首肯。即便在英国，某些教授的去留也要听命于政府。在欧洲，政府往往通过各种法令、布告、通告的形式，把君主的意志或议会的决定强加于大学，使大学始终处于自己的掌控之中。

第一次世界大战以后，欧洲只有极少数大学（牛津大学、剑桥大学等）

1　Walter Ruegg . A history of the university in Europe: Volume III [M]. Cambridge: Cambridge University Press, 2011: 5.

2　Walter Ruegg . A history of the university in Europe: Volume III [M]. Cambridge: Cambridge University Press, 2011: 45.

3　Walter Ruegg . A history of the university in Europe: Volume III [M]. Cambridge: Cambridge University Press, 2011: 88 – 90.

比较完整地保持着教育的独立性。为了更好地适应国家的需要，英国的“红砖大学”不断调整自己的教学内容，为国家培养人才。欧洲大陆的大学中，苏联在教学中体现了强烈的意识形态色彩。国家对教学、考试和学生的录取都有详细的规定。学者的研究工作为了跟官方意识形态一致，不得不勉强改变研究方向和内容，甚至忍痛割爱。在大革命之后的近百年时间中，法国政治动荡，起义、共和、复辟、称帝，“城头变幻大王旗”成为家常便饭。这严重影响了大学研究，特别是历史和哲学的研究。政府动用权力，公然命令学者们修改文章中的“错误”，以符合当局的立场。复辟时期，自由派历史学者陷入困顿，公权力掺入学术研究，只能让文人们斯文扫地。[1]

在 20 世纪前期，美国学术自由也被反共浪潮践踏在地，苦苦挣扎。第一次世界大战以后，美国就出现了所谓的“赤色恐怖”，有些州要求教师进行“忠诚宣誓”，并对他们进行“忠诚调查”，排除持异见的教师。1936 年，美国有 21 个州及哥伦比亚地区的教师必须进行宣誓，甚至有议员提交议案，建议国会强制各州必须实行教师宣誓。[2] 如果教师加入共产党，或在学术活动中宣扬激进的政治主张，就可能因“学院财政紧张”或“教师不能胜任工作”的借口，遭到当局的解聘。[3] 1940—1942 年间，纽约州成立特别立法调查委员会，针对共产党教师全面展开调查和迫害，堪称第二次世界大战前美国最大规模的政治迫害行动。1941 年，纽约城市学院屈从于州高等教育理事会，20 名教师遭到解聘，11 名教师被迫辞职。直到第二次世界大战中美国与苏联加入反法西斯统一战线，对大学教师的清洗行动才得以暂时停歇。

而在希特勒统治下的德国，学术几乎没有自由，成为近代学术史上最黑暗的记忆。1933 年的《恢复公职法》规定，非雅利安血统的大学教师不得担任教职，有犹太血统或有反政府倾向的教师立即下课走人，具有自由思想的教师被扫地出门。柏林大学有三分之一的教师因为种族和政治原因被解职，海

---

1 Walter Ruegg. A history of the university in Europe: Volume III [M]. Cambridge: Cambridge University Press, 2011: 90 – 91.

2 Ellen W. Schrecker. No Ivory Tower: McCarthyism and the Universities [M]. New York & Oxford: Oxford Univeristy Press, 1986: 68.

3 李子江. 学术自由在美国的变迁与发展 [M]. 北京：北京师范大学出版社，2008：90.

德堡大学比例则更高。评判一个教授，不再是根据其科研成就，而是对纳粹党的忠诚。1935 年，纳粹党把“领袖原则”写进高等学校的章程中。由政府任命的校长大权在握，彻底打破了德国的教授治校的学术自治传统，纳粹政府完全控制了大学的领导权。海德堡大学校长曾对此提出异议，希望恢复大学自治的传统，非但没能力挽狂澜，还丢掉了校长的职位。从 1939 年开始，所有博士学位论文都必须向官方的检查人员送审。[1] 大学曾经是人类精神文化的花园，现已是一片凄风苦雨。

19 世纪以来，大学国家化已经势不可挡，但自治的传统始终召唤着热爱真理和自由的学者。大部分时间，国家和大学保持着一种微妙的平衡，部分地保证了大学自治和学术自由。英国政府通过财政拨款的形式对大学进行资助，既要维护学术自由，又要确保政府的资金不被滥用，大学拨款委员会功不可没。在第二次世界大战结束以前，大学通过拨款委员会得到的中央政府资助占总收入的三分之一，其余来自社会捐赠和地方政府。来自中央政府的资金只是大学经费的补充，难能可贵的是，拨款委员会和政府并不干涉资金的用途和去向。[2]

在洪堡辞职后不久，学术自由即遭到抛弃和嘲弄。1815 年，奥地利倡议组成德意志联邦，统一运动一发而不可收，大学生是最活跃的一支力量。他们成立了大学生协会，在红黑两色的旗帜上加入金黄色的橡树枝，红、金黄、黑三色成了德意志民族主义运动的标志。愈演愈烈的统一呼声激怒了德意志和欧洲的保守势力。1819 年，一名神学院的学生刺杀了沙皇代表采布埃，反动势力迎来了反扑的良机。奥地利总理梅特涅和普鲁士国王威廉三世密谋，联邦议会通过《卡尔斯巴德决议》，取缔大学生协会、大学自由和新闻自由，以压制思想自由和学术自由。1846 年普鲁士革命后，德意志主要大学的代表会聚于耶拿，要求政府在宪法中保障完全的教学自由和学习自由。德意志同盟被迫废止了臭名昭著的《卡尔斯巴德决议》。1848 年，全德意志国民议会在法兰克福召开，议会的代表中绝大多数是知识精英，被称作“教

1　巴伯. 科学与社会秩序［M］. 顾昕，译. 北京：三联书店，1991：91－92.

2　贺国庆. 西方大学改革史略［M］. 石家庄：河北教育出版社，2011：144.

授议会"。在自由的气氛中，《法兰克福宪法》通过。宪法把学术自由作为一项基本人权，明确规定"科学以及教学自由"。这是法律史上第一次把学术自由写进一国法律当中。1848 年革命失败后，《法兰克福宪法》流产。但在 1850 年制定的《普鲁士宪法》中，关于学术自由的条款得以保留，学术自由正式成为宪法保障的内容。1919 年成立的魏玛共和国，虽然孱弱动荡、昙花一现，却依然保留了学术自由的原则。《魏玛宪法》延续了《法兰克福宪法》关于学术自由的精神内核："对于艺术、学术以及教学自由，国家应予以保护和扶持。"[1] 德国成为最典型的用宪法保障大学自治和学术自由的欧洲国家。

身处美洲大陆的美国，在大学自治和学术自由方面体现出跟欧洲迥异的特点——在内战之后的大部分时间里，体现为大学与社会、科学与商业的较量。长久以来，大学由校外人士组成的董事会管理，这些董事会成员往往是工商业、银行业人士和律师，所以大学董事会看起来更像是个公司董事会。他们认同工商业的价值观，管理大学时强调效率、成本、效益。大学被当成了公司，教师成了雇员，追逐利润成了最高目标。当学者纯粹的科学研究跟资产者逐利的本性发生碰撞时，牺牲者往往是个体的教师。当教师对社会经济现象发表批评时，董事会为了维护自身阶级利益，任意解雇教师。19 世纪 90 年代，大学董事会对持异见教师的清洗进入了高峰期。不断有大学教师因为自由贸易、劳工关系、移民政策等"不合时宜"的观点而被解聘。

1900 年，斯坦福大学（图 3－4）发生了著名的罗斯事件。经济学教授爱德华·罗斯个性鲜明，恃才傲物，曾经公开拒绝全校员工佩戴统一领带的要求，常年戴着一条宽大的白色领带。他反对经济自由放任，建议市政基础设施的国有化、为经济立法和税收改革，宣传国家资本主义思想。这使他站在了大资本家的对立面。他还是一名白人至上的种族主义者，反对和排挤美国的亚洲移民，提出政府应该限制移民人数，并限制移民的收入。这恰恰触动了学校董事斯坦福夫人的敏感神经，因为斯坦福家族就是靠亚洲移民的劳动建起太平洋铁路而发家致富的。他的言论引起了斯坦福夫人的强烈不满，

1　周丽华．德国大学与国家的关系［M］．北京：北京师范大学出版社，2008：101．

图 3－4　斯坦福大学格林图书馆

要求校长乔丹解雇罗斯。自由派的乔丹一向提倡“让自由之风劲吹”，因此竭力为罗斯辩护。但斯坦福夫人感到，她倾注了大量心血、金钱和感情的大学正在受到“危险的社会主义宣传”，因此坚持罗斯必须走人。这次事件引发了轩然大波，7 名教授为声援罗斯，愤而辞职。此后，一场全国性抵制斯坦福大学的运动拉开序幕。乔丹信奉的学术自由理念宣告失败，斯坦福夫人苦心经营的良好声誉也大受影响，被冠以“迫害学者，压制学术自由”的恶名。[1]

经历了 19 世纪末 20 世纪初的数起学术自由风波，一个以保护学术自由、职业安全和终身聘任制为原则的全国性组织——“美国大学教授协会”开始筹建。协会重申学术自由乃是大学的重要特征，认为“学者应该享有完全的不受限制的探究自由和发表研究结果的自由，这种自由是所有科学研究活动必不可少的条件”。[2] 但协会的原则很快受到现实的无情挑战。在第一次世界大战中，国家要求大学教师进行“忠诚宣誓”，有反战言论的教师因被怀疑不够“忠诚”而遭到解雇。20 世纪中期，政治气氛紧张，社会愈发商业化。许多大学教授干脆避开敏感的现实问题，退守校园一隅。

1　王国均. 美国高等教育学术自由传统的演进［M］. 上海：学林出版社，2008：216－217.

2　Louis Joughin. Academic Freedom and Tenure［M］. Madison：The University of Wisconsin Press，1967：164.

第二节 “万绿丛中一点红”
——女才子的艰难求学路

1881年10月的某一天，在剑桥大学的格顿女子学院（图3－5），清晨6点半，少女贝茜·玛卡里德被尖锐的闹钟声唤醒。在阴晦昏暗的晨光中，她用长满冻疮的手摸索着点燃蜡烛，借着摇曳的烛光，穿上暖和的衣服，准备去卧室外边的书房学习拉丁语。她小心地举着蜡烛，以免踩到地上的杂物，那是昨天晚上可可派对的残留物。不过贝茜并不需要打扫这一片狼藉，稍后会有女仆来收拾。

8点钟，女孩子们准时来到祷告室。贝茜是新生，规矩地坐在最后一排，也就意味着她将最后一个吃早餐。餐桌上的食物已经所剩无几了，只有几片毫无卖相的冷火腿和蜂蜜。贝茜看了两眼，决定喝杯茶了事，因为心里还惦记着刚才没写完的拉丁文作文。她放下茶杯，四下望望，见没有人，便一路小跑着回到书房。“跑”在格顿学院是不允许的，因为那太不淑女了。

10点钟，作文大功告成。她得赶紧去一趟收发室，把作文寄给在剑桥大学的老师。在这里，一天之中会有数次邮件的收发，因此寄送作业比她亲自去一趟剑桥大学还要快。

下午1点钟是午饭时间。在此之前贝茜已经温习了神学、希腊文和数学的功课。吃午饭时，她懒得说话，摆出一副严肃的表情边吃边看书。不过同学并不买账，照样跟她插科打诨，逗她说话。

饭后的校内散步算是个规定，不过时间并不长，因为贝茜还要去上2点钟的课。或许是学习太投入，下午的时光过得飞快。

但6点钟的晚餐并不让人期待，无非是鱼、土豆、萝卜、羊肉砂锅、西

图 3－5　剑桥大学格顿学院

米布丁。一想到饭后的消防演习，食物就变得更加面目可憎了。当时学生起居、学习照明用的都是蜡烛，学生宿舍也允许抽烟，屋子里还要生火，因此消防非常重要。除了在市中心的学校，一般都设有自己的消防队，并时常进行消防演习。格顿的消防队设施齐备，有木桶、胶皮管，还有一些从卧室里逃生的便携装置。

9 点钟以后，是贝茜喜欢的戏剧社的彩排。等到她回到宿舍时，夜已深沉。房间里没有生火，英国 10 月的夜里已是彻骨冰凉。她赶紧把自己扔上床，当然，不会忘了开闹钟。

这就是 1881 年英国女大学生贝茜的一天。在当时，她们又被人称作 bluestocking（蓝袜子），意为女才子、女学者。但有趣的是，历史上的第一个“蓝袜子”并非女性。

1750 年前后的英国，女性还不能上大学，女性舞文弄墨甚至会被看成是不体面、不庄重的事。人们认为，女性受教育最好是在家跟父兄或者朋友聊天。因此，一个 40 岁妇女的学问很可能不如一个 12 岁男孩。但当时流行一种文化沙龙，一些贵妇名媛邀请知识渊博的绅士聚在一起，探讨文学和艺术，气氛轻松，还有茶点伺候。这种沙龙有别于上流社会的娱乐性质的聚会。这些女性都受过良好的教育，也很少受家庭和孩子的拖累。在贵妇人伊丽莎白·蒙塔古夫人主持的沙龙中，有一位叫本杰明·司迪灵福李特的常客。他是作家兼博物学家，据说学问很大，但手头并不宽裕。有一次聚会时，他穿的竟是廉价的靛蓝色羊毛袜，而不是出席正式场合应该穿的白色丝质长袜。此事由多嘴的太太们一传十，十传百，在伦敦文学圈传开了。后来，人们似乎忘了那位不拘小节的先生，反倒是蒙塔古夫人沙龙中的女性成员被集体称为“蓝袜子哲学家”，甚至还把她的房子称为“蓝袜子小屋”或“学院屋”，仿佛她和女伴们是在这里从事研究工作的女学者。参加这类文学沙龙的女性被认为是女权主义的先驱，她们提倡女性接受教育，希望提高女性的社会地位，改变女性的生活方式。但她们的声音在将近一个世纪中，都显得弱小无力。而“女才子”一词常常伴随着可怕的女性形象出现，明显地透露出贬义。从文学沙龙中的女才子，到踏进大学的女学生，西方人用了近百年。

在西方，女性的负面形象古已有之。在《圣经》中，上帝取亚当一根肋骨随手塑成夏娃，夏娃禁不住魔鬼诱惑偷吃禁果，成为招致人类悲苦命运的祸水。谚语中有“最好的女人也不过是不可缺的邪恶的化身”“只有疯子才和女人或畜生吵架”“女人没有脑子，即使有，也不比鹅的大”。[1] 在莎翁笔下，哈姆雷特的母亲在丧夫不久就嫁给杀害丈夫的人，淫荡而歹毒。而在民间，人们对女性唠叨、饶舌、贪慕虚荣和爱花钱的特点达成共识。对女性的仇视和迫害，在猎巫运动中达到了顶点。大约有 10 万名年老、贫苦、寡居的女性，被认为是魔鬼的仆人和帮凶而被处决。既然女性在生理和道德上都逊于男性，那么她们有何存在的意义呢？天主教的回答是：生育和抚育孩子。对俗界的男性而言，最现实的任务就是控制家庭、控制妻子。

当人们以嘲讽的口吻称呼蒙塔古夫人的沙龙成员为女才子时，不论他们是否乐意，变化正潜移默化地发生着。当时的英国，工业革命如火如荼，一场深刻的变革正在悄然进行之中。上升中的资产阶级开始重新定义女性，到

---

1 王萍. 现代英国社会中的妇女形象［M］. 南京：江苏人民出版社，2005：17.

19 世纪三四十年代，英国女性从昔日的女魔摇身一变，成为“家中的天使”。转型时期的社会，竞争激烈，男性为了工作和养家糊口，往往压力巨大。加上工业化初期，到处都是令人不快的场所，肮脏的工厂、混乱的街道，种种犯罪充斥其中。家庭与充满喧嚣和敌意的外界比起来，氛围轻松舒适。此时的中产阶级家庭，设施也大大改善：床上用品温馨洁净、餐具精致高雅，花园里花草芳香、景色宜人。这一切都需要女主人具有高雅的审美情趣，但最重要的是高尚的道德。家是在外辛劳的男人的港湾，前提是女主人必须具有外部世界所没有的“温柔与虔诚、顺从与孱弱、贞洁与奉献”。[1] 仿佛一夜之间，女性从生理和心理的先天不足，变成了道德的表率。妻子一下子变得重要起来，既要对丈夫进行道德方面的感化，又是孩子和仆人的德育教师。女性的形象前所未见地高大起来，周身散发出神圣的光辉。“所有最伟大的激情，最深沉的情感，以及人类最崇高的抱负，都可以在一名英国妇女沉思的心灵中找到”[2]。

但是，女性的美好形象仅仅局限于家中，她们崇高的道德只有在家中才能发挥作用。男人恐惧他们的“天使”一旦迈出家门，便堕入肮脏不堪的俗世，会被玷污。他们更恐惧的是，女性就此告别温柔、有礼的形象，并从此不再为他们所控制。但开弓没有回头箭，既然男权社会已经塑造出了崇高的“天使”形象，女权主义者就不会轻易错过，她们得到了难得的自我表达和展示的机会。参加慈善活动不再是女性和社会接触的唯一途径，女性教育和就业成为突破口。传统观念认为，女性所受的教育只是花瓶一般，装装门面，至多是为了能在婚姻市场上卖个好价钱。19 世纪中期，更多的女性成为家庭教师，如夏洛蒂·勃朗特笔下的简·爱。但简·爱和其他默默无闻的家庭教师一样，并未受过正规教育，知识水平有限，教育孩子常常捉襟见肘，收入也很微薄。因此，培养家庭教师的女子学院应运而生。1848 年，英国皇后学院成立，12 岁以上的女孩即可入学，毕业时能获得家庭教师资格证。但这种女子学院并非真正的大学，实际上只是中等教育而已，课程内容、教学形式和学校管理都

1　王萍. 现代英国社会中的妇女形象［M］. 南京：江苏人民出版社，2005：40.

2　王萍. 现代英国社会中的妇女形象［M］. 南京：江苏人民出版社，2005：35.

与传统大学相差甚远。美国类似的学校出现得更早。在19世纪早期，就有为女生提供职业准备的女子学院，而课程设置中的家政和礼仪旨在培养贤妻良母。这一时期的女子学院，既是先锋和开拓的，又是暧昧和妥协的。

但英国唯有的两所大学，却信奉"大学让女人走开"的信条。在剑桥大学早期的男子学院中，有6所由女性创办，但在1869年之前还没有一所供女性读书的学院。"牛桥"一直把女性拒之门外。1801年时剑桥大学男女比例为803∶8，而这些女性中，极个别是学院首脑的家属，其余则是洗衣工、铺床工。这些为师生们打扫卫生、做杂事的女佣，必须是50岁以上、"年老色衰、面目可憎"之人，也许这样才能让象牙塔之内的师生失去对异性的兴趣，专心学术。[1]

在女性高等教育问题上，美国把英国甩在了身后。在这个处处是机会的国度中，人们崇尚冒险、开拓和务实。男人期望在新天地大展身手、发家致富，他们需要的是一位能够与之共同打拼的妻子，能理财、有远见、会教育孩子。于是，女性教育特别是中高等教育得到了一部分人的认同。1837年成立的蒙特·霍利约克学院，最初只有80名学生。它学费低廉，一年收取60美元，是伊普斯威治女子学院的三分之一，吸引了不少农家女孩。到1850年，学院已经达到了男子高校的办学标准。[2] 同年，俄亥俄州的奥柏尔林学院开男女合校之先河，虽然只招收了4名女生，却因为首开纪录而载入史册。背后的真相说来有几分无奈，根据《莫里尔法案》资助的一些中西部州立大学经济拮据，不得已才招收女生，以缓解经济压力。不过，为开财源而有此惊世之举，也恰恰体现了美国人的冒险精神。[3]

1860年的英国，一次深夜的炉边谈话，记录了女权主义者的雄心壮志。艾米丽·戴维斯对伊丽莎白·加勒特·安德森说："显然，有些事情我们必须去做。你要去开辟女性从医之路，我则要为女性争取高等教育的权利。"

1 科瑞思. 剑桥：大学与小镇800年［M］. 陶然，译. 北京：三联书店，2013：217.

2 高惠蓉. 女权与教育——美国女子高等教育发展研究［M］. 上海：上海三联书店，2010：18－19.

3 高惠蓉. 女权与教育——美国女子高等教育发展研究［M］. 上海：上海三联书店，2010：23.

此后，这两位女性在各自的事业上大展拳脚，取得了令人赞叹又来之不易的成功。1862 年，安德森希望进入伦敦大学医学院学习，遭到拒绝。3 年后，她作为英国第一位女医生开始行医。尽管审查医师资格的各医学院把她拒之门外，她仍通过药剂师协会获得了药师执照。1869 年，戴维斯在英国南部的希钦租下本斯洛宅邸，以供她本人和 5 位年轻姑娘学习、居住。为她们授课的是剑桥大学的教授，乘火车从剑桥至希钦不到一个小时。她们成为英国最早学习大学学位课程的女性。在这个时代，女性不住在集中宿舍被认为是一桩丑事，所以这样的集中住宿、学习无疑开了先河。1873 年，当学校搬离本斯洛宅邸，并新建剑桥格顿学院时，已有 15 位女学生在此就读。格顿学院成为英格兰最早的寄宿制女子大学。学院离剑桥中心两英里，安全而合理地将男女生隔离开来，也方便剑桥大学的老师前来授课。在成立之初，格顿学院并没有得到官方承认，但宽容的默许使之后来成为剑桥大学的一个隶属学院。

在 1918 年女性赢得选举权时，激进的女权主义者戴维斯小姐，以 88 岁高龄成为英国女性投票的第一人。此是后话，这里要说的是她在格顿学院战天斗地的豪情。少年时，她曾经眼睁睁地看着自己的哥哥去剑桥大学读书，羡慕之余开始挑战剑桥，立誓为女生争取平等教育的权利和机会。崇尚完美主义的戴维斯承认男女在生理方面存在差异，但是在智力上，她坚持认为女性必须和男性一样。“正义必须得到伸张，必须看到它得到伸张”。[1] 她强烈反对为男女生设定不同的教育体系，认为格顿学院的女生应该和剑桥大学其他学院的男学生一样，参加各种课程和考试，女生在学院学习的最终任务就是获得剑桥大学的学位。因此，她们必须在文学士荣誉学位考试前，先通过古典学和数学的考试。但女生的基础往往不如男生，其艰难程度可想而知。

改良主义者西奇威克主张，女子高等教育是为了女性的发展而创办，学生们不应该花费太多时间在剑桥大学的必修课希腊语和拉丁语等古典学上，而应该把时间用在更实用的科学和现代语言的学习上。西奇威克在摄政街 74

---

1 马丁·加瑞特. 剑桥地标：文化和文学意象中的城市文明［M］. 杜敏，周鸿，译. 长沙：湖南教育出版社，2008：154.

图 3－6　剑桥大学纽纳姆学院

号租了一处房子，交给朋友安妮·克拉夫掌管，5 个女学生在这里开始了她们的漫漫求学路。这就是纽纳姆学院（图 3－6）的前身。这 5 个学生亭亭玉立，穿着时髦，西奇威克甚至曾经担心她们过于漂亮、太出风头，会引来非议。院长和每人一间卧室，有一个公共休息室。申请入学的学生在慢慢增多，经过频繁地搬家之后，1875 年，校舍终于在剑桥郊区的纽纳姆村安顿下来，因此定名为纽纳姆学院。学院离剑桥的男子学院很近，步行就可以到达。学院坐落于郊区的开阔处，四周全是灌木树篱。建筑则采用安妮女王风格——红砖、白色大木窗、荷兰式山墙，完全没有男子学院都铎式和新哥特式建筑的高大阴森，既是私密的、安全的、家庭式的，又有着荷兰式房屋的温暖舒适。[1] 学院的花园是个休憩的绝佳场所，有很多长凳散布其中。夏天，树木葱茏，几乎要将树丛中的甬道遮掩起来。老实验室外的野花虽不起眼，却也开得绚烂缤纷。大片的紫衫、落叶松和七叶树错落有致。为了缓和大面

1　彼得·扎格尔．剑桥：历史和文化［M］．朱刘华，译．北京：中信出版社，2005：153．

积的红砖建筑带来的视觉冲击，还种植了悬铃木。

现在，剑桥大学一下子有了两家女子学院，可它们并没有联合起来抵抗来自男性世界的歧视和不公待遇，甚至处处互相嫌弃和猜疑。跟格顿学院相比，纽纳姆学院的创办人西奇威克和克拉夫，倾向于更加灵活的学习方式和渐进的改革，更关注个人智力的发展。纽纳姆学院的气质是女性化的，她轻松、优雅地寻求适合的目标，而不是猛打猛冲、盛气凌人。[1] 纽纳姆学院的克拉夫校长称她只是想更切实际地把学生培养成教师，并认为只有大批的女教师才能逐步改善女性不利的社会地位。但是格顿学院的戴维斯小姐，却认为纽纳姆学院的斗争软弱妥协。她曾不无骄傲地说："格顿学院培养的是淑女，纽纳姆培养的是女家庭教师。"[2]

毫无疑问，对于女性走出家门接受高等教育，一向保守的英国人报以无情的打压和嘲笑。当时有两幅插画，分别描绘了女性的不同追求对家庭的影响。前一幅画中，高大的壁炉前，母亲慈爱地和三个小孩做着游戏，父亲捧着书坐在一边，标题是"幸福的家庭"。后一幅画中，家庭居室凌乱肮脏，男主人抱着哭闹的宝宝，无奈地看着坐在书桌前戴着眼镜看书的女人，标题是"我的妻子是一个有思想的女人"。[3] 受过高等教育的女才子们，被丑化为失去女性特征的半男不女的怪物，追求知识的热情使她们沦为这种下场。1895 年《笨拙》杂志的一幅插画颇有代表性：两位女士坐在沙发上，着正装，系领带，抽着烟，似乎正在讨论茶几上堆放的那几本书。[4] 当时的剑桥大学还流传着一句小调："有个新女性啊，你猜怎么着？除了墨水和小丑帽，她什么都不要！"[5] 也有人质疑女性走出家门读书的动机。认为她们打扮时尚地出现在大学的男性世界中，动机不纯，有"勾引男人"之嫌，无异于那些去印度殖民地勾搭军官和商人，以图把自己早日嫁出去的女子。

---

1 马丁·加瑞特. 剑桥地标：文化和文学意象中的城市文明［M］. 杜敏，周鸿，译. 长沙：湖南教育出版社，2008：157－158.

2 科瑞思. 剑桥：大学与小镇 800 年［M］. 陶然，译. 北京：三联书店，2013：218.

3 王萍. 现代英国社会中的妇女形象［M］. 南京：江苏人民出版社，2005：53.

4 王萍. 现代英国社会中的妇女形象［M］. 南京：江苏人民出版社，2005：125.

5 科瑞思. 剑桥：大学与小镇 800 年［M］. 陶然，译. 北京：三联书店，2013：220.

专家们从各个角度论证女性不适合接受高等教育。1874 年，亨利·莫德斯利提出，女性从事学术活动，生育功能会受到损伤。查尔斯·哈普尔附和道，女性接受高等教育之后，她们孩子的基因将会改变，这些孩子会患有成长障碍症和脑积水，整个人类都将受到极大威胁。而且这是大自然的报复，因为它在创造女性的时候，就压根没有想过她们会和男性一样学识渊博。[1] 女性在学术领域是完全没有地位的，因为当时的主流观念认为，女性的脑容量比男性小，且内容稀薄，因此天生理解力差。女性的职责是带孩子，如果她天生聪慧，那么就不要浪费这份聪明，为了自己的孩子特别是儿子要好好保护这份禀赋。女性不要让身体处于压力之下。月经耗费了人体的血液，周期性的失血使身体周期性地损耗精力。用脑过度会让女人疲劳，生理和道德上的女性特质就会减少。总之，生理上的先天不足，使女性在身体、心理和情绪方面都无法同时承受生养后代和学术研究的活动，良好的生育能力和聪明的大脑是不可兼得的。19 世纪 70 年代，美国的克拉克博士对大学女生进行性健康调查，得出了可怕的结论：这些学生用脑多度，为保持精力，子宫出现了萎缩的症状；受过大学教育的女性，通常不太可能进行母乳喂养，这可能导致女性一系列的妇科问题：闭经、痛经、急慢性卵巢炎、子宫脱垂、癔症和神经痛。所以有学问的女性很有可能导致不育甚至精神失常。[2] 还有社会学家经过统计，把低结婚率、女性不愿生育都归咎于女子高等教育。[3]

而对处于萌芽状态的女子学院，各种批评之声也甚嚣尘上，男权社会对这帮“穿裙子的闯入者”难掩敌意。送女孩子上大学被认为是有悖常理的行为，既浪费金钱又浪费时间，完全打乱了自然秩序，好端端的女孩子送进大学就变成了恶魔。1884 年，奇切斯特教堂的伯根牧师在给牛津大学女生的一次布道中公然侮辱她们：“上帝在创造你们的时候，你们就是低人一等的，而且永远低人一等。男人的优越永远都存在。”1918 年，当纽纳姆学院的女

1　王萍. 现代英国社会中的妇女形象［M］. 南京：江苏人民出版社，2005：126.

2　Jane Robinson. Bluestocking, the remarkable story of the first women to fight for an education［M］. London: Penguin Books Ltd., 2009: 29.

3　高惠蓉. 女权与教育——美国女子高等教育发展研究［M］. 上海：上海三联书店，2010：65.

图 3－7　剑桥大学格顿学院阶梯

生走下阶梯（图 3－7），来到她们在前排的习惯座位时，后面的男生随着她们的脚步，有节奏地重重跺着脚，表达他们的鄙视和嫌恶。就连老师也难掩对女学生的轻蔑。剑桥的某位教授一向以“先生们”作为上课的开场白，当他看到教室里都是女学生时，就像看见了脏东西一样。他昂起头，眼睛望着墙说道：“既然没有人在，那我今天就不上课了。”说完逃也似的离开了教室。杜伦大学期刊的每日格言里公然登着：“女生要么脑子不正常，要么身体有问题。”就连很多女性对于自己上大学也心存怀疑，认为女性不应该如此高调地抛头露面，接受集体教育，她们更适合家庭教育。这无疑是当时社会的主流思想：女孩子在家庭中受教育，更能养成文雅的品行和坚定的性格，而一旦进了大学，就变成了满脑子离经叛道思想的女才子。女性一旦跟大学挂了钩，形象一定不佳，她们喜欢尖叫、喜欢皱眉，不讨人喜欢。因此，隔着一个半世纪的岁月，遥想最早的一批女大学生，也许她们所承受压力远远大于自豪。她们小心翼翼、唯恐犯错，就像刚进荣国府的林黛玉一般。圣休学院的女生杰斯·爱默生，回忆起自己的牛津岁月：作为女生，我觉得有义务保持这份荣耀和尊严。沉默是我在大学的生存秘诀，我几乎不和别人说话。因为一步错，就会满盘皆输，他们就肯定不会再接收女生了。[1]

质疑和嘲讽并没有阻挡女性高等教育发展的步伐。保守的牛津大学步剑桥大学的后尘，在 19 世纪后半期，先后建立了 5 所女子学院，跟格顿和纽纳姆一样，学院更像是宿舍，只不过住宿的学生可以集体听牛津大学教授的课。1873 年，格顿学院正式并入剑桥大学，女生可以去剑桥大学听大部分老师的课。19 世纪新生的学校生机勃勃、气象万千，心态更加开放和包容。伦敦大学素来有惊人之举，1878 年，该大学宣布男生和女生完全平等地获得所有的奖学金和学位。学校还为女生专门建了宿舍楼。1881 年，活跃的妇女教育协会帮助利物浦、曼彻斯特、利兹学院成立本校的学位授予机构——维多利亚大学。这些学院没有抛舍不掉的历史包袱，所以从一开始就非常自豪地宣布，以对男性同样的条件接受女性。它们既接收走读的学生，也为男女生建了单独的宿舍。直到 1895 年，杜伦大学才给女性授予学位，消息一出，大家奔走相告。在授予女生学位的问题上，杜伦终于走在了老大哥“牛桥”前面。

“牛桥”彻底地被动了，完全陷入了僵局。剑桥，这个最早建立起女子学院的大学，反对授予女性学位的声音竟然最大。1897 年，议会决定由剑桥大学自己投票，来决定女生是否应该成为大学的正式成员，是否被授予学位，所有的剑桥硕士校友都有权投票。这竟然引发了一场骚乱，从而被载入史册。当天，反对派特地安排了伦敦开往剑桥的火车，以鼓励更多的校友回来投票。学校的广场上到处是情绪激动的男生，他们燃放爆竹，声嘶力竭地大喊，打出“女生滚出去”“打倒女生”的横幅。一张草草画就的女才子的漫画挂在人群的高处，画上的女学生身着内衣骑在自行车上，丑态百出。当

1 Jane Robinson. Bluestocking：the remarkable story of the first women to fight for an education [M]. London：Penguin Books Ltd.，2009：23.

时的自行车是个新鲜玩意儿，女大学生跃跃欲试，乐于尝鲜，因此骑自行车成为新女性的标志。纽纳姆的院长克拉夫小姐和格顿的杰格斯·布莱克小姐的肖像在广场上被焚烧，赢得男生的一片欢呼。在议会厅门口，男生们用橘子、柠檬、鸡蛋、面粉和烟花扔向任何疑似同情女生的人。

投票的结果是662票支持、1 713票反对，女生的学位授予权再一次落空。心满意足的男生把女才子的漫画扯下来，游行至纽纳姆欢呼叫骂。纽纳姆自然是大门紧锁，严防死守。他们把漫画撕得粉碎，攻击女生的大字报被贴得满处都是。他们把烟花当成远程火器，朝女生的窗户射去，叫骂羞辱声不绝于耳。有一个男生突发奇想，要把海报贴到树顶上。他爬上树后，园丁的儿子故意把梯子踢倒，这个自作聪明的人像困兽一样在树上呆了大半夜。晚上11点，意犹未尽的男生点燃篝火，高歌《天佑女王》，盛大的狂欢这才落下帷幕。[1]

用“起个大早赶个晚集”来形容剑桥大学的女子学院再好不过。从1869年戴维斯创办格顿学院，到1948年女性获得剑桥大学的正式身份，走过了漫长而曲折的80年。剑桥是第一所鼓励女性学习的大学，对于女性参加地方考试和学位考试也是持中立的态度，1881年，剑桥的女生就可以参加荣誉学位考试。但是女性在剑桥大学获得学位授予的道路异常艰辛，伦敦大学、杜伦大学早就后来居上。有些校内人士居然诡辩道，既然别处已经给了她们高等教育的机会，剑桥大学就免了吧。他们还认为，接受女生会使“最优秀的男生”转投老对手牛津大学。[2] 而在牛津大学，从女性争取地方考试资格开始，学校一直态度强硬，但在1920年时，也已经正式授予女生学位资格。剑桥在1921年授予女生一种“名义学位”（titular degrees），但这种学位竟然被戏谑地简称为“奶子学位”（tit degrees）。[3]

授予学位的艰难，似乎并未影响那些“离经叛道”的、决心成为“女才子”的人，她们铁了心要上大学。1872年，23岁的康斯坦斯·梅纳德决

1　Jane Robinson. Bluestocking: the remarkable story of the first women to fight for an education [M]. London: Penguin Books Ltd., 2009: 23.

2　科瑞思. 剑桥：大学与小镇800年［M］. 陶然，译. 北京：三联书店，2013：222.

3　科瑞思. 剑桥：大学与小镇800年［M］. 陶然，译. 北京：三联书店，2013：224.

定去格顿学院学习哲学，父亲以一匹小马利诱她放弃，但女儿不为所动。她对父亲说："学习是一件美好的事情。"母亲非常担心女儿被人带坏，因此决定全程陪同女儿的大学学习。无独有偶，10 年之后，有个叫露丝·阿迪的女孩，也拒绝了父母 1 000 英镑的"贿赂"，决然地踏上牛津的土地。另一名女生陶乐丝·马迪的剑桥之旅显得更加艰难。十来岁时，寡母就不愿供她上学，于是她成了一名小学实习老师。在学校的资助下，进入了一所教师培训学院，毕业之后正式成为一名教师。为了参加格顿的地方考试，以进入剑桥大学学习，得先攒够考试的钱。教师的薪水微薄，她就靠卖旅游纪念品挣点外快。在 1919 年的考试中，她成绩优异，最终获得了最高额的奖学金。[1]

每个女生的大学之旅都有着不平凡的故事，当她们一朝梦圆，看到的大学又是怎样的呢？对女生在校内外的行为，大学制定了严格的规章制度。一是出于对她们身心的保护，二是让男子学院的学生和老师不至于受到诱惑而干出蠢事。因此，大学中一道必不可少的风景便是女监护人。在 20 世纪 20 年代，校园里还可见到她们的身影。她们一般是已婚妇女或者寡妇，都有着中年妇人的严厉、爱管闲事和不通人情。在女生外出或有男性师生出现时，这些监护人紧跟左右，唯恐女生听到不该听的，碰到不该碰的。她们一般是受雇而来，但竟然也有不要报酬、自觉维护"公序良俗"的志愿者。不过对于学生的家人而言，她们的存在是一种安慰，因为他们总是担心，当女儿毫无防备地置身于一个男性世界时，会吃亏或学坏。监护人和学生一起去上课，持证明进入教室，把她们的监护对象赶到教室的一个角落里，然后她们就坐在旁边做织补的活计，甚至七嘴八舌地闲聊。不论是参加音乐会、跟朋友喝茶，还是在实验室做实验、在河边散步，监护人都如影随形。直到 20 世纪 20 年代以后，学校和社会才相信女生是可以管理好自己的。

大学讲究整齐划一，这对于很多只接受过家庭教育的女孩子来说，觉得处处受到制约。在这种转变中，最明显的标志就是钟声。大学利用钟声严格规定学生的生活和学习，更重要的是，它体现出一种权威——在大部分人之

1　Jane Robinson. Bluestocking：the remarkable story of the first women to fight for an education［M］. London：Penguin Books Ltd.，2009：34.

前的生活中所没有的一种权威。20 世纪 30 年代，在曼彻斯特的兰威治学院，钟声一天之中响 9 次：早晨 7 点 15 分起床；8 点祈祷；10 分钟后用早餐；下午 1 点第一批学生用午餐，第二批在 1 点 45 分；4 点用下午茶；晚上 7 点半吃晚餐；8 点 10 分晚祷；熄灯时铃声最后一次响起。

据说，女仆的一个重要职责就是监视学生，并且及时上报违规行为。在当时的牛津大学，女生不可以私自会见男客，需要有一名经过校方批准的人在旁方能进行。在 20 世纪初的几十年里，皇家霍洛威学院的奇葩规定更是令人瞠目结舌：不能往窗外扔头发；周日骑车需经校方同意；抽烟的时间只能是下午，并且只能在校园最偏远的角落，如果想在公共走廊抽烟，必须在下午 4 点以后；周日不可以打网球；任何时候任何天气都必须穿长袜；网球短裤（20 世纪 30 年代晚期）在跪着的时候距离地面不应少于 1 英寸（约 2. 54 厘米），裤子上必须带褶；不可以从厨房借茶匙。[1] 事实上，每个学校都有些匪夷所思的规定。杜伦大学规定，女生不能在咖啡馆里用上午茶；曼彻斯特学院规定，女生不能在浴室里洗餐具；而格顿的女生不能在卧室里吃鸡蛋……

意想不到的困难还有很多。早期的女大学生由于受到歧视，学习条件有时令人绝望。上课时，女监护人的毛衣针发出噼噼啪啪的响声，实在称不上听课的美妙伴奏。1899 年，曼彻斯特学院开始招收女性医科生，学校要求她们小心行事，不要打搅到“真正的”医生。她们甚至只能在解剖室的一个角落里吃午餐。在剑桥大学，学艺术的女生最初被安排在一家面包店楼上的一个小房间里上课，灰尘中飘荡着酵母的芳香。女学生们倒也能以此平添几分苦中作乐的勇气。20 世纪初，在生物实验室，杜伦大学的男生当着女生的面，把男性生殖器标本甩来甩去，还笑作一团，实在是一种性骚扰。皇家霍洛威学院虽然给女生授予理科学位，却不给她们提供实验室。而直到 20 世纪 20 年代，牛津大学的理科女生还要在贝列尔学院的地下室里从事科学实验。蕾切尔·福特曼在化学系读书，一次事故差点让她命丧实验室。有一天

1　Jane Robinson. Bluestocking：the remarkable story of the first women to fight for an education [M]. London：Penguin Books Ltd.，2009：46.

在制作一氧化碳气体时，气缸竟被封住了。幸亏教授拦腰抓住她，把她的头和肩膀尽量伸向窗外，才化险为夷。[1]

在上大学之前，大部分女生没有受过连贯的教育，只是从知识有限的女家庭教师那里，学到一些零碎的知识。康斯坦斯，那个拒绝了父亲利诱的女孩，成为在剑桥大学攻读哲学专业的第一名女生。她说："入学前所学的算术，我只知道一个运算法则，就是'把分数变成倒数，再用同样方法计算'。"而另外一位剑桥大学女生说，大学之前所学过的最有意义的知识，莫过于英国人何时开始穿黑丝袜，以及在雷雨天的晚上应该做什么。因此，克服基础薄弱，跟上大学节奏，是她们面临的共同问题。

教学质量差也是女生们觉得课业困难、感到沮丧和无聊的重要原因。很多老师从来没有认真对待过女生。牛津大学的萨默维尔学院，有个老师负责给 6 个女生上数学课。他是位非常慵懒而不尽心的先生，以至于女生们常常处于困惑和惊恐状态，上完课只能互相核对笔记，并互相鼓励。他常常随意给学生们一些很难的题目，却不讲任何相关的解题知识。如果在一份学生的试卷上改正过的错误，就懒得再给其他学生改。他的批语有如天书，学生几乎看不懂。没有学生有信心和能力，去弄懂自己为什么做错了题。有位老师怕地毯被晒坏，在太阳照着的地方盖上报纸。有一次，正当他对羊毛工业侃侃而谈时，突然从教室的一头冲到另一头，差点把女生们吓坏。原来，太阳照射的位置变了，他得移动报纸，以保护他的宝贝地毯。还有一位老师，为女生们读着散文，竟突然走出教室去打电话给咖啡馆，给课后的下午茶订位，留下一群目瞪口呆的学生。

早期的女大学生，尽管困难重重，但她们学习的热情却始终都在。学生生涯的高潮，出现在最后一个学期的考试中。根据成绩，学生将被分成三六九等，但女生的成绩一般不跟男生的一起公布。女生盖伊·玛格雷顿，来自一个学术家庭，却只考出了丙等的成绩。她自我解嘲说："要是我的朋友不认为这是大丑闻的话，我也就不介意了。其实也没什么，我觉得自己所学甚

1 Jane Robinson. Bluestocking: the remarkable story of the first women to fight for an education [M]. London: Penguin Books Ltd., 2009: 31.

多，而且也深深热爱我之所学。”也有学生捶胸顿足，后悔不迭。20 世纪 20 年代，有个女生说：“我参加了太多的社团，太贪玩。本来可以拿乙等的，却只考出了丁等。我只配拿到这个成绩，但我还是很难过。”因为女生承受的巨大压力，学校不得不出面疏导。利兹大学安慰她们说，上大学的目的不是考甲等，而是受教育。但这种空头安慰略显苍白，考试时女生常常高度恐慌。1938 年，一个女生写道：“不知道我是不是还要相信女性解放。我们 13 个人一起去考试，有 5 个人竟然因为疲劳和疾病而倒在考场里。”[1]

其实考试未必如传说中那么可怕。毕业考试前的两个学期，如果每天复习 8 个小时，加上考试时的沉着冷静，一般都能取得不错的成绩。但是，想走捷径取得高分，往往风险很大。对于女生的好成绩，女老师们往往喜不自胜，因为这可以证明，1869 年以来女子高等教育的“试验”所取得的成功。1890 年，纽纳姆学院的女生菲利帕·福塞（图 3－8）在数学学位考试中一举打破了高分记录。1935 年，萨默维尔学院的一个女生，在古典学的考试中荣登榜首，她的老师欣喜若狂。20 世纪 20 年代，剑桥大学女生爱丽丝·费尔在文学史荣誉学位的考试中名列第一。她的诗歌获得了校长奖章，奖励是在议会朗诵她的诗作。那时的剑桥大学，女生尚没有资格穿上学袍，但在那些年的英语专业学生中，她无疑是最闪亮的一颗星。这些成绩优异的女生，成功地回应了社会的质疑。

当然，学霸总是少数，我们也不能忽略大多数平凡的女生，她们只是以学习为乐事。艾玛·波拉德曾同时就读于两所大学。她最初入读萨默维尔学院时，牛津大学还不授予学位，于是她又注册了伦敦大学，牛津、伦敦两头跑。两家大学的毕业考试，她都参加并全部通过了。而牛津大学圣希尔达学院的女生辛西娅·斯登豪斯，晚上在博物馆研究地质标本，因为太专注而忘记了时间，等到她抬起头来，才发现已是四下无人，大门紧锁。幸好晚间有乐队来博物馆的演奏厅彩排，才解救了惊慌失措的辛西娅。有些女生只是在享受一种全新的生活。20 世纪 20 年代，格顿学院的一位女生在回顾校园生

1　Jane Robinson. Bluestocking：the remarkable story of the first women to fight for an education [M]. London：Penguin Books Ltd.，2009：56.

图 3－8　菲莉帕·福塞站在房间窗口

活时，觉得自己当时缺乏上进心，能进入格顿足以让她欣喜。太多新鲜的事情等着她去体验：学业、运动、社交、恋爱、成功和失败……她乐在其中。

女生中有人举止怪诞，据说只是为了排遣压力。萨默维尔学院的波西亚，喜欢在头发上插朵玫瑰花，穿着立体感十足的丝质长袍。阿格尼塔养了一只叫作马丁的小白鼠，她常常带着这个小家伙去上课。她还是最早敢于露出脖颈、不穿束身胸衣的女生。还有个颇有艺术气质的女生，把宿舍里的家具全部清理了，重新布置。墙上的装饰品一律拿下，挂上激进的社会主义者爱德华·卡朋特的肖像。房间的一角用一簇气球点缀，另一角插上紫色的小花。小盆里养了两颗水仙，地上散放着飞燕草图案的靠垫，跟她的印花棉布裙子相映成趣。书橱用大丛的玫瑰果花环装饰。这个特别的房间，在其他人看来有几分诡异。

学校尽可能为学生提供舒适的环境。学生入学时，可以从家中带女仆，帮助收拾、安顿。她们可以带宠物上学，大部分情况下是狗，也有人带金翅雀，甚至还在校园内养马。一些特别考究的学生，还提前写信给校长，问明自己房间的壁纸颜色和花样，入学时带着图案和颜色相配的靠垫、灯罩装饰自己的房间。

女生的住宿情况并不算太差。在纽纳姆学院的女生狄丽斯的家书中，我们看到每个女生的房间中都有三把椅子，一只五斗柜，一只脸盆架，一个可以拉上帘子挂衣服的角落，窗前一张梳妆台紧靠着床，床上铺着雪白的被褥。她把锡制的箱子当床头柜用。这些家具一般由好心人捐赠，也有西奇威克先生从剑桥大学附近的古董店淘来的。墙纸和窗帘的图案都是花朵，通常是西番莲花，非常女性化。1875 年，格顿学院的每个学生享有两个房间：书房和卧室。20 世纪 20 年代，伦敦国王学院的早期宿舍装潢奢侈而讲究：一张沙发床和寝具，蓝白相间的床罩，三条毯子，两块绿色的地毯，一张椭圆形桌子，一只五斗柜，一面镜子，一幅绿色的挂衣帘，两幅绿色的窗帘，一张柳条椅，两张木椅，一个书橱，一扇奶油色的百叶窗。20 世纪 30 年代，杜伦大学条件稍差，入学前学校开出长长的清单，要求学生自带茶具、床单、枕头、凫绒被、餐巾、套餐巾的金属小环、毛巾、浴巾、地毯和轻便椅。她们还要多人合用一间卧室，所有的女生共用一个浴室。[1]

事实上，女生们的餐饮条件还是挺不错的。20 世纪 30 年代，牛津大学的圣希尔达学院就赢得了“吃在圣希尔达”的美誉。长年累月吃鱼饼和卷心菜的女生，有时能惊喜地吃到新鲜的芦笋。1917 年，虽在战时，但牛津大学圣休学院的饮食不可谓不丰盛。早餐是粥和煮火腿，有时还有香肠或者鱼饼、炒鸡蛋、煎蛋和鱼，而面包、黄油、果酱、橘子酱，应有尽有。午餐可以吃到牛羊肉、鱼、肉丁，有时会有动物的肝脏，而西米、米饭、玉米布丁、酱牛脂、油酥点心、烩水果也很常见。四点的下午茶是面包和人工奶油。晚餐是有三道菜的正餐，包括各种汤，两种主菜，通常是番茄肉包或者鱼饼、杂拌

1　Jane Robinson. Bluestocking：the remarkable story of the first women to fight for an education [M]. London：Penguin Books Ltd., 2009：44 – 45.

蔬菜、咖喱饭、猪肉炖豆子，加上两种蔬菜和土豆，饭后甜点是水果塔、香蕉杯或者是新鲜的苹果和梨。在宿舍还有蛋糕或者饼干搭配热巧克力。

不过，千万不要以为女才子们用餐时温文尔雅、彬彬有礼。1899 年，伦敦大学的一个女生，为我们描绘了一幅混乱的女生用餐图：有女生从走廊尽头的卫生间走进餐厅，有女生拖着拖鞋、穿着睡袍，她们旁若无人地坐下来。吃午饭的时候，女孩子拿着盘子，逡巡于各个桌子之间，为的是找到更好的布丁。她们吵吵闹闹，不时有人发出咯咯的笑声。在贝德福德学院，由于餐厅狭小，很多人甚至把餐盘放在壁炉架上，站着吃晚饭。无论食物优劣、餐厅大小、就餐环境好坏，学生们必须在学校吃饭。违者轻则罚款，重则停学。

在我们能找到的 20 世纪初的女生集体照中，她们大多中规中矩地穿着有领的衬衣、打着领带，一头光滑的秀发，干净整洁，透着几分拘谨。平时，女生们穿着统一的服装——衬衫、外套搭配黑裙子。1939 年时，外套、帽子加长袜是常见的打扮。长裤稍显另类，一般只有在野外徒步时才会穿着。但总有些放纵不羁的学生，敢于挑战传统。1924 年，在圣休学院的餐厅里，一个一年级学生吸引了所有人的眼球：她把头发一边用别针夹住，一边卷曲蓬松着；身穿一件短而紧的裙子。其他女生紧张又或许有几分艳羡地看着她，大气不敢喘。坐在高台上的校长格怀尔小姐，对身边的同伴揶揄道："如果 X 小姐想穿裤子的话，我希望她穿两个裤筒的。这么穿我看裤筒要被撑破了。" X 小姐有个同学因为穿着男装而被退学，所幸 X 小姐并未受到惩罚。[1]

学袍是身份的象征，只有学校的正式成员才有资格穿着，所以牛津大学女生在 1920 年、剑桥大学女生在 1948 年之前，都是与学袍无缘的。而在伦敦大学，女生一开始就穿上了学袍。1882 年，英国的第一批女大学生毕业时，一份杂志在报道中避而不谈她们的学术成就，却对她们的女性特质大肆渲染，把她们描绘成智慧圣坛上的侍女，身穿黑色丝袍，戴白手套捧着的学位帽犹如祭品。学位巾的颜色像钻石一样耀眼——文科学生是红宝石，理科学生是黄水晶。最能散发女性光辉的学位巾，皆由自己缝制。尽管学位服可

---

1 Jane Robinson. Bluestocking: the remarkable story of the first women to fight for an education [M]. London: Penguin Books Ltd., 2009: 54.

以租借，女才子们仍以自制为自豪。在英国维多利亚晚期和爱德华早期，女性的发型使得她们很难戴上跟学袍配套的学帽。但是，在上课、祈祷、用餐、去图书馆、考试和其他一些公共场合，学生必须戴上学帽，它的重要性甚至超过了学袍。

书呆子在大学中并不受追捧。大多数人认为，会玩的学生才有劲头学习。慵懒会腐蚀人的身体和灵魂，不会对课业有任何帮助，所以女大学生的课余生活精彩纷呈，体育运动、社团活动、社交都得到学校官方的鼓励和支持，但必须遵守规则。1930 年，利兹大学为女生定下的规矩是“戴好手套、帽子，不参加滑稽可笑的活动”。

女性参加体育运动，最初是出于健康的考虑。拉丁谚语说：“健全的身体成就健全的精神。”人们已经意识到，久坐不动的学习对女生的身体和精神都不好，户外活动可以缓和紧张的学习生活，新鲜空气和舒展四肢可以加速血液循环和大脑兴奋度。很多早期女子学院都有精心设计的健身馆，女孩子们穿着厚重的羊毛无袖制服，在绳索和软梯上荡来荡去，仿佛荡秋千一般。柔软体操更是一天中必不可少的一项活动。有冒险精神的女生常常集体爬山，争强好胜的女生往往选择游泳。如果两个都不喜欢，还可以骑自行车。当时，骑自行车是种时髦的运动。大学通常都有自行车俱乐部，有些还会提供一两辆车供学生使用，不过大部分人还是需要自己购车。19 世纪末，三轮自行车作为一种入门级的运动，在女生中推广。虽然难度不大，但对女生的着衣要求很高：尽量少穿衬裙；冬天着深色羊毛袜，夏天着棉袜；不要穿靴子；裙子不可有宽松的下摆，以免卷进车轮中；绝不能有紧身蕾丝花边、装饰性的花、鲜亮的缎带和羽毛。

令人百思不得其解的是，对抗性更强的体育运动更受女生追捧。第一次世界大战以前，曲棍球、袋棍球、无板篮球风靡一时。水球、跳水、板球、射击和击剑也有颇多拥趸。集体项目更能体现团队合作和体育道德，因此很适合在学生中展开。伦敦大学、“牛桥”和杜伦大学特别推崇水上运动。要参加赛艇队，首先得通过游泳测试。每队由五名选手组成，一个新手，一个中等水平者，两名技术熟练者，加上一个队长。四个层次的选手，每一次晋级都需要通过严格的测试。女生在划艇时要用橡皮圈绕着腿，勒住裙子，或者穿上更方便的灯笼裤，以便在观众面前不失风度。不过，大学里的女子运动屡屡受到人数太少的困扰。1914 年，杜伦大学想组织一场女子无板篮球比赛，却发现每队只有三名选手，比赛只能作罢。19 世纪末的纽纳姆学院女生还举办网球派对，借着打网球的机会举办茶会，甚至邀请男生参加。

大学师生组织的社团种类繁多。现代语言俱乐部总是组织一些文学讨论和对话；英语专业的师生们喜欢找一处宁静的乡间享受阅读周；政治、哲学专业的学生们有模有样地运作模拟议会；地理专业的师生不会错过令人兴奋的周末野外作业。戏剧社是最受欢迎的社团之一。20 世纪 20 年代，女性和男性同台不受鼓励，在牛津大学则是明令禁止的，但学生们的热情并未因此减弱。女生们演出的最多的是希腊戏剧。当时女性尚不能穿长裤，在女扮男装时，希腊戏剧里的宽袍服饰省去了很多麻烦，而老式蜡质胡子也是女生剧社里最重要的道具之一。有音乐特长的学生在大学非常抢手，往往一进校便被吸收进合唱团和乐队。牛津大学最好的合唱队是巴赫乐团，她们每周彩排。一学期一次的音乐会，总是观众爆满，气氛热烈。每所大学都有自己的保留歌曲，喜欢唱歌的学生常常饶有兴味地练习，并在各种场合表演。校歌一般是拉丁语歌词，华而不实又不接地气，更受欢迎的是学生自己创作的歌曲。老歌新词，常唱常新，是学生的拿手好戏。

1918 年以前，为女性争取选举权的社团，在女生中格外引人注目。女权主义者在争取教育平等权节节胜利之时，很自然地开始争取女性的政治权利。温和派希望，女性获得跟男性同等的投票权，主要靠辩论和游说赢得支持。激进派则更多地进行暴力示威，攻击当时的政治生态。温和派经常集会，写公开信、缝制标语，有时也参加游行。激进派女生则通过策划耸人听闻的事件获得关注。校内外的男女性大多对两派嗤之以鼻。有人公开揶揄道："到底是因为她们长得丑，才要求男女平权，还是因为要求男女平权，才变成现在这副德行？"对学生离经叛道的行为，学校给予了最大的宽容和保护。1912 年，来自利物浦大学激进的女生玛格丽特 · 克尔，在詹姆士街车站点燃一个邮筒，邮件损失不大，她的手却严重烧伤。19 岁的克尔因为纵火罪被判入狱三个月。令人吃惊的是，学校竟然未命她停学，副校长申请去狱中探视，劝说她停止疯狂的行为，并让她回到学校。[1]

大学校园中最常见的社交活动莫过于舞会。女生常在宿舍中举办可可派对。一天的学习之后，“主人”端出厨房供应的牛奶，客人带来家里的蛋糕饼干，一律穿着睡袍，一直聊到午夜。非官方的舞会每周都有，每学期由学校出面举办一次正式的舞会。在学生眼里，舞会是校园生活的最精彩的部分，无不心向往之。一般舞会在餐厅或公共休息室举行，下午时分学生就开始布置。她们把扶手椅集中起来放在楼下，供客人们休息，楼梯上放了软垫变身为座位。四周挂上彩纸，顿时有了节日的氛围。插着鲜花的花瓶是女生自己贡献出来的。1918 年，格顿学院开始允许男生参加舞会，姑娘们终于可以在这种场合中有男伴了。这种男女混合的派对往往非常正式，有严格的礼仪规范：女士着舞会礼服，男士则是晚礼服；女生要挨个儿把自己的男伴介绍给端坐于高台上的校长；舞间休息时，进宿舍房间万万不可。每到 10 点 55 分，铃声大作——这是最后一支舞了。曲终，校长起身，意味深长地说声“晚安，先生们”，舞会宣告正式结束。

离家上大学，对女生的父母来说，女儿开始了一段奇幻的旅程；而对女生自己来说，则是一个绝好的机会，她们可以借此看到背景、性格甚至种族不同的人。这让她们感到之前只是井底之蛙。当我们在女生们的学籍档案中查看“父亲职业”一栏时，会惊讶地发现，大学是一个怎样的大熔炉！这里有杂货店老板的女儿，有建筑工人的女儿，既有已故印度医生的女儿，也有教授、议员和外交官的女儿。在杜伦大学，煤矿老板和矿工的女儿读的可能是同样的学位，甚至可以成为朋友。在 20 世纪 30 年代的圣希尔达学院，一个学生觉得大学生活最美妙之处，就是有机会跟一些完全不同于自己的人喝着咖啡、抽着黑烟卷聊天。1927 年，萨拉入读曼特斯特大学。在餐厅，她第一次感到置身于黑人的世界，这是她从未经历的。在一个社会等级制度森严、社会阶层意识相当明晰的国家中，大学的经历对她们的思维无疑是一种颠覆性的革命。

1　Jane Robinson. Bluestocking：the remarkable story of the first women to fight for an education [M]. London：Penguin Books Ltd.，2009：69－70.

感谢那些富有远见的家长和教师，女性上大学已经越来越为人们所接受。女才子的丑恶形象逐步改善，人们开始意识到，她们是一群既会做学问也会享受生活的女性。受过大学教育的母亲，往往又把女儿送去读大学。女孩子会发现，亲戚和朋友中有更多的女性去上大学。这潜移默化地影响着她们的选择。19 世纪 80 年代以来，大学得到更多的资助，这意味着大学能向女生提供更大的校舍和更好的设施，也激励了更多的女孩接受高等教育。到 20 世纪 20 年代，上大学已经成为很多女孩的梦想。

曾经施加于她们身上的沉重的学术樊篱也得以一一拆除。医学和生物学，曾被认为会腐蚀女生的身体和精神。到 1894 年时，所有大学的医学院已全部向女性开放。经过艰苦的游说，诸如园艺和家庭经济学也成为学位课程。到 20 世纪 30 年代，女大学生活跃在各行各业中，从航空工程师到大学教授，女性几乎无所不能。

剑桥大学的一位女生曾经说过："回顾我的人生，在剑桥度过的三年时光，我仿佛置身于一座有围墙的花园，将我跟俗世隔开。花园里有自由，有各种先贤哲人的思想，有鲜活生动的同学和老师。"在笔者看来，这座花园的芳香伴随了她的一生。

第三节　“黑云压城城欲摧”
——战火中的西方大学

众志成城：第二次世界大战中的美国大学

“你发现自己虽然也按时上课、微笑地向老师致意，但上课时常常处于神游状态，而下课后又往往流连于酒吧买醉……酒醒之后情绪好些了，又觉得校园看上去还不错。那些在疯狂玩闹掩饰下的罪恶，只有在宿醉时才那么清晰。眼前的一切都是美好的，尽情享受这入伍前的好日子吧，只有一年的时间给我们挥霍了。”这是科罗拉多州立大学的大三学生波特·斯塔尔斯写在校园周报专栏中的文字。不久，他成为一名 P－51 飞行员，四年后他驾驶的战机在德国被击落，机毁人亡。[1] 那是 1940 年的秋天，美国尚未参加第二次世界大战，但已有 200 多所高等院校成立了抗战委员会。最新的《义务兵役法案》已经通过，规定 21 岁入伍，大学生可以延后一年。所有在校大学生的心头，因此蒙上了一层阴影。未来不可预测，但几乎所有男生都意识到，入伍已是绕不开的宿命。昔日，他们觉得“天总是很蓝，日子过得太慢”，而现在，那种喝着饮料、听着点唱机，跟心爱的姑娘调笑的日子快到头了，他们不得不面对人生的转折点。

美国的“孤立主义”由来已久，尽管欧洲已是一片焦土，但美国校园中的反战情绪却甚嚣尘上。1935 年开始，全国学生要求和平、反对战争的集

1　V. R. Cardozier. Colleges and Universities in World War II [M]. New York: Greenwood Press, 1993: 123.

图3－9　日军偷袭珍珠港

会，成为一年一度的活动。学生向罗斯福总统誓愿，如果美国卷入战争，他们将不会入伍。全国的学生报纸几乎一边倒地支持反战运动。当大学官方纷纷成立抗战委员会时，师生们表示强烈抗议。在左翼倾向明显的学校，更是爆发了声势浩大的反战运动。

1941年12月7日，日军偷袭珍珠港（图3－9），造成2 403名美国人殉国。它更像是落在所有美国人心头的炮弹，炸碎了他们的和平梦。反对的声音一夜之间消失了，一种愤怒的情绪席卷了全国。第二天，很多学校的大群学生冲到校长办公室，要求停课，表明态度。许多学校官方出面，安抚学生，希望他们暂时平静下来，集中精力学习，不要匆忙做出离校入伍的决定。

但事实上，早在1939年，高校的领导层就已经在为战争做准备。他们非常希望，军方各兵种能利用校园设施和人力资源来培训官兵，可迟迟没有结果。1942年10月，罗斯福总统亲自过问此事，催促军方尽快调研，需要征用多少高等院校作为培训基地。1942 年 11 月，征兵的年龄降到 18 岁。这意味着大量的大学男生将投笔从戎。

在大学中招收大量预备役人员，并对他们实施培训，成为当务之急。1942 年 11 月 12 日，陆军和海军联合宣布在大学的培训项目，空军也迅速表态。在进行人员培训方面，校园条件得天独厚，军方不必重新建造设施，节省了大笔开支。而培训的科目，如雷达、气象、财务管理等，没有比大学更适合的地方了。更何况，在大学校园中进行的培训，也更具有可信度和权威性。

军方首先对学校要进行严格的筛选，考察住宿、餐饮和教学条件。比如陆军和空军要求，两个受训人员住一间原普通学生住的卧室。考察进行得非常细致，甚至连洗脸盆、便壶、马桶和冲淋设施的数量都一一记录。食堂空间要足够大，卫生和安全性必须得到保证。很多大专学院因为原本不给学生提供住宿和餐饮，缺乏住宿和餐饮设施，因而被排除在外。为了能够接待受训人员，有些大学不惜血本地对学校进行改造，比如增加厕所和洗漱设施有些将体育馆改成了宿舍，把储藏室变成了实验室。俄克拉荷马州立大学甚至专门为受训者建了宿舍。[1] 印第安纳波利斯州立大学取消了所有的校际体育比赛，因为相关的体育设施全部被海军征用了。

从 1943 年开始，大兵们出现在校园，数量甚至超过了普通学生。在有些校园，军方用铁丝网把核心区围起来，再加上执勤的警卫，还有踢着正步、高声报数、军歌唱得震天响的士兵和水手，高等学府俨然成为一座座军营。田纳西的米利甘学院甚至完全由海军接管，作为培训基地。佛蒙特州的诺维奇大学本就是一座军事学院，所有学生都已入伍，非军事课程全部叫停。在大部分大学，受训大兵的课程与普通大学生并无太大区别，在陆军专门制定训练计划的基本课程中，有数学、物理、化学、工程制图、英语、历史和地理。列入空军培训计划的基础课程，有数学、物理、历史和美国精神、地理、英语、民航条例、医疗救助等。也有一些更有军队特色的短期课程，例如军队管理、军队邮政、日语、雷达操控、航空机械、滑翔机驾驶。海军在西北大学专门建了一座海军学校，多由海军内部人士授课。海军还跟

1　V. R. Cardozier. Colleges and Universities in World War II [M]. New York: Greenwood Press, 1993: 21.

爱荷华州立大学、佐治亚州立大学、北卡罗来纳州立大学以及圣玛丽学院签订合同，共建海军飞行预备学校。

“珍珠港事件”促使学校做出了一系列调整，教学和学术活动纳入战时轨道，教师和学生身不由己。大多数大学和学院宣布修改校规，实行学术“大跃进”，无论是录取、毕业还是获得学位，都突出一个“快”字。原本四年获得的学位现在争取三年内完成。普渡大学在“珍珠港事件”之后的第三个星期就宣布，取消原来实行的三学期制。耶鲁大学宣布学生一周上课六天，这样三年之内，就能修满本科学位所需的学分。哈佛大学的计划是，学生用两年和三个暑假短学期完成学位课程。战时的课程比平日里紧凑很多，很多学校取消了春假，大多数高校一年上课 48 周。医学生在 36 个月就能取得学位，一般专业甚至只需要 32 个月。[1]

学校纷纷把毕业典礼提前数周。1942 年 1 月，南达科他大学就决定把毕业班学生的最后一个学期缩短两周，取消复活节假期，毕业典礼在 5 月底就举行了。罗格斯大学把毕业生的最后一个春季学期缩减 5 周，使他们提前毕业。为此，很多老师志愿为大三学生在暑期上课。对在最后一个学期离校入伍的学生，有些学校会给其学分，甚至直接授予学位。有些学校，只要学生入伍前在一个学期中上满 10 周的课程，并且表现尚可，就可以获得成绩和学分。

学校也加快了录取新生的节奏，还没有高中毕业的学生也可以被大学录取。一方面，校方意识到为满足战争需要，整个教育部门都应该加快步伐；另一方面，因为大量男生的入伍，学校不得不提高新生的录取速度，充实生源。埃文斯维尔大学规定，只要高中生修满 14 个学分，学业成绩处于班上前三分之一，就可以被录取。1942 年夏天，普渡大学的要求是修满 12 个学分即可。为了招收更多的学生，普渡大学设立短假期课程，学生可以在一年中 6 个不同的时间入学。[2]

---

1 V. R. Cardozier. Colleges and Universities in World War II [M]. New York: Greenwood Press, 1993: 110.

2 V. R. Cardozier. Colleges and Universities in World War II [M]. New York: Greenwood Press, 1993: 112.

图 3 – 10　美国二战征兵广告

实际上在宣战前，高等院校的学生数就已下降。因为国防的需要，生产制造、军队营房建设以及其他相关部门的工作机会大量增加，好的职业和挣钱机会对学生似乎更有吸引力，他们纷纷选择离校。即使是在战争风云密布的 1941 年秋天，辍学工作的学生也要比参军的多。美国参战之后，弃文从武成为校园的主题，在校学生数锐减。除了女子学院和神学院，其他各类院校几乎无一幸免。州立大学所受冲击最小，人数有所下降，但源源不断开进的军事培训项目足以弥补前期生源的不足。战时的法学院遭到重创。哈佛大学法学院在战前有 1 400 名学生，到 1942 年春天，只剩区区 600 人。圣克拉拉大学的法学院，在仅有的两名教师离校入伍之后，不得不关门歇业。大学的研究生教育受累颇多，生源下降严重。而部队的大学培训项目，除了牙医学、兽医学、神学之外，主要是在本科层面，因此无法弥补研究生生源的匮乏。

小型的私立文理学院也是在校学生减少的重灾区。这种学院往往没有工科专业，因此男生往往没有理由延迟入伍（图 3 – 10）。战争开始之后，他们纷纷开始服军役。有些学校的男生数猛跌，甚至达到60%。这些学院往往也很难吸引军队在此设立技术性的培训项目，而且也不容易得到联邦政府的科研经费。学生人数下降，加上收入锐减，学校举步维艰，连罗斯福总统都出手相救，出面宣传，强调在选择大学开展军事训练项目时，要多考虑小型学院，帮助他们渡过难关。于是，海军和空军领会了总统的精神，把一些培训项目放在了小型文理学院。圣母玛利亚大学就是这样一所得益于海军训练项目，在战争中获得发展的男子文理学院。在战争初期，该学院学生人数急剧下降。但在1941年9月，一所海军学校在此设立。到1942年春天时，已经有1 200名海军学员在此接受为期4个月的课程。到1943年，学校又接受了1 850名海军V—12的受训者，授课者多为学校原来的教师。[1]

一切为了战争，高校课程也不例外。高校反应迅速，为可能服役、去政府工作以及到军工部门就业的年轻人提供相关课程。工科、数学、自然科学方面的课程大量增加，并且社会科学、历史、语言、政治学、国际关系等方面的比重也提高了。战争使人们对于地理、气象、读图、气候学、天文学、航海、摄影、无线电等科目，萌生了前所未有的兴趣。特别是那些有志于入伍的年轻人，特别希望在这些课程上接受专业的训练。

战争引发了人们对于国际研究的兴趣，甚至有些内容跟战争并无直接的关联。西班牙语、拉美历史和拉美国际关系的课程颇受欢迎。虽然当时除阿根廷之外的拉美诸国，都向德国宣战，美国也源源不断地通过租借合同，把大宗的军事设备运往拉美国家，但学生的兴趣似乎跟这些瞬息万变的国际形势并无太大的关系。美国学生过去太专注国内了，战争使他们猛然发现外面的世界很大，他们发现自己对于美国以南的地区一无所知。出于好奇心，他们开始将目光投向近邻拉美。

在“珍珠港事件”之前，随着美国的备战步步升级，学生希望学校提供一些课程，帮助他们理解一团糟的国际局势。就在珍珠港遇袭的前两周，印第安纳大学宣布开设一门新课——远东政治。随着美国的参战，各学校陆续开出

1 V. R. Cardozier. Colleges and Universities in World War II [M]. New York: Greenwood Press, 1993: 115.

类似课程。1942 年的春天，堪萨斯大学新设了“日本、中国和美国”以及“世界大战”的课程，后者有 365 个学生报名，是当时选修人数最多的一门课。由于第二次世界大战的主战场在欧洲和远东地区，美国人渴望了解这些遥远的地方。一时间，这些地区的语言、文化和政治课程大量增加：匹兹堡大学开设了中国研究；芝加哥大学开设了专门教学生读中文报纸的课程。

战争让对外交流变得格外重要，学生从未像现在这样对英语以外的语言表现出兴趣。阿拉巴马大学面向有一定语言基础的高中生和大学生，推出一整套语言课程，为期半年，有 30 种语言可供选择。学生可以在此熟悉这些语言，特别是强化最常用的 7 种语言的口语能力，希望有朝一日能在外交或军事上派上用场。

除了战争周边课程，很多学校还开设了直接为军事服务的课程。比如，达特茅斯学院的读图、军队数学、电子、部队人员测验与评估，阿拉巴马理工学院的铝冶金、机场设计，密歇根大学的机场电力、地下建筑，布鲁克林学院的航海、密码学、气象学、化学爆炸、弹道学和无线电工程，西北大学的航空天文学、军用地图、海军三角学、化学爆炸。高校甚至推出专门的项目，以提升国防训练。锡腊库扎大学专设的“战时学院”，一共 26 门课，学生修完所有课程之后，几乎可以算是合格的军校毕业生了。伊利诺伊大学为战争推出了一系列项目，涉及政治、军事、新闻、心理等多个方面，其细致性和前瞻性在大学中首屈一指。它们有一门为期 9 个学期的职业治疗课程，培训学生从事军人的身心修复工作；有为女性准备的工程助理课程。当时记者紧缺，学校适时推出为期 2 年的紧急状态新闻课程，还有东亚研究、拉美文明、欧洲政府、陆地战的背景和问题、海战的历史、战争社会学、军训人员的组织和运行、战时通讯和审查。1942 年 1 月，宾夕法尼亚州立大学启动了 50 门非正式的国防课程，全部由教师在晚间教授，覆盖了航空摄影、射击术、燃烧弹控制、自动机械等。这些课程没有学分，全凭兴趣和爱国心。两个月之后，已经有 939 个男生和 566 个女生选修了这些课程。[1] 密歇根大

1　V. R. Cardozier. Colleges and Universities in World War II [M]. New York: Greenwood Press, 1993: 121.

学将不适合现有的 14 个学院的课程，全部放到一个专门的紧急培训部，面向希望入伍的不同群体，特别为高中毕业生推出预科课程，把原本一学年的大学课程浓缩到 24 周内。课程有数学、物理、历史、美国政府和机构、英语和体育，男生还要参加军训。学生每周起码要花 35 小时进行强化学习、实验和自修。

战时重理轻文的倾向明显，因此人文学科受到很大冲击。大部分男生因为早晚要入伍，更注重学习工科和理科。战争让人觉得前途渺茫，学习更多地为就业考虑。古典语言少有人问津，学生热衷于现代语言，更注重翻译和交流。学习德语的学生，在第一次世界大战期间就大幅减少，虽然第二次世界大战中并没有出现一战时人们抵制学习德语的疯狂行为，但下滑的趋势依然不减。显然，德语的重要性被低估了，德语学习在很多方面不可替代，比如医疗和化学，比如跟德国战犯打交道、情报工作和管理盟军占领下的德国。学生的严重偏科行为引起文科教育主要领导人的严重不满，他们甚至指责军队破坏了文科教育。军队当然难辞其咎，但在当时的大背景下，轻人文和社会科学、重技术和理工科学的学习，已成为一种潮流。媒体同样表达了担忧，哀叹人文教育的没落，批评高校中鲜有关于民主和美国精神及传统的课程。《纽约时报》的全国性的调查表明，只有 18% 的高校把美国历史列为本科学位的必修课。

1942 年以后，由于大量男生入伍，学生数下降，私立院校首先出现了运营困难、教师被解雇的情况。教师流失有些是被动的，也有很多主动请假或离职。到 1943 年夏天，即使是耶鲁大学这样财力雄厚的学校也已经流失了 25% 的教师。离职的老师中有转而从军的，也有供职于政府部门、军工部门的。俄亥俄州立大学有 246 名教职员工向学校请假入伍，还有 105 人请假转而供职于联邦政府。伊利诺伊大学有 231 名教师投笔从戎。很多教师离职之后在政府工作，在战时政府的管理中承担了重要角色。纽约州高校中，离职的正教授有三分之一在政府部门工作，很多人随后因为岗位并不重要转而从军。即便没有参军，也有不少人以平民身份从事跟战争相关的工作。在进入战时机构的教师中，社会科学领域占了大多数，其中又以经济学和政治学为主。当然，华盛顿不乏古希腊古罗马研究专家、语言学教师和其他人文学科的教师，这大概跟美国人的治国传统有关——历来倚重接受过人文训练的人才。

到1943年秋天，有超过25万部队官兵在高校受训，学校中的师资承担了大部分课程。教师流失留下的空白，必须填补。学校就雇佣女老师、退休教授和欧洲移民教师来弥补，但离职的教师大多来自工程、数学、物理、医学和男生体育等学科，很难找到本专业的合格替代者。堂堂哈佛大学竟也出现了文科教师执教物理课的一幕。南达科他州大学的陆军培训项目中，众多教师客串走上讲台：古典学科、新闻学和艺术课的教师教授英语；音乐和法律教师讲解历史，地质、工商管理和心理学的老师在地理课上侃侃而谈。怀俄明州大学的陆军专业训练计划中，一位动物学教授、一位社会学教授、两位土木工程教授外加一位数学系的老师都被征用从事物理学的教学，就因为他们都曾经学过物理。为了教好课，他们不得不现学现卖，边进修边教学。在小型的文理学院，这种情况就更为普遍。本来这些学院的物理和数学教师就属小众，开战后，这些教师又被综合型大学挖走，加入国防研究的团队中去，因此物理课和数学课成了重灾区。但是，在陆军和海军的培训项目中，这两门课又是重头戏，所以其他专业老师被“赶鸭子上架”也就不足为奇了。[1]

珍珠港被偷袭之后，美国从未像现在这样，无论是行动还是精神上，都如此团结一致。爱国主义情绪空前高涨，很多没能穿上军装的男生，不但由衷地因不能为国效力而羞愧，也能强烈地感觉到旁人异样的眼光，甚至招来麻烦。有些学生不参军完全是情非得已，比如有残疾，或从事战时特殊工作，或家庭原因，但常常因此遭到质疑甚至骚扰，甚至有路人或邻居质问，“你为什么还不去参军”或者“什么时候入伍啊”。成为军人母亲的光荣妈妈，会带着几分骄傲问：“我的儿子正在南太平洋的丛林作战，为什么你还不参军?”为了避免麻烦，有些小伙子在坐公交车和火车时，不得不戴上黑眼罩，拄着手杖，表明自己是因为残疾而不能入伍。

出售战时债券和邮票，为战争提供资金，是美国社会各界对战争支援的集中体现，大学当然不甘落后。各州都成立了销售债券的组织，大学也有相

1　V. R. Cardozier. Colleges and Universities in World War II [M]. New York: Greenwood Press, 1993: 187.

应的委员会。师生经济实力有限，但最小份额的债券也要 18.75 美元，学生有些捉襟见肘，所以更小面额的战时邮票更受青睐。学生们购买的邮票累积到 18.75 美元，就可以换成一份债券。为了提高债券和邮票的销售，学生报纸大肆宣传鼓动。如果一所学校 90% 的学生购买战时债券或邮票，这所学校就可以在学生会所在的建筑楼顶上插上一面财政部的旗帜，所有人都会为飘扬在校园的这面旗帜感到自豪。学校使出千奇百怪的招数来促进销售。校园选美冠军拍卖自己的约会，购买债券最多的人，可以得到跟美人约会的机会，这对男生来说无疑是个巨大的动力。校内的重要人物也争相拍卖自己的个人服务，购买债券最多的女生联谊会、男生联谊会或者个人，将能得到平日里位高权重的系主任所提供的服务——做一天管家、男仆或者侍者。各学生联谊会之间也展开了激烈的竞争。在一次南加州大学、加州大学伯克利分校和加州大学洛杉矶分校的比赛中，南加州大学以总额 152 636 美元拔得头筹。在宾州的朱莉亚塔学院，战时邮票可以在看电影时抵用门票。在德州州立大学，有小伙子用战时邮票制作的胸花送给他们的舞伴，此举显得既有爱国情怀又有个人情趣，引得众人纷纷仿效。[1]

“一切为了国防”，大学生响应国家号召，尽一切可能回收废物。他们从口香糖的包装上撕下铝箔，捏成球状。女生联谊会为此展开竞争，看谁的铝球最大。兄弟会的成员收集了数以百万吨的各种废金属。学生们为了达到目的，甚至“不择手段”。有学生在房屋主人不知情的情况下，拔起人家的栅栏溜之大吉。橡胶回收更容易些，穿过的套鞋、花园里浇花的水管、泳帽、轮胎的内胎、水壶，由学生收集，经过回收处理，源源不断地供应军需生产。校园舞会的参加者常常要奉上一小片废铜烂铁或橡胶制品，权作入场门票。当时，美国从斯堪的纳维亚的纸品进口已经被切断，物以稀为贵，废纸也加入回收阵营，由于众人热情过于高涨，一时间甚至出现了废纸过剩。[2]

美国的战时菜园风靡一时，既激发国人的爱国热情，又提供了新鲜蔬

---

1 V. R. Cardozier. Colleges and Universities in World War II [M]. New York: Greenwood Press, 1993: 124 – 125.

2 V. R. Cardozier. Colleges and Universities in World War II [M]. New York: Greenwood Press, 1993: 125.

菜，满足口腹之欲。据说当时40%的新鲜蔬菜都是战时菜园的成果，几乎每所大学中都有一座这样的菜园。在加州大学洛杉矶分校，餐厅里所有蔬菜都是师生培育的。

第二次世界大战中，虽有“巾帼不让须眉”的女兵，但绝大多数女性留在后方。女人们充分发挥自己的特长，广泛地参与各种与战争相关的活动。有人志愿去农场帮助采摘果蔬、制作成衣作为赈灾救济（运往英格兰）、表演戏剧慰问伤员。匹兹堡大学的女生，在希伯来联合会的楼里建了一个福利社，为陆军和海军的士兵补衣服、缝制服上的徽章，教他们跳舞，供应点心。女生们经常出入接待官兵们的社交俱乐部，有时还需要去军事基地跟军人跳舞。部队负责娱乐的军官，往往跟大专院校的有关部门相当熟悉，这些部门专门负责组织女生去陆军或海军的军事基地，或者劳军联合会的俱乐部联谊。军官会通知学校需要多少个女生，然后派专车接送。通常这样的“出差”会有校方人员陪同，有些女生一晚上要跟十几个男性跳舞。当时大学内男生紧缺，社交生活相当匮乏，所以女生总是非常热衷于这样的活动。更何况，这些社交活动还贴着爱国的标签，因此为校方、父母和朋友所认可。

1943 年春夏之交，预备役士兵全部转为现役，校园里的普通男生骤减，剩下大多要么未满 18 周岁，要么是外国人、残疾人，或者是因其他特殊原因延期服役的学生。因此，校内和校际的体育和其他活动难以组织，集体项目更是举步维艰。科罗拉多大学率先取消了篮球活动，很多综合型大学和小型学院纷纷步其后尘。而个人项目和小型集体项目，比如网球、高尔夫球、田径、游泳等照常进行。但场地又成了头疼的问题，因为很多学校的体育馆当时已经被军队征用，作为受训人员的宿舍了。

陆军和空军规定，受训者不能参加校内的各种体育娱乐活动，而海军却允许官兵不受限制地参与各类校园活动。因此，校园才得以保存最后一丝活力。他们的加入，使很多校园足球队不至于解散。有些文理学院的足球队本来默默无闻，水兵的参与竟然使球队在全国都声名鹊起。由于水兵的加盟，德帕大学足球队凭空多了几个超一流球员，毫无悬念地荣登 1943 赛季冠军宝座。而德帕的篮球队清一色是海军官兵，在 1943—1944 和 1944—1945 赛季打遍全国无敌手。千万别以为大兵们是一帮四肢发达、头脑简单的大老粗，事实证明，水兵们能文能武。在杜克大学的校内报纸和杂志社，他们也干得风生水起。[1]

大多受训者跟女生的交往并不密切。他们往往学习任务繁重，陆军和空军规定，学员晚上也必须在图书馆或宿舍学习。况且他们的学习和普通大学生完全分开，并不在一起上课，少了很多眉目传情的机会，女生们对此暗自抱怨。此时的校园，男女生比例严重失调，很多女生费尽心思把自己打扮得花枝招展，以吸引异性的注意。女生对受训的军人崇拜有加，普通男生的地位受到大兵们的严重挑战，醋意大生。据说在有些学校，为了避免冲突，舞会甚至分别向普通男生和军队受训人员开放。受训人员刚进入校园时，有些人因为出身低微、文化程度低，也缺乏社交技巧，完全不懂得如何向女生表达好感。匹兹堡大学的一位女系主任，曾经向陆军军官抱怨，士兵学员们给女生带来了不小的困扰。女生一踏进公共休息室，就有大兵们大庭广众之下从楼上扔下纸条示爱，这并不浪漫的求爱显然没能博得女生的芳心。因此，女生和士兵们的校园恋情实属罕见，大多数女生理智地跟受训者们保持距离，可能是害怕士兵们随时开拔，爱情到头来多半会没有结果。

漫漫长夜：纳粹统治下的德国大学

海德堡大学的教授路德维希·库提乌斯，曾经这样评价 20 世纪三四十年代的海德堡："海德堡有两大废墟，一是宫殿，二是大学。"这也是德国的所有大学在纳粹统治时期的真实写照。

自 1809 年洪堡创立柏林大学以来，学术自由的原则就渗入德国大学的血液中，成为德国大学引以为自豪的根本。但在纳粹的统治下，学术自由丧失殆尽。1933 年，巴登州废除了海德堡大学具有自主权的校章，并为之制定了新校章。在新校章下，校长直接由文教和司法部长任命，校务委员会降格为咨询机构，校长在校务会议和校务委员会中大权独揽。人事大权统归校长，各学院院长也由校长任命，校长决定学院的一切事务。"领袖原则"的

1 V. R. Cardozier. Colleges and Universities in World War II [M]. New York: Greenwood Press, 1993: 101

新校章激起了轩然大波。海德堡大学校长安德烈亚斯向巴登州文化部递交一份备忘录，指出："不是任何人都能领导科研工作的"。安德烈亚斯要求把选聘教授的决策权和选举学院院长的权利重新交还给教授，校务委员会在任命校长时起码应该有建议权。巴登州对此不置一词。1935 年，大学的"领袖原则"在全国范围统一确定下来。新校章规定，大学校长、副校长、各学院院长、教师负责人和学生会负责人均由德国科学部部长任命。校务会议和校务委员会成为咨询机构。校务会议由校长、副校长、各院院长、教师负责人、学生会负责人和两名教师代表组成，其中一名教师还必须是纳粹教师联盟的盟员。因此，学校的一切组织均受控于纳粹党。1937 年，出任海德堡大学校长的竟是纳粹党党徒恩斯特·克里克，他连一天大学都没有读过，人称"蠢材"。但才干已无关紧要，大学校长和各学院院长的唯一任务就是忠实地贯彻纳粹的指令，与傀儡无异。[1]

面对纳粹对于教师的清洗运动，大学集体失语，没有一所大学敢公开出面，为那些遭受欺压、排挤和迫害的教师争取权益。1933 年 4 月 22 日，正当大量科学家被解雇之时，所有德国大学却向希特勒政府宣誓效忠，发布对希特勒以及纳粹主义国家肉麻的表白书，表示支持"民族社会主义"。

大学在组织上完全听命于纳粹，在学术上也完全失去了自由。1933 年 2 月，新上任的普鲁士邦文化和教育部长鲁斯特，发表洋洋洒洒的就职宣言，声称要马上改变大学玩弄学术的现状，要使大学的自然科学研究为经济计划和军备计划服务，人文科学要努力寻找为纳粹主义辩护的论点和论据。国家政权完全介入了大学的科研活动。纳粹党利用自己的领导权，对学术研究随意进行干预，研究者的政治可靠性而不是学术水平高低，成为晋升的关键因素。研究的价值不从本学科的规律出发，而只考虑是否符合"民族社会主义"的原则。其中，法律系、政治系和经济系的教学被镀上一层浓厚的"民族社会主义"色彩。翻开法学院的课程表，种族学、"民族社会主义"的世界观、德意志民族政治发达史、政治哲学、德意志政治地理学等赫然在目。古代史学者奉命从考古的角度，论证希特勒的"日耳曼民族优秀性"。这种

1　杨荫恩. 海德堡大学［M］. 长沙：湖南教育出版社，1991：85－86.

高度关注种族、灌输爱国主义、激发爱国热忱的做法，是纳粹党教育原则中最重要的一环。[1]

种族主义在德国本来就不乏支持者。日耳曼昔日的荣光，使人们沉浸在虚无的种族优越感中无法自拔。纳粹上台之后，在德国社会的方方面面强化了这种种族主义观念。在种族主义的指引下，纳粹时期的大学逐渐自我封闭，不再与国外大学沟通交流。在纳粹党看来，德意志民族是最优秀的民族，而它的科学也应当是世界上最先进的科学，因此其他国家的科学家和他们的研究都不值得一提。种族理论渗透了各个学科领域，自然科学也不例外。出现了德意志物理学、德意志化学等科目。从 1936 年开始，德国物理学家勒纳，为了迎合政府的种族主义宣传，挖空心思地炮制出四卷本《德国物理学》。在该书前言中，他写道："德国物理学，其实我本来应说是雅利安物理学……是由种族决定的。"[2] 这位诺贝尔物理学奖获得者竟然抛弃了基本的科学精神，认为凡是过分抽象的理论就应视为"犹太物理学"，比如爱因斯坦的相对论就是典型的"犹太物理学"。医学院开设的"遗传学"是种族卫生学的基础课程。1939 年，莱比锡大学的儿童医院首次用活人做了种族低能儿的实验。

一切课程和研究都为了政治。国民教育学成了洗脑的工具；东欧、南欧文化史的研究成果，直接为法西斯情报部门和外交部输送情报；战争史的教师们，主要研究战争和军队对各国文化，特别是对各国政治和前途的影响；莱比锡大学的各个学院和研究所，实际上成了直接为战争服务的加工厂：化学所接受空军任务研制发动机冷冻剂，物理系试制激光武器。亲纳粹的"精神病专家"瓦格纳，用战俘做实验，不让战俘吃含维生素 A 的食物，致使战俘双目失明。[3]

大学完全依附于政权，其结果是将学术标准彻底抛弃，政治标准占了首位。1934 年，德国政府明确规定，把学衔和职称分开。学衔代表学术资格，有

---

1 韩艳．试论德国大学传统在纳粹统治时期的断裂［J］．广西师范学院学报（哲学社会科学版），2010（S1）：18－21．

2 李继宏，杨建邺．纳粹统治时期的海森堡［J］．科学技术与辩证法，1995（3）：31－39．

3 李逵六．莱比锡大学［M］．长沙：湖南教育出版社，1991：102．

图 3－11 倍倍尔广场“纳粹焚书”事件纪念碑

学術并不一定会被学校录用。学校聘用一名教师，主要看政治上是否可靠，是否拥护希特勒和“德意志民族社会主义”。海德堡大学的助教莱昂哈德·瓦施，就是凭借着在反犹中的积极表现，而成为理论物理学的副教授的。

大学的浩劫充斥着对异己的排斥和清洗，德国大学上演了一幕“焚书坑儒”的悲剧和闹剧。早在纳粹上台之前，马克思主义和人道主义著作就已经被亲纳粹的学生列入黑名单，要求大学图书馆将这些书全部扫地出门。1933年5月，书籍范围再次扩大，在希特勒“知识毁我青年”的论调指导下，焚书运动在各大学轰轰烈烈地展开（图3－11）。在大约四周的时间里，凡是不符合“德意志思想”的书，统统付之一炬。各大学几乎同时行动，图书馆中一切“非德意志”的作品，马克思、恩格斯、列宁的经典著作，海涅、爱因斯坦、高尔基、罗曼·罗兰、托马斯·曼等人的作品无一例外成了违禁品，统统在劫难逃。在熊熊火光中，德国大学进入最黑暗的年代。希特勒的宣传部长戈培尔，亲自前往柏林大学的焚书现场督阵。据在场目击者说：“火光映红了半边天，被焚的书堆积如山。”今天的德国，在柏林大学校门前的倍倍尔广场的地下建起了一座奇特的无书图书馆。从广场的地面隔着透明玻璃看下去，只有一排排空书架，这绝妙的留白时刻提醒今天的人们不忘当年那场疯狂的运动。如今，每年的5月10日，这里都会举行“图书日”活动。出版社和书店搭建临时书亭，销售各种书籍，已成为一桩文化盛事。德国人以售书的方式反省“焚书”的罪行，也是一种创意。[1]

焚烧书本的同时，纳粹加紧了对师生的清洗。在德国，大学教授、讲师和助教都是政府公职人员。1933年4月7日，德国政府曾决定，在非雅利安血统的教师中，只有在一战中上前线打过仗或者其父辈阵亡者，才可以继续在大学留任，其余人员一律解雇。而1935年颁布的《德国公民法》宣布，清除所有非雅利安血统的公务员，于是大批的学者不得不离开学校。大清洗从1933年开始，一直持续了7年之久。在纳粹上台后的5年内，驱逐的科学家多达1 800人，约占总数的39% 。[2] 自然科学界被解聘者最多，他们大多流亡国外，这些流亡者几乎都是德国科技教育界的精英。海德堡大学三分之一的教授，因为种族和政治原因被迫离职。作为世界科学中心的柏林大学，在1933—1935年的短短3年之内，就有230名科学家被驱逐，爱因斯坦（图3－12）就是在此时被赶出德国的。大师的出走，使大学难以避免地沦落了。美国数学家桑德斯·麦克莱恩是哥廷根大学的研究员，他在给母亲的信中，这样描绘数学系的情况：“由于这么多教师都被开除或者主动离开，数学系基本上废掉了，现在搞数学很难。”

纳粹还发动了群众性的清洗运动，学生对不受欢迎的教授可以任意诽谤，甚至殴打。在大学中，书籍和教师是文化和知识的载体，如此大规模地焚书和清洗教师，无异于清洗文化、摧残文化。而不幸的是，无知的学生充当了这场运动的帮凶。但是，纳粹对学生的筛查也日趋严格，录取学生时的标准不再是成绩，而是“思想坚定，体格健壮，民族可靠和血缘清白”。占人数1.5%的犹太学生，处境愈发艰难。1933—1934年间，他们还能戴着黄

---

1 杨焕勤. 柏林洪堡大学［M］. 长沙：湖南教育出版社，1986：72－73.

2 陈玉玲，李涛. 纳粹德国时期大学教师的清洗和分化［M］. 许昌学院学报，2009（3）：120－122.

图 3－12 爱因斯坦肖像画

色出入证，坐在教室的一角听课，此后悉数被清除，就连那些在第一次世界大战中阵亡的犹太学生，也仍然受到牵连。在海德堡大学，他们的名字被从女巫塔楼的纪念匾上刮去。[1] 纳粹也不欢迎女学生和外国留学生。他们宣扬“高校是男人的高校”，排斥女生入学。外国留学生要一律佩戴蓝色出入证，表明身份。

对清洗之后的校园，纳粹的方针是改造和控制。为了加强对教师的控制和利用，法西斯组织开进大学。在纳粹的指导下，每所大学都成立了大学教师协会，全体教师必须参加。“民族社会主义大学教师联盟”主席，直接、统一领导各个大学教师协会。大学教师协会一方面在教师选用上把关，另一方面也促成教学内容的纳粹化。“民社大学教师联盟”作为上级组织，负责确保教师在思想上和政治上的可靠性，也掌握着挑选和培训教师的权力。在

1 杨荫恩. 海德堡大学［M］. 长沙：湖南教育出版社，1991：89.

职教师必须通过学习班的政治培训，而新教师则要先参加为期6 周的教师岗前培训。这段时间中，他们将受到纳粹专家的严密考察，所有人的思想观点、性格逐一被研究排查，并呈递给教育部，可疑人物予以清退，合格者获得教师合格证，准许上岗。到了纳粹德国后期，要想成为大学教师又增加了一个条件：必须有在冲锋队、劳动队或者希特勒青年团服务过的经历。1937 年颁布的《公务员法》，用法律进一步加强了对教师的控制。此法规定，教师必须是“党所支持的国家的意志的执行者”，并且准备“随时无保留地保卫民族社会主义国家”，所有教师都要宣誓效忠和服从希特勒。[1]

校园中不乏鼓吹纳粹的跳梁小丑，他们充当着纳粹的鹰犬和帮凶。海德堡大学医学院的学生古斯塔夫·阿道夫·谢尔，就是一名得力干将。1936 年，他成为全德学生会和全德法西斯学生组织的领袖，并被授予海德堡大学“名誉校务委员”的称号。希特勒一直很惦记这位卖力的年轻人，甚至在畏罪自杀前，还在遗嘱里任命谢尔为德国文化部部长。弗莱堡大学校长、存在主义大师海德格尔，是公开投靠纳粹的教师代表。他公开声明加入纳粹党，宣誓效忠希特勒，鼓吹“学院自由”应该从德国大学中消失，还主张把劳役、兵役和知识结合起来，彻底改造德国大学。他的恩师、著名现象学家胡塞尔有犹太血统，但他不念师恩，将老师驱逐出校园。在任职期间，海德格尔发表了很多鼓吹希特勒的言论。1933 年 10 月，他和几位知名教授在知识界发起签名活动，公开支持希特勒和“民族社会主义”，响应者众多，共征集到960 位知识界人士的签名。海德格尔如此费尽心机卖力逢迎，可到第二次世界大战即将结束之际，他的纳粹主子却没有许之以高官厚禄，反而作为“最无用的人”，以老迈之躯被送到莱茵河对岸修战壕，形同劳改犯。

纳粹统治下的德国大学，学生数量下降，学生也无兴趣学习。除了纳粹党学生会外，大学中的所有政治性社团都被解散。个人崇拜渗透进学校的日

1　陈玉玲，李涛. 纳粹德国时期大学教师的清洗和分化［M］. 许昌学院学报，2009（3）：120 – 122.

常生活。每天必须悬挂纳粹党旗；上课之前，师生必须起立，集体行“希特勒万岁”的举手礼；古典音乐被激昂的进行曲所取代。1934 年 2 月 7 日通过的《德国大学生新章程》规定，每个大学生，第一要参加劳动，第二要参加冲锋队。冲锋队高教局在一份报告中说：“就职业而言，大学生首先应该是冲锋队员，在业余时间可以搞一点学习。”[1] 1933 年起，所有男生都必须完成冲锋队交给的任务，直到党卫队取代冲锋队之后才取消，改为每个大学生每年必须参加半年体力劳动。

大学重视学生的身体素质和政治素质。1934 年，海德堡大学规定，在第 1—3 学期学习的学生，每周要上 3—4 小时的体育课，无体育成绩的学生不得升入第 4 学期。4 个学期之后，男生必须到野外军事体育学校，参加为期一个月的军训，还要参加 4 月开始的、为期 7 个月的义务劳动。军训和劳动均合格的学生才能进行第 5 学期的学习。此外，学生每周还有 2 小时的军事学讲演课和一小时的种族知识课。刚入学的新生必须参加“民族社会主义”伙伴营的活动，集体吃住，每周上 2 次体育课，1 次政治课和 1 次晚间政治活动。海德堡大学的伙伴营就有 12 个之多。1937 年，政府规定，大学生必须在暑假期间到工厂或农村参加体力劳动。就连德国的科学部部长也承认，此举是为了“防止骚乱”。

第二次世界大战开始后，德国只有 4 所大学允许开学。莱比锡大学有学生 4 000 人左右，其中 1 500 名被送往前线或参加战时工业生产，医科的男生组成战时大学生医疗队，随时待命。1934 年 9 月 6 日，希特勒发布了“大学生全面参战的命令”，所有大学实际上停止了教学工作。海德堡大学的教学一度中断，直到 1940 年 1 月才复课。当时海大有学生 2 000 人，到了 1944 年，竟增加到 4 950 人，1945 年又急剧下降，减少了一半人，其中一半是医学院学生。由于实行灯火专制，所有的研究活动只能在白天开展。战争期间，为严防外界消息传入，大学禁止全校师生收听外国广播。每个月，学生必须参加 8 小时义务劳动，以弥补劳动力的不足。

1　李逵六. 莱比锡大学［M］. 长沙：湖南教育出版社，1991：102.

战争还严重毁坏了校舍。1943 年 12 月，盟军的第一次空袭命中了莱比锡大学。大学 92 处研究所和医院中，有 58 处被炸，主楼部分被毁。而 1944 年之后的轰炸，使德国的大学几乎成为一片废墟，许多价值连城的藏品和图书化为灰烬。在轰炸中，柏林大学的实验室被烧毁，教室被炸塌，约三分之二的教学设施遭到了破坏，因此不得不暂时关闭。战争给德国的大学造成了巨大的灾难和难以弥补的损失。

第四章 二战以后的大学生活

那是一个不可思议的年代，认真又愚蠢，肤浅又破坏。我们在那个年代的这个世界投石头，它所激起的涟漪，现在仍在拍打着我们——无论是为了更好还是为了更坏。

第一节　博弈的年代

人类文明的历史进程，随着时间的向前推衍，速度变得越来越快。过去一个世纪的生产力超过了之前的总和，难怪英国著名的左派历史学家霍布斯鲍姆称20世纪是“极端的年代”。但是深入思考霍布斯鲍姆的这番感慨时，我们会发现，所谓“极端”并不见得就是好事。凡事超过了一定的“度”都不会是好事。在20世纪，人类虽然在物质文明方面取得了惊人的进步，但是同时也经历了人类历史上前所未有的大灾难——两次世界大战。

早在第一次世界大战结束时，西方就陷入了对资本主义文明甚至西方文明的怀疑和反思，斯宾格勒的著作《西方的没落》因此得以轰动全球。当西方的卫道士还在批判斯宾格勒的著作是“历史的占卜术”“恶的预言书”时，第二次世界大战又随即爆发。这对那些还耽于幻想，“好了伤疤忘了疼”的西方人而言，真是一次严重的打击。第二次世界大战结束后，西方国家虽然经历了经济上的快速重建，甚至进入了一个更加“繁荣”的时代，但是思想上的迷惘和反思从来没有停止过。从战后美国“堕落的一代”到60年代“存在主义”的大行其道，无不让人忧思。而美苏两个超级大国的军备竞赛，更使全世界笼罩在核战争的阴影之下。当苏联解体之后，西方资本主义国家是否就能够理所当然地宣布“历史的终结”呢？答案显然是否定的，因为当福山备受追捧之时，尼尔·弗格森的《西方的衰落》也同样畅销不衰。可见人们对西方文化的反思在战后从未停止过。

与此相对应的是西方大学的发展进程。大学不仅是文化的传承之地，更是文化的创造之所。从某种意义上说，西方大学就是西方文化的精华浓缩。因此，考察第二次世界大战以来的西方大学，成为研究这段时期西方文明的重要切入点。最典型的例子，就是50年代中期到70年代初风起云涌的学生运动，大学生俨然成为那个时代的主力军。之所以会掀起如此大规模、长时间的学生运动，从根本上来说，就是这些未来西方文化的创造者对过去西方文化的反叛和反思。这些年轻人意图跳出传统的樊篱，建立起一种新的理想文明。从结果来看，“解构”仍然处于“结构”的限制之中，最后渐行渐隐，复归历史的洪流。这跟西方历史上的历次革命也有共通之处，无论是1640年英国革命还是1789年法国大革命，在革命之初都有着跟过往决裂的强烈愿望，但最终还是继承了大部分“旧制度”的东西。因为作为整体的人类历史，本身具有相当强的连续性，仅凭几个革命者的意志，不可能在一夜之间扭转乾坤。但是这些“真的勇士”完全不必气馁，正是这种一点一滴的努力慢慢推动着历史的前进。19世纪法国的著名历史学家基佐说得好：“革命与其说是某种刚开始的事情的象征，远不如说是对那种已经发生了的事情的宣告。”这是一场漫长的博弈，但是胜利最终会站在真理一方。

文化的力量如同流水一般，看似绵柔，却胜在持久，在“润物细无声”之中改变了世界。尽管今日的西方大学没有爆发那种轰轰烈烈的革命，但是它们仍然对西方文化有着极为深刻的影响。只要它们始终初心未改，保持着“思想自由”与“精神独立”，就保存着希望和影响力。反过来，这也是西方经常诟病中国大学的一点。我们理应对西方的话语保持清醒和警惕，但是也应该看到批评不失为一种前进的动力。中国的大学需要从西方大学身上汲取优秀的东西来进行改革。

在这个博弈的年代，西方大学也不断地进行着改革。就整体而言，在战后教育体制的改革中，政府占据了前所未有的主导地位。这首先要归因于政府对财政大权的掌控。改革需要的不仅是意识的创新，也需要物质的支撑。大学虽然是纯洁的象牙塔，但也不可能不食人间烟火。恰恰相反，大学因为本身不是物质财富的创造者，它更需要外来资金的投入。其中，政府的资金显得越来越重要，尤其对那些历经战火、百废待兴的欧洲大学而言。其次，这跟民众对接受高等教育的渴求相关。少数的私立学校已经不能满足不断增长的人口对教育的需要，政府必须要出面建立起一些公立学校。特别是战后“婴儿潮”的出现，更是迫切需求更多的教育资源。公立学校如雨后春笋般地大量涌现，这对之前西方大学以私立为主的格局是一次重大的冲击。关于公立学校与私立学校优劣的论辩，将会是未来教育领域很长一段时间内的重要话题。最后，政府对所需人才类型的政策导向，也影响着大学教育。大学不再完全是“埋首故纸堆”、一心搞学问的地方。应用学科变得跟基础学科一样重要，甚至有过之而无不及，以培养专业技能为主的职业技术学院也大量出现。

在法国，政府对教育体制的改革始于“五月学潮”之后。表面上看，是为了应付轰轰烈烈的学生运动的手段。但其背后的深层原因，可以追溯到中世纪法国大学的自治传统。在拿破仑称帝前，法国大学普遍有着自治的良好传统。随着拿破仑帝国的建立，中央集权的教育管理体制也建立起来。因此，法国的教育体制体现出一种“自治”与“集权”并存的双重性。“五月学潮”的爆发虽然有其国际背景和社会背景，但是改革教育、争取自治也是其中很重要的原因。这也是民主化趋势在教育领域的体现，它试图在19世纪以来的集权体制中重新注入“自治”的因素。1968年11月12日，政府颁布《高等教育方向法》，提出以“参与”精神改革高等教育。这是法国战后教育改革的里程碑。可是由于这次改革的直接原因是应对学潮，政策出台较为匆忙，其原则缺乏具体的可操作内容。真正“参与”者很少，学生不愿参加无关痛痒的投票，年轻的讲师和助教又没有话语权。所以有人批评这次改革是失败的，甚至称之为“假改革”，并指责改革加剧了法国大学系统的刻板性。[1] 直到20世纪80年代，实施权力下放之后，法国的高等教育的“自治”才真正有所起色。1984年，国民议会颁布了《高等教育法》。其条文规定体现了权力下放和民主管理的执政理念，有利于实行大学自治和发扬学术自由的大学精神。[2] 1989年，法国又颁布了《教育方向法》，重申1968年和1984年的改革理念和规定。经过这三次一以贯之的教育改革，虽然未能从根本上消除中央集权的基本特征，但是大学自治的原则终于又开始扎根于法兰西的土地上。随着民主化的进程，“自治”还会进一步加强。相比于法国，

1　黄福涛. 外国高等教育史［M］. 2版. 上海：上海教育出版社，2008：211.
2　黄福涛. 外国高等教育史［M］. 2版. 上海：上海教育出版社，2008：303.

图 4－1　萨塞克斯大学晨景

英国大学对政府一直都表现出“敬而远之”的态度。这跟英国地方自治的传统密切相关。但是在战后，英国中央政府也越来越多地介入教育领域。一方面是为了尽快解决战后的经济困境，并紧跟新技术的发展，以便应对激烈的国际竞争。这就要求扩大教育规模，积极培育人才。但是以牛津、剑桥为首的一些旧大学，为了保持精英教育的传统，拒绝扩招。政府不得不斥资建立公立大学，萨塞克斯大学（图 4－1）等被称为“绿地学校”的新兴大学应运而生。另一方面是福利国家的政策，无论是工党还是保守党上台，都不遗余力地践行福利政策，以便拉拢人心。其中，教育也是国民享受福利的范围。这种福利教育的思想，加快了高等教育大众化的步伐。[1] 在战后英国高等教育的改革中，《罗宾斯高等教育报告》有着至关重要的地位和作用。1963 年，以罗宾斯为主席的高等教育委员会提交了《罗宾斯高等教育报告》，其主要目的是在保证高等教育质量的前提下，扩展高等教育的规模。该报告的提出，是迫于内外的双重压力。可以说，整个西方世界都在进行教育改革，英国如果故步自封，必然会落于人后。而且战后“婴儿潮”在 60 年代时出现，其表现就是接受中学教育的人大增，但是没有足够的高等院校

1　黄福涛. 外国高等教育史［M］. 2 版. 上海：上海教育出版社，2008：230.

接收这些中学毕业后继续深造的学生。英国高等教育的规模已经远远落后于美国、苏联和其他英联邦国家。因此《罗宾斯高等教育报告》一经公布就受到了广泛的欢迎。当时新上任的首相霍姆，当天晚上就在电视台发表演讲，向全国承诺政府原则上积极全面地接受报告的建议。[1] 但是在实践中，报告的精神并没有很好地得以实现。这要归咎于当时的教育和科学部大臣克罗斯兰，他宣布在高等教育领域实施“双重制”。一部分是以大学为代表的自治部门，另一部分是以技术学院和教育学院为代表的公共部门。这种分层的体系，表现为前者是自治的，可以获得大学拨款委员会的资助，且有学位授予权；后者属于地方管理，经费由地方资助，且自身无学位授予权。相对于《罗宾斯高等教育报告》中想要统一高等教育制度的思想来讲，完全是南辕北辙。克罗斯兰本人也承认了他的错误，但“双重制”政策直到 1992 年才被取消。虽然有不尽如人意之处，但是从 1964 年到 1980 年来看，入学率及入学人数还是有了迅速的增长。20 世纪 80 年代以来，英国的高等教育越来越明显地受到政府公共政策的影响。经过 80 年代初的一段收缩调整期后，从 80 年代中后期开始，高等教育大众化进程再次加速。1992 年时，英国仅有 50 所大学，到 90 年代中期就增加到 90 所，教师也同比例增长，由 5 392 人增加到 9 905 人。高校资源的扩充为英国提供了更多的专业人才，对英国经济的发展和文化的进步起到了最为重要的作用。如今，教育大众化已经成为不可逆转的定势。

德国高等教育在战后的重建，可以说历经坎坷。第二次世界大战期间，德国是战争的策源地和主战场，本土遭受了严重打击，大学在枪林弹雨之中也未能幸免于难。2010 年 6 月，哥廷根大学城内一枚第二次世界大战时期遗留的炸弹发生爆炸，造成 3 名拆弹专家丧生。时至今日，德国政府都难以回答还有多少炸弹深埋地下。第二次世界大战结束后，德国作为战败国，国境被美、英、法、苏四国占领，连首都柏林都被一分为四。当德国的经济、政治和军事都操纵于他人之手时，其教育也可想而知。尽管 4 个占领国在德国采取不同的教育改革方案，但是有一点是一样的，就是教育的“非纳粹化”。

1　黄福涛. 外国高等教育史［M］. 2 版. 上海：上海教育出版社，2008：241.

教育看似不如军政大事那般重要，但其影响之深远是无可估量的。所谓“十年树木，百年树人”，教育对社会发展的影响是结构性的，它决定了国家的未来走向。跟苏联占领的东德相比，美、英、法占领的西德在高等教育领域具有更多的共通性。西德更强调院校的自治和自由，并从传统的精英化阶段跨向了大众化阶段。1975 年，在“新文化联邦主义”思想的引导下，西德诞生了第一部《高等教育总纲法》，该法案确定了高等教育发展的总体框架。1989 年，柏林墙轰然倒塌，东德西德从此合一。德国统一后，原东德的高等教育开始全面转向了西德模式。东德所有高等教育领域的学术设施，由原来的中央集权管辖转变为由各州政府管辖。而这个阶段，“大学委员会”的出现，是对传统高等教育管理模式的最大挑战。德国大学一般都设有大学理事会，但它的权力非常有限。巴登 - 符腾堡州始创“大学委员会”，将原来只属于联邦和州政府的权力下放给该组织，使大学在管理方面变得更加高效。[1]德国人在教育改革方面表现出了不俗的勇气和创造力，他们敢于突破固有模式，通过缩短修业年限、扩充高等专科学院、推动高等教育国际化等手段，使德国教育在世界上独树一帜。德国对高等教育的重视，也是德国在战后迅速发展，甚至成为“欧洲经济第一强国”的重要原因。

在第二次世界大战中，美国的命运与欧洲国家截然不同，因为战争的火焰并没有蔓延到这片“新大陆”。早在 100 多年前，托克维尔写下《论美国的民主》时，他就无比艳羡美国得天独厚的地理条件，并预言在下一个世纪，将会由美国和俄国称霸世界。历史的演进验证了先哲的智慧，第二次世界大战使得老牌资本主义国家进一步衰落，同时又催生了以美国和苏联为主导的两大阵营的冷战格局。美国战后高等教育的发展就与此息息相关。第二次世界大战结束后，美国成为最大的受益者，一跃成为经济实力最强大的霸权国家。与此同时，战争及空间领域的军备竞赛，让美国格外关注科技的发展和人才的培养。这就使得美国有能力、有意愿在高等教育领域大展拳脚。当时的哈佛校长称之为美国高等教育的“黄金时代”。大量退伍军人进入高校是其中的一大特点。从 1945 年到 1956 年的 10 年间，大约有 223.2 万军人退伍入学。其中最著名的人物，就是后来成为美国国务卿的亨利·基辛格。

1　黄福涛. 外国高等教育史［M］. 2 版. 上海：上海教育出版社，2008：233 – 234.

这些军人的入学，使大学校园的生活基调为之一变。一方面，这些接受过严格军事训练、纪律有素的学生，大大提升了社会对大学生形象的正面评价，这种良好的印象一直持续到60年代。另一方面，他们为联邦政府大规模介入资助高等教育奠定了基础。

美国人良好的自我感觉，终于在1957年被打破。1957年，苏联第一颗人造地球卫星发射成功，这让美国上下都惶恐不安。人们很快将一部分原因归咎为高等教育的落后。因此，进行教育改革成为当务之急。1958年9月，美国通过了《国防教育法》，授权联邦政府拨款给州立政府。1957—1969年，美国政府把教育事业摆在优先发展的战略地位。这10多年间，高校的财政收入增加300%，学校数量增长超过一倍，教师工资几乎翻了一番。另外，除了传统的四年制大学和学院系统外，还开创了两年制的社会学院系统，并实施开放入学和免费入学。这种放宽要求、追求量化的方法，虽然在一定程度上促进了教育的普及化，但是长此以往，必然会引起不少问题，甚至积重难返。在繁荣时期，矛盾往往被鲜亮的表象所掩盖，一旦危机出现，它就会立刻暴露出来。20世纪70年代，美国陷入严重的经济危机，随之而来的还有一系列社会危机和信任危机。人们突然发现，在本该纯洁的象牙塔内，吸毒、性混乱、暴力等丑恶现象比比皆是，美国高等教育的现状令人担忧。有些人盲目崇拜西方的大学，一味宣扬“自由”，却看不到过分的“自由”也会带来严重的问题。在这种背景下，美国大学的问题非但没有得到解决，反而变本加厉。20世纪70年代，为了吸引更多的学生以营利，出现了“学生市场至上”的理念，即从注重学术的价值转变为注重学生消费者。从表面看，这种做法更注重和保护学生的权益，但是这也进一步降低了入学和毕业条件，教育质量更趋下降。美国本土学生SAT考试分数的下降，也反映出这一点，有些高校甚至不得不开办基础补习班。90年代以来，“新经济”对知识和信息有着更高的要求。如何在保证教育普及化的前提下，提高教育质量，是美国大学需要思考的问题。当然，在世界范围内，美国高水平的高等教育仍然是首屈一指的。从世界大学排行榜上看，美国高校始终光芒闪耀地占据着半壁江山，其数目是任何一个国家无法比肩的。

从战后到当代，回顾法、英、德、美四国的高等教育历程，我们看到西

图 4－2　耶鲁大学皮博迪博物馆

方大学无不处于频繁地变革之中，以适应不断变化的社会条件。“变则通，不变则穷”的道理，可以说是“东圣西圣，心同理同”。另外，由于政府职能在新时代的进一步扩大，它无可避免地要进入高等教育的领域中来。不过，大学毕竟是西方“思想自由”和“精神独立”的重要保障，政府即便高调介入，也绝不能将大学操纵于股掌之间。

在这方面，美国的耶鲁大学（图 4－2）堪称典范。布鲁斯特任耶鲁大学校长期间，坚决维护了耶鲁大学的独立传统。20 世纪 60 年代，美越战争期间，美国政府下令：凡是自称以道德或宗教理由反战者，一律不准领取奖学金。哈佛大学和普林斯顿大学都照章办事，唯独耶鲁大学反其道而行之，仍坚守学术独立的一贯作风，继续以申请者的成绩作为考虑奖学金的唯一原则。在布鲁斯特看来，只有在学校拥有全部的自治权利、每个教师及学者皆有研究自由的条件下，整个社会才会有完全的自由和平等；而这也是耶鲁大学的真正完整精神所在。布鲁斯特的独立意识，使得耶鲁大学失去了来自联邦政府的一大笔资金，从而一度陷入经济困境。可是，“塞翁失马，焉知非福”，耶鲁大学的独立精神引发了巨大的社会反响。很多社会名流纷纷声援耶鲁大学，并且捐钱捐物，帮助耶鲁大学克服了资金上的难关。保罗·梅隆将自己私人收藏的大量英国书籍和艺术品无偿捐献出来，还出钱建博物馆用来存放。[1] 可见，政府想要用钱来“威胁”大学，并不是每次都奏效的。尽管理论家们对“大学自治”和“政府干预”存在着不同的观点，但是没有人会完全否认“大学自治”的合理性和必要性。没有了“自治”，大学就失去了最本真的灵魂，只能沦为政治权利的附属品。在这个时代，大学与政府的关系也处于更加微妙的“博弈”之中。

那么，处于新时代的十字路口，现当代大学的生活又是怎样的呢？在《大学的兴起》中，哈斯金斯教授认为，现代大学与中世纪大学在本质上的差异，比我们想象中要小得多。如果从宏观的、整体的角度来看，事情的确是这样。因为学生仍然以学习、求知为主业，而老师仍然以传道、授业、解惑为本职。不过，随着物质的丰富和科技的发展，大学生活的具体变化称得上翻天覆地。

从学习生活来看，大型图书馆的建设是最突出的特点之一。要知道，在中世纪时，书籍是极其昂贵的奢侈品，一般学生只能从书商处租借，如果个人能拥有两位数的藏书，则堪称土豪。甚至很多学校都没有能力建立图书馆，即便是牛津大学的几所“巨富”学院，也只能拥有藏书较少的小型图书馆，而且它们的书通常都不允许外借，甚至用巨锁把它们锁起来，以防被盗。哪怕到了较为晚近的时期，书籍依然是大学的宝贵财富。1701 年建校的耶鲁大学，就是在几十本赠书的基础上建立的。时至今日，局面已经大为改观，很多高校的藏书量都动辄百万计，馆藏量已然成为各大高校“攀比”的重要方面。而且通常而言，图书馆都是学校最庞大、最美丽的建筑，这也体现出知识乃是大学最重要的根基。哈佛大学图书馆藏书量超过 1 500 万册，是世界第五大学术图书馆，仅次于美国国会图书馆、大英图书馆、法国国家

1　非非. 耶鲁的故事［M］. 北京：中国广播电视出版社，2006：53.

图书馆和纽约公共图书馆。哈佛大学总是能在世界大学排名中独占鳌头，恐怕也能从它的图书馆中窥见一斑。丰富的馆藏是现代学术研究的重要条件，所以就某种意义而言，图书馆的规模基本上决定了该大学的学术地位。哈佛之所以能拥有那么多的藏书，离不开雄厚的资金支持。到 2008 年为止，哈佛接受的非营利性组织的捐款已经达到了 384 亿美元，这让其他大学“徒有羡鱼情”。2003 年，哈佛商学院正式发动了一场声势浩大的募捐运动，目标是 5 亿美元。2006 年公布结果时，捐款达到了 6 亿美元，这是世界商学院中募集到的最大金额。其中很多的捐款来自哈佛大学毕业的校友，他们在母校的关爱中成才，自然也愿意为母校做出贡献，让母校走上更加兴盛的发展道路。“落红不是无情物，化作春泥更护花”，哈佛大学在拿到这 6 亿美元后，将 1 亿 1 400 万用在学生的奖学金上，良性循环由此形成。可见，人们所感叹的名校底蕴，除了那看不见摸不着的精神气质之外，也还有实实在在的“真金白银”。因此，高等教育的投入以及以学生为本位的价值观，无论如何都是值得的。它的回报或许并不在眼前，但是未来的收益将会是极其惊人的。关于图书馆，在美国还有一个有趣的惯例：每当总统卸任时，国会都会拨给他一笔钱造图书馆，而他通常会把这个图书馆建在离他家乡最近的大学。美国人对大学图书馆的重视程度引人深思。

除了图书馆外，很多学校还大量建设实验室、研究中心和博物馆。剑桥大学的卡文迪许实验室乃是个中翘楚。虽然卡文迪许实验室建成于 19 世纪末，但是在 20 世纪还在不断扩展，20 世纪 70 年代时又经历了较大规模的整修与扩建。该实验室从 1904 年到 1989 年间，一共诞生了 29 位诺贝尔奖得主。仅一个实验室的诺奖得主就足以比肩整个斯坦福大学，真称得上是举世无双。在鼎盛时期，甚至有人认为，全世界一半的物理学发现都来自卡文迪许实验室。就大学内的研究中心而言，加州大学伯克利分校（图 4 – 3）就有许多重要的研究机构，其中有美国能源开发署的 3 个世界闻名的大型研究中心：劳伦斯伯克利实验研究中心、劳伦斯莫弗尔实验室、阿拉莫斯科学实验室。现在，很多著名大学都拥有自己的博物馆。除了校史馆和地方馆之外，一些大学还有专门的博物馆。笔者曾经参观过格拉斯哥大学的博物馆，它收藏了许多古罗马时代的遗迹，其展品之精良不输于一座专业

图 4－3　加州大学伯克利分校

博物馆。校内博物馆的设立，不但为校园生活提供了一处全新的场所，而且为考古学、历史学、人类学、社会学等众多学科的研究提供了重要的条件。

总的来说，在学习条件方面，现代学生比古代学生有了质的飞跃。但并不意味着现代学生的学习压力不如从前，甚至还有可能是“变本加厉”。网络上曾盛传过几张哈佛大学图书馆凌晨 4 点依然座无虚席的照片，有人后来辟谣，说这只不过是心灵鸡汤式的“成功学”宣传。笔者尚未有幸在哈佛大学读书，这些照片的真伪有待验证。但是，以笔者在萨塞克斯大学的学习经验来推断，笔者相信这不是没有可能的。萨塞克斯大学图书馆，除周六晚上以外都是24小时开放的。笔者曾经好几次通宵学习，都见到馆内学生来往不断。虽不至于座无虚席，但是的确有很多学生通宵达旦地看书、写作，尤其是每学期的最后一个月。当笔者迎着清晨的寒风走出图书馆，看着头顶的海鸥在盘旋鸣叫时，笔者方才理解为何外国大学始终能名列前茅。再看图书馆工作人员的学术水平和专业素养，中西方的差距也不可以道里计。胡适当年甘心做普林斯顿大学葛思德东方图书馆的馆长（普林斯顿有50多个图书馆），或许也能从中体会出一些道理吧。外国学生成为“学霸”，一部分是出于学术兴趣，也有相当一部分是被逼无奈，因为他们的学习压力真的是难以想象的。通常老师会在导论课上给出这个学期的课程大纲，或者在一节课结束后开出下个星期上课要用的材料。首次接触这种教学方式的学生，一定会被惊讶得目瞪口呆。因为老师开出的一周阅读，一般会包括三五本书以及二十篇左右的论文。而一个学生一周大概要上三四门课，哪怕只学一门课都难以应付，更别说三四门课同时“狂轰滥炸”了。有北大本科毕业的同学说，在哈佛一星期的阅读量相当于在北大一年。面对这种“不可能完成的任务”，只能采取“不眠不休”的非常手段。据说一个哈佛大学学生的平均睡眠时间是4—5小时，而且就连吃饭的时候都手不释卷。如果不预习，就无法融入课堂，不能参与讨论，那就拿不到平时成绩。更加残酷的是，国外最好的大学还采取“末位淘汰制”。在这种几近变态的制度下，才逼迫学生不得不发奋努力。“好的制度使坏人变好，坏的制度使好人变坏”，这在大学身上也体现得很明显。中国的学生最辛苦的往往是高中三年，进入大学后反而放松下来，严进宽出的制度也让中国的大学生变得很“水”。相反，外国的学生在大学以前都在疯狂地玩耍，他们学习的都是一些很基本的知识和技能，但是进入大学后，大部分人都在拼命学习，抓住这真正学习新知的黄金四年。宽进严出的制度，才有可能在普遍程度上培养出真正合格的大学生。

正因为国外大学的学习太压抑，所以学生们才想出各种稀奇古怪的方法来减压。每逢期末考试周，加州大学洛杉矶分校的学生，就在周三午夜12点，穿着内衣从山上的宿舍一路狂奔到大学图书馆前面的水池前跳下去。无论冬夏寒暑，以此充分发泄长期埋头书本、准备考试所累积的压力。笔者在圣安德鲁斯大学访友期间，也经历了类似的事件。只不过圣安的学生更加夸张，他们喝完伏特加后直接跳海。这种方式是否得当还有待商榷，也需要看个人的体质。万一考试周期间损伤了身体而影响了考试，岂不是前功尽弃？当然，身为局外之人，也许没有办法体会这种“集体无意识”的校园传统以及他们所承受的压力吧。

从日常生活来看，大学生们的食宿条件有了普遍性的实质提高。中世纪大学生那种食不果腹、衣不蔽体、露宿街头的苦行僧般的形象，已经一去不返了。尽管每所大学的硬件条件有所差异，但是一些“标配”的条件都能够满足。笔者在萨塞克斯大学交流期间，所住的寝室是该校最廉价的八人间的房子。一个宿舍有6个单独的卧室，其中4个是单人间，2个是双人间。每个卧室都有家具、电话、网络端口和暖气。8个人共用2个卫生间，其中一个带有24小时供热水的淋浴浴室。另外，还有公用的餐厅和厨房，厨房配有微波炉、烤面包机、烤箱、4个电磁炉和3个冰箱。可以说生活所需一应俱全，我们甚至还能在英国吃上自制的火锅，真是其乐无穷。萨大校内还有食堂、酒吧、超市和邮局，每周二早上会有农户来学校卖蔬菜、水果、糕点，同时还有二手书交易，师生们的生活非常惬意。在学校的对面就有法尔默火车站，大部分时间火车票都可以随到随买，跟坐公交车一样方便。搭上英国南部的绿皮小火车，只要8分钟就能到达风光旖旎的海滨胜地布莱顿，旅游和购物都非常吸引人。而去往伦敦也只需要1个多小时，在英国短短的5个月时间里，我就去了十几次伦敦。现代交通技术的发达，的确让人们的生活变得精彩纷呈。这样的条件并非萨大独有，绝大部分的西方大学都有过之而无不及。在圣安德鲁斯大学的一些校舍里，一抬头就能“面朝大海，春暖花开”。或许就是在这样浪漫的环境中，才会上演威廉王子和凯特王妃的现代版“灰姑娘”（图4-4）。在美国的圣奥拉夫学院，校内有夜班晚车和安全护送人员，同时还有24小时紧急电话和24小时校园保安巡逻。而伊利诺伊大学的厄巴纳-香槟分校，甚至奢侈地拥有自己的机场。

中国有两句话：一是“仓廪实而知礼节”，二是“饱暖思淫欲”。看似矛盾，实则不然，因为这完全取决于当事人的态度。有些人特别赞赏西方大学的优越条件，有些人却言辞激烈地批评资本主义的腐朽生活，其实也同样

图 4－4　凯特与威廉王子相遇的咖啡馆

没有必要。如果把大学生作为一个整体来看，生活条件在一定程度上的提高还是非常有必要的，这为想要安心学习的学生们提供了良好的环境。从中国大学的发展情况来看，物质条件也在逐步提升。笔者读大学本科一年级时，宿舍里安装的是电扇，很快又安装了空调，一开始还只能插网线上网，后来无线网络已经覆盖到全校范围。这些条件的提高带来了很大的便利。记得陈晓律老师跟我们说，他当年在南京上大学的时候，酷暑之时也只能扇着蒲扇看书，但后来实在撑不住，只能“逃回”四川老家。

第二节　“天下兴亡，匹夫有责”
——风起云涌的学生运动

在中国历史上，学生大抵是一个比较安逸的团体，他们只需要“两耳不闻窗外事，一心只读圣贤书”即可。因为在中国人的观念里，“万般皆下品，唯有读书高”，所以读书人的日子一般还是比较好过的。直到近代，列强瓜分中华，内忧外患之际，知识分子也不能再安坐书斋，家事、国事、天下事开始变得声声入耳。“天下兴亡，匹夫有责”的口号遂成为国人践履的信念。

然而，跟中国学生的命运不同，西方的学生却有着丰富的“斗争经验”。在历史上，他们跟国王斗、跟教皇斗，最频繁的是跟市民斗，在斗争中不断扩大自己的权利，也将这种“斗争”内化为一种独立精神。“自从 19 世纪以来，学生们将自己视为社会中具有特殊作用的团体。”[1] 到了近代，斗争精神依然延续不衰，甚至有愈演愈烈之势，其高潮莫过于让西方人记忆犹新的 20 世纪 60 年代的学生运动。

提起西方战后的文化发展，60 年代的学生运动始终是绕不过去的问题。甚至有西方学者称其为“一场改变了一切的虚假革命”，意即学生运动虽非革命胜似革命。可见，这场轰轰烈烈的运动在西方人心中留下了多么深刻的烙印。时至今日，对于西方 60 年代学生运动的评价，至今也还是学者争论不休的问题。想要理解西方的这场学生运动，就必须弄清楚它的起因、经过和结果。

1　Walter Ruegg. A history of the university in Europe：Volume IV ［M］. Cambridge：Cambridge University Press，2011：276.

“60年代”，在西方是一个有着专门含义的术语。它始于50年代末，以新左派运动的兴起为起点，止于70年代初，以“黄金时代”终结、各种社会运动取得阶段性成果为标志，在西方有“漫长的60年代”之说。[1] 其“漫长”不仅体现在时间轴的意义上，更由于其间发生了太多影响深远的事情，比如新左派运动、黑人民权运动、女权运动、环境保护运动等，学生运动乃是其中的一项。

第二次世界大战后，西方经济经历了快速重建，被称为“黄金时代”。资本主义工业社会出现了向“后工业社会”的过渡。但是物质的丰富，并不能改变精神的焦虑，反而因为两者的脱节式发展，带来了更加严重的问题。“人们一边享受着经济发展的成果，一边感受着无所不在的压抑和束缚。”[2] 这就解释了为什么在经济飞速发展的同时，人们日益对社会感到不满，蠢蠢欲动地想要解脱往日的精神束缚。在西方学术界，有人把20世纪60年代比作近代早期的文艺复兴运动，称60年代为“微型文艺复兴”时期。[3] 不过笔者认为，这两者的微妙关系只能用异曲同工来形容。因为虽然它们都是对现有社会文化的改革，但文艺复兴是强调人通过理性来摆脱封建权威的压迫，而“60年代运动”是让人摆脱纯粹理性的枷锁，也就是黑格尔说的“否定之否定”。从文艺复兴到启蒙运动，再到以法国大革命为代表的历次西方社会革命，都将“理性”奉为基本价值准则，现代资本主义文明在某种意义上可以说就是工具理性主义的文明。可是过于信奉“理性”的结果却不尽如人意，最严重的后果是20世纪上半叶的两次世界大战。虽然之前有卢梭、康德、尼采等先贤对“理性”提出过质疑和批判，但始终是曲高和寡。直到两次世界大战的炮火，才让更多的人在废墟之上重新反思，对资本主义进行文化、社会和精神的批判。因此，“60年代运动”冲击的不是某个政府，不是某种制度，而是整个文明，其重大意义是实现人性的第二次解放。因此，

---

1 许平，朱晓罕. 一场改变了一切的虚假革命——20世纪60年代西方学生运动［M］. 上海：上海人民出版社，2004：3.

2 许平，朱晓罕. 一场改变了一切的虚假革命——20世纪60年代西方学生运动［M］. 上海：上海人民出版社，2004：5.

3 许平，朱晓罕. 一场改变了一切的虚假革命——20世纪60年代西方学生运动［M］. 上海：上海人民出版社，2004：6.

今日到处流行的“后现代”，正是在这种发达资本主义的语境中应运而生的。

在这个任务面前，青年学生作为一种新的社会力量，登上了历史的舞台。被学子们奉为“青年造反之父”的马尔库塞认为，青年知识分子和学生兼有两种特点：一方面，他们受过良好的教育，能够对现代工业社会的异化现象进行认识和批判；另一方面，他们还没有完全被纳入现代工业社会的物质生产过程和社会体系。这两种特点再加上青年学生的叛逆和热情，使得他们成为反对现代资本主义革命的发动者。[1] 风云际会，学生开始走出校园生活，去大胆地改变世界。

但是这些衣食无忧的青年学生，并没有明确的政治和经济目标，因此提不出切实甚至是明确的计划。因此当他们躁动不安地想要推翻现有的社会制度和价值观念时，根本没有想好在“破”之后“立”些什么。当时法国的一部荒诞剧《等待多戈》，或许就反映出这样一种在希望完全破灭后的失落。因此他们这种为反对而反对的做法显得有些迷惘、幼稚，就连他们的精神导师马尔库塞也只是提出“大拒绝”这种简单粗暴的革命理论。欧洲的学生甚至提出“宁可跟着萨特错，也不愿跟着阿隆对”的口号。年轻的学生们有激情，却没有政治经验，他们大多是跟着感性的想法和流行的理论随波逐流。我们虽然不能轻易地否定这种学生运动，但是确实可以将其视为某种形式的集体无意识。“这次学生运动对其斗争的最终目标认识模糊，缺乏一个深刻的社会纲领，这就在某种程度上决定了这场学生运动可以一时震撼资本主义制度，却无法从根本上动摇西方国家资产阶级的统治。”[2]

而且让人意想不到，但又在情理之中的是，他们在反抗的过程中陷入了一种悖论。他们一方面从理想主义出发，强调社会责任，反对战争，要求民族平等和社会平等；但另一方面，他们又提出了很多极端个人主义和享乐主义的口号，比如“永不工作”。这非但在理论上互不相干，反而促使了“后工业社会”或者“消费社会”的到来。他们想要反对的是资本主义文明，

1　许平，朱晓罕. 一场改变了一切的虚假革命——20 世纪 60 年代西方学生运动［M］. 上海：上海人民出版社，2004：25.

2　沈汉，黄凤祝. 反叛的一代——20 世纪 60 年代西方学生运动［M］. 兰州：甘肃人民出版社，2002：4.

但实际上摧毁的是阻碍资本主义进一步发展的障碍。这就是为什么，看似不可阻挡的革命洪流，在一番肆虐之后，复归到资本主义的巨流之中。它那摧枯拉朽的力量让资本主义的河面变得更加宽广。

然而历史一旦发生，便不可更改。这场学生运动终究跟60年代的其他一系列运动一起，对西方社会产生了不可估量的影响。正如蓬皮杜总理在“五月运动”结束时所预言的那样：“一切都不可能再像从前一样了。”当那些年少轻狂的学生们多年之后回首往事，还有人禁不住感慨：“那是一个不可思议的年代，认真又愚蠢，肤浅又破坏。我们在那个年代向这个世界投石头，它所激起的涟漪，现在仍在拍打着我们——无论是为了更好还是为了更坏。”[1] 这让人想起英国小说家狄更斯的名言——这是最好的时代，也是最坏的时代。

美国学生运动

20世纪60年代美国的学生运动，是整个60年代西方的学生运动中发起最早、规模最大的一个。史家通常以1960年黑人大学生餐桌静坐斗争或者1964年加州大学伯克利分校的“自由言论运动”，作为这场运动的序幕。但事实上，在战后美国高等教育大繁荣的50年代，这场运动就已经埋下伏笔。

20世纪50年代，原本自认为凡事都领先世界的美国，在看到苏联人造地球卫星上天的消息后，引起了一阵政治恐慌。一场围绕美国教育理念与模式的大辩论由此展开，人们将杜威的进步主义教育观归咎为美国落后于苏联的原因：“俄国科学家之所以把美国科学家远远地抛在后面，是因为俄国学校教他们的伊凡练习微积分和物理，而美国学校则教他们的约翰尼怎么跳舞，怎么开汽车。”[2] 美国急于改变这种现状，校园面貌由此发生了重大的变化——大型综合性大学开始出现、学科细化、重理工而轻人文、大学官僚机构化。原本令人充满美好想象的大学生活，变得如同一座标准化生产的工厂。一位哥伦比亚大学的学生控诉道：“哥伦比亚是监狱！”50年代的美国

---

1 许平，朱晓罕．一场改变了一切的虚假革命——20世纪60年代西方学生运动［M］．上海：上海人民出版社，2004：12．

2 吕庆广．60年代美国学生运动［M］．南京：江苏人民出版社，2005：71．

校园是艾森豪威尔时代沉闷而压抑的社会的缩影，人们将这一代学生称为“沉默的一代”。甚至，在这种极端保守的教育环境中成长起来的青年学生，都有着如出一辙的典型形象。男生身着深灰色上衣和白色运动鞋，女生则是卷发、毛衣和齐膝短裙，他们除了读书之外，其余的校园活动唯有体育和舞会。男生充分展现阳刚之气，女生则尽力表现出淑女气质。按理说，这是一种得到社会普遍公认的价值标准，但是这些学生缺乏对现实的真实了解。当他们怀揣着跻身上层的梦想踏足社会时，理想被无情地打碎。由于大学的大量扩招和工作要求的提高，很多大学生毕业后的就业出路是政府小职员或普通白领，失去了提升社会地位的希望，即便是哈佛大学、耶鲁大学、普林斯顿大学等高校的毕业生亦复如是。1961 年 5—6 月对大学高年级学生进行的一次盖洛普调查显示出，仅有 0.2% 的人认为没有大问题。这种严重的心理落差，再加上确实存在的奢侈浪费、能源紧张、环境污染、贫富并存和核战争威胁等种种弊端，唤起了热血青年改变现实的雄心。[1]

如果说“沉默”是人们给 50 年代大学生贴上的标签，那么从历史发展的进程来看，这种“沉默”是在给爆发蓄积力量。鲁迅先生说：“不在沉默中爆发，就在沉默中灭亡。”这句话对那个年代的大学生而言恰如其分。60 年代的大学生们，从他们的学长学姐身上取得了重要的经验。他们不再心甘情愿成为政府规训的产物，一朵朵充满理想主义又富有实践精神的带刺玫瑰盛开在美国的各个校园内。

1960 年，年仅 43 岁的民主党候选人肯尼迪赢得大选，并提出“新边疆”的治国方略，打破了万马齐喑的沉闷局面，在美国大地掀起了一股青春风暴。虽然肯尼迪在任不到 3 年，但他是一个敢作敢为、勇于进取的总统。肯尼迪在国内政策方面取得的主要成绩，是在实现种族平等方面有所进展。时至今日，美国的种族问题仍然是美国内政的最大隐忧，尤其是白人与黑人之间的关系，就像一颗不知何时就会引爆的炸弹。而就在肯尼迪与尼克松竞争总统宝座的 1960 年，就发生了一场“黑人餐桌静坐斗争”。

1960 年 2 月 1 日，在北卡罗来纳州格林斯波罗城，4 名北卡州农业工程

---

1 吕庆广. 60 年代美国学生运动［M］. 南京：江苏人民出版社，2005：76.

图 4－5　马丁·路德·金

学院的黑人大学生，到沃尔夫公司的商厦就餐。但这座商厦规定，只允许黑人购物，但不允许黑人就餐，因此服务员拒绝提供服务。4 人当即抗议，并一直静坐抗议，直到餐馆关门。之后他们每天到这里，并逐渐有了一大批支持者。静坐抗议迅速得到南部广大黑人学生的支持。不到一个月，就有 5 万学生参加，抗议地点也扩大到各种公共场所，要求获得同等待遇。1960 年 4 月，来自南方 12 个抗议地区的师生成立了“学生非暴力协调委员会”。该组织与其他一些黑人组织共同组成“联合组织理事会”，切实保护黑人的权益，比如重新展开“自由乘客运动”。1963 年 6 月，肯尼迪向国会提交了民权法案。为了向国会施压，为了在美国取消种族歧视，8 月 28 日，有 25 万名白人和黑人参加了华盛顿大游行。马丁·路德·金（图 4－5）在集会上发表了著名的《我有一个梦想》的演讲。1964 年 7 月，国会通过了肯尼迪提交的民权法案，但令人唏嘘的是，肯尼迪已经在 1963 年 11 月遇刺身亡。继任总统约翰逊提出“伟大社会”计划，在种族问题上延续了之前的政策，提出“肯定性行动”原则，使得黑人权利得到确立和保证。然而民权法案虽然通过了，但民权运动却走向暴力，各种暴力事件层出不穷。

60 年代的民权运动由黑人大学生发起，而且这场运动本身就是 60 年代美国学生运动的组成部分，并对其产生了重要影响。从组织上来看，“学生非暴力协调委员会”的活动，对于美国学生运动的大规模开展起了重要的准备作用。[1] 而把反对种族隔离和种族歧视视为抗议主题，也跟美国学生运动反对僵化制度、追求自由平等的理想主义激情相符。“参与黑人的斗争，推动社会改革，不仅使学生运动的号召力和影响力都急剧扩大，而且黑人的维权运动给学生运动注入了更直接的社会意义和更深远的历史含义。”[2]

1964 年，一场真正全国范围的学生运动，由加州伯克利分校的“自由言论运动”拉开帷幕。加州大学一直是一所保守主义与激进主义并存的高校，校方禁止使用学校的设施进行与学校无关的政治宣传，但是各种学生组织却一直在试图进行社会宣传。自从 1961 年以来，学生们就利用学校大门口的一块空地进行宣传和募捐活动。对于这块灰色地带，学校睁一只眼闭一只眼，久而久之这里成了学生组织的重要活动场所。但是，1964 年 9 月 16 日，所有学生组织的主席和顾问都接到了学生辅导主任的签名信，要求限期从这里撤走桌椅，并不再允许进行与学校无关的宣传。第二天，由十几个学生组织组成联合阵线，抗议这种无理的限制，但是双方谈判破裂。由此，一场长达数月之久的“自由言论”运动展开了。在这场斗争中，学生们主要采取设置警戒哨、举行示威游行、守夜等斗争方式。9 月 25 日，加州大学校方对此采取了软硬兼施的手段，加利福尼亚大学校长克拉克·克尔对学生示威进行谴责；9 月 28 日，伯克利分校校长爱德华·斯通向学生做出了重大让步，同意学生在校园内十处地点就建议、推选候选人的提议进行表决和散发印刷品。学生们一方面在那些地点放置桌子，一方面又表示“我们现在不会止步，直到我们使整个校园都成为自由言论的阵地”[3]。对此，爱德华·斯

1 沈汉，黄凤祝．反叛的一代——20 世纪 60 年代西方学生运动［M］．兰州：甘肃人民出版社，2002：55．

2 许平，朱晓罕．一场改变了一切的虚假革命——20 世纪 60 年代西方学生运动［M］．上海：上海人民出版社，2004：80．

3 沈汉，黄凤祝．反叛的一代——20 世纪 60 年代西方学生运动［M］．兰州：甘肃人民出版社，2002：69．

通必然不会买账。他认为学生和学生组织享受到了大学历史上最充分的特权，但是当违规行为发生时，学校必须采取惩戒，所以他决定无限期地开除发起运动的5名学生和3名示威领袖。学生们在斯普劳尔大楼前静坐示威，一直持续到10月1日凌晨2点40分才解散。当天中午，警方介入此事，警长将一名正在募捐的原大学学生以非法进入校园罪予以逮捕。学生们群情激愤，他们高喊要求释放的口号，约有100名学生躺倒在警车前，还有80多名学生站在警车后。这种双方互不相让的对峙局面，竟然持续到了第二天晚上7点30分，直到警车撤走，聚集的学生才散去。长达30个小时的顽强斗争，让加州大学伯克利分校的学生赢得了广泛的社会支持。加州大学的教授团体也表示支持学生的运动，并给校方递交请愿书，敦促校方恢复被停学学生的学籍。类似的情景在其后的3个月中持续上演，好在矛盾的激化并未引发流血的冲突，伯克利分校的学生一直遵循着《休伦港宣言》[1] 的原则。直到1965年1月2日，接替爱德华·斯通的代理副校长马丁·迈耶森对学生组织的要求做出了重大让步，这场持久战以学生基本取得胜利而告终。[2]“自由言论运动”成为新左派学生校园批判运动的开端，它上承争取民族平等的民权运动，下启拒绝参军入伍的反战运动。这三场运动共同组成了学生运动的主要内容。

美国学生自发组织的“反越战”的抗议活动（图4－6），最早出现在1963年的耶鲁大学。1965年，随着美军在越战的泥淖中越陷越深，真正有组织的大规模“反越战”行动开始了。1965年4月17日，“学生争取民主社会”（简称SDS）组织了第一次“反越战”运动。来自全美100多所大学的25 000人，聚集在华盛顿纪念碑前。代表们纷纷发表演讲，表示了对死去的美国士兵和越南人民的哀悼与同情。10月中旬，一场更大规模的反战示威在SDS的组织下进行，全国有90个城市同时举行，仅首都华盛顿就超过10

1　1962年6月15日，“学生争取民主社会”（SDS）在休伦港讨论并通过了主席汤姆·海登起草的纲领，史称《休伦港宣言》。《休伦港宣言》批判了美国的社会现实，并提出活动策略——让学生、教师和知识分子加入新左派，以大学为阵地，推动社会改革。《休伦港宣言》成为60年代美国学生运动中影响最大的文件。

2　沈汉，黄凤祝. 反叛的一代——20世纪60年代西方学生运动［M］. 兰州：甘肃人民出版社，2002：63－88.

图 4－6　美国“反越战”运动

万人参加。22 岁的青年大卫·米勒在游行中公开烧毁征兵卡，成为对抗美国征兵法的第一人。1966 年，越战形式愈发不利，为了补充兵源，国家被迫征召青年学生入伍。学生们本来就极力反对越战，更别提被征兵前往，一时间“反征兵”运动风起云涌。名校哈佛大学的学生当仁不让，当哈佛大学把毕业班级的学生名单提交给地方征兵委员会时，有 72% 的学生团体投票反对。当鼓吹战争政策的副总统和国防部长来哈佛大学访问时，迎接他们的是臭鸡蛋和包围中的质疑。10 月，1 000 名哈佛大学学生向五角大楼进军，对美国的侵越行为表示抗议。[1] 其他反抗征兵的还有来自康奈尔大学、威斯康星大学、芝加哥大学、哥伦比亚大学、斯坦福大学的学生。“反征兵”运动成为学生们反对战争的手段，甚至在逃避兵役的学生中，还包括后来成为美国总

1　沈汉，黄凤祝. 反叛的一代——20 世纪 60 年代西方学生运动［M］. 兰州：甘肃人民出版社，2002：117－118.

统的克林顿。

1968 年，在哥伦比亚大学的反抗运动中，学生运动到达最高潮。哥伦比亚大学开展学生运动，有两个主要原因：一是学校参加国防项目的研究，二是学校购买黑人区土地建筑体育馆。卡尔·奥格尔斯认为这场学生运动的重要性堪比百年前的“干草市事件”[1]。这场运动比之伯克利分校的“言论自由运动”，虽然时间短暂，但是程度要激烈得多。学生领袖遭到迫害，众多学生被开除，并且未能取得理想的结果。不过这场运动让各地的青年极端分子受到鼓舞，各种激进运动开始合流。到 1968 年夏，全美爆发了 2 000 多起学生抗议事件，涉及全国 2/3 的大学。

然而，凡事盛极而衰，学生运动也不例外。过于激烈、长久的学生运动影响了社会秩序，危害到学术自由。1969 年春的民意调查显示，有 82% 的民众认为应该制止学生的示威活动，80% 的教师主张开除示威学生。除去外部条件的改变，学生组织内部的因素也很重要。SDS 内部思想分化，难以团结，而地方上的 SDS 支部又各自为政，使得学生运动的力量大为削弱。1970 年 5 月，为抗议美国出兵柬埔寨，有 150 万学生参加罢课抗议。这成了学生运动的最后一次高潮。之后，大规模的学生运动消弭于无形。总的来说，美国的学生运动站在社会变革的前沿，对美国社会产生了意义深远的影响。

提起美国的学生运动，就不得不提它的重要文化载体——嬉皮士运动（hippie）。嬉皮士运动指的是蔑视传统文化的年轻人，以背叛主流文化的生活方式所进行的反叛运动。嬉皮士男女们一改往日妆容，他们穿牛仔裤、说脏话、爱摇滚、吸毒品、性解放等，总之越是不见容于传统价值观，他们就越趋之若鹜。嬉皮士们所信笃的箴言是，“做自己的事”（Do your own things）。[2] 有一些年轻人自发地建立了所谓的“公社”，过着简单的生活，取水成饮，取木烧饭，吃着马铃薯，他们号召人们“回到史前”和“寻找友谊”。嬉皮士文化中最为风靡的当属摇滚乐。摇滚乐起源于美国黑人，50

1　1886 年 5 月 1 日，以芝加哥为中心，美国举行了约 35 万人的大规模罢工和示威游行，要求改善劳动条件，实行八小时工作制。

2　许平，朱晓罕．一场改变了一切的虚假革命——20 世纪 60 年代西方学生运动［M］．上海：上海人民出版社，2004：42．

图4－7　1970年12月21日尼克松总统会见“猫王”

年代中期时已经蔚然成风，有“摇滚乐之王”称号的“猫王”（图4－7）就出现在那个年代，至今仍然拥有大批歌迷。摇滚乐成为60年代学生运动的一曲青春赞歌，它与学生运动水乳交融，并大大地推广了学生运动。摇滚乐在美国兴起后，很快传播到欧洲。英国出现了著名的“披头士乐队”，他们的风格不如美国那么激烈，但因其亲切愉快而更为脍炙人口。嬉皮士的另一特征就是号召性解放。在1968年10月的华盛顿10万人反战大游行中，甚至有青年男女在军警面前露天做爱[1]。年轻人本来就血气方刚，更得益于避孕丸的推广，使得他们能够肆无顾虑地享受开放的性生活。在美国纽约甚至还成立了“性自由联盟”，每周举行一次狂欢聚会。

对这种嬉皮士风格的反叛行动，我们必须持审慎的态度。虽然它也创造出一些优秀的文化，并推动了西方社会的改革，但是年轻人以毁灭身体为代

1　许平，朱晓罕．一场改变了一切的虚假革命——20世纪60年代西方学生运动［M］．上海：上海人民出版社，2004：101．

价的吸毒、乱交等行为，无论在什么样的名义下都无异于饮鸩止渴。他们这种以一时享乐为目的的做法，更像是把资本主义文化中的极端个人主义推向深渊。

法国的学生运动

60年代的学生运动，自美国兴起后，很快扩散到整个西方社会，西德、英国都掀起了较大规模的学生运动，但是向来以激进革命著称于世的法国，却显得出奇的平静。在1968年的“五月风暴”之前，法国的大学生也有过一些小打小闹式的性解放斗争，其中以巴黎大学的南泰尔学院最为积极，开展了“三月廿二日运动”。不过，这些学生运动基本上还局限在校园范围内，并主要以改革大学制度和争取自由为目标，兼顾一些社会改革和反殖民运动。

但事实证明，在热血的法兰西土地上成长起来的青年也必然是热血的，他们不会屈居人后。之前的平静更像是暴风雨来临前的蓄力，各国的学生运动也为法国提供了不少可资借鉴的经验。“不鸣则已，一鸣惊人”，当“五月风暴”席卷而来之时，全世界的目光又会再次聚焦到法国。“五月风暴”（图4－8）一如其名，倏忽而来倏忽而去，它更像是一场奇妙而热烈的化装舞会，每个法国人都在其中扮演了不同的角色，而学生则第一次成为法国“革命”中的主力军，但舞台正中央的聚光灯下，却是20世纪法国的传奇人物——戴高乐。这场运动虽然并不是直接因他而起，但是在一心反叛社会又没有具体目标的学生面前，戴高乐无可避免地成了众矢之的——因为总统无疑是现存制度的最重要代言人，各种希望戴高乐下台的标语层出不穷。然而，传奇毕竟是传奇，经验丰富的戴高乐再次上演了30多年前“挽狂澜于既倒，扶大厦于将倾”的好戏。大概正是因为这个原因，才让后人津津乐道。也正是因为法国在骚乱过后快速回归正常秩序，才使得人们对它有着更多理想化的美好记忆。如果法国的“五月风暴”如中国的“文化大革命”般持续10年，恐怕留下更多的是血与泪的教训。

故事要从1968年5月2日的夜晚说起。又是在最不安分的巴黎大学南

图 4－8　1968 年法国“五月风暴”招贴画“长期斗争的开始”

泰尔学院，“3・22 运动”[1] 的 300 名学生占领了一个教室，赶走了正准备上课的著名历史学家勒内・雷蒙，播放一部反映格瓦拉生活的电影。第二天，学校就此事召唤带头者回巴黎大学索邦本部，进行调查和问责。500 多名愤怒的左翼学生聚集在索邦，发表反对演说，而右翼学生也闻讯起来，并扬言要“清扫场所”。一场学生之间的械斗已如箭在弦，校长致电教育部长请示处理办法。随后校长接受部长的意见，要求学生们当即解散，并打扫庭院。学生自然不肯轻易就犯，有的人甚至拆了桌椅，用木棍武装自己。气氛已经非常紧张。迫于压力的校长不得已签署了许可书，允许警察进入校园。这可是巴黎大学亘古未有之事，学生和警察们不可避免地发生冲突。1 500 名全副武装的警察不但殴打学生，还在学生们同意离开校园的情况下诱捕他们，所抓人数之多甚至警车都塞不下。这种行为自然引起了公愤，学生和老师联合起来，校园和社会也联合起来，向来标榜“自由、平等、博爱”的骄傲的法国人哪里能咽下这口恶气。5 月 3 日晚，在布里瓦－圣迈克尔，一场激烈的“巷战”展开。当警察用催泪瓦斯、警棍袭击时，人们就用铺路的石块回

1　1968 年 3 月 22 日，巴黎大学南泰尔学院的学生在科恩－邦迪的带领下占领学校大楼，并建议成立组织，以进一步开展反越战、争自由的斗争。该组织效仿古巴卡斯特罗的“7・26 组织”，以日期命名，故称“3・22 运动”。

应，用街边的信号灯阻挡。这一天，有数百人受伤，596 人被拘留，甚至还殃及无辜的路人。教育部决定无限期地关闭索邦大学。

越是镇压，反抗越是激烈，学生运动和工会运动迅速开展。此后的日子，斗争和镇压从未间断，并且持续升级。5 月 9 日，著名思想家萨特发表宣言，支持学生运动。到了 5 月 10 日，标志着革命的红旗和无政府主义的黑旗飘扬在巴黎的大街小巷。是日晚，人们在街道上构筑起街垒，高喊着占领拉丁区的口号，青年学生跟警察展开无畏的战斗，巴黎俨然重回 1789 年。这个夜晚，史称第一个"街垒之夜"。在现代武器面前，街垒的作用几乎可以忽略不计，但是街垒有着重要的象征意义——法国大革命。当法国的街垒出现时，无疑是一个强烈的信号，1789 年精神从未褪色，人民的力量会让当政者颤抖。学生们的斗争并不是孤立无援的，反感军警的拉丁区居民为他们提供食物和饮水。在"革命"的气氛中，人们被工具理性主义文明压抑着的激情得到了完全的释放，人情的冷漠在这一刻被彼此的关爱所取代。或认识或不认识的人都能在反抗压迫面前团结起来，这不就是法国人渴求的自由、平等与博爱吗？当晚的战斗，万幸没有人死亡，但是也造成了 367 人重伤（其中包括 251 名警察），720 人轻伤，468 人被逮捕，188 辆小轿车被损毁。[1] 与萨特齐名的另一位著名思想家雷蒙·阿隆，发表了"反潮流"的言论，提醒人们要警惕极端手段的危害性，指出学生参加管理学校要有限度。萨特发表了一篇名为《雷蒙·阿隆的巴士底狱》的文章，予以反击。就在这个时候，热血上涌的青年学生喊出了"宁愿跟着萨特错，也不愿跟着阿隆对"的口号。[2]

"街垒之夜"虽然被极力镇压下来，但是巴黎的局势显然不容乐观。不过政府却不这么认为，他们以为只不过是寻常的学生游行罢了。5 月 11 日，蓬皮杜总理从伊朗和阿富汗访问回国，发表了一番恩威并施的讲话，要求尽快结束学潮。然而，这回政府估计错了。5 月 13 日，就在戴高乐掌权十周年

---

1 沈汉，黄凤祝. 反叛的一代——20 世纪 60 年代西方学生运动［M］. 兰州：甘肃人民出版社，2002：295.

2 许平，朱晓罕. 一场改变了一切的虚假革命——20 世纪 60 年代西方学生运动［M］. 上海：上海人民出版社，2004：192 – 193.

的纪念日，爆发了第二次世界大战以来巴黎最大的一次群众性游行。这一次参加游行的除了学生，还有工人。游行队伍举着“学生、教师、工人团结起来!”的横幅，学生们高喊：“戴高乐，杀人犯!”工人们立刻回应：“十年了，足够了!”[1]总工会组织了80万人的盛大示威游行。14日起，工人开始自发地罢工。几天后，各种公共部门都停止了活动，国家陷入了瘫痪，卷入运动的人数达到1 000万。[2] 一场本来没有政治目标的学生运动，到这时候已经演变成一场规模空前的社会运动。不过当天游行过后，工人继续上班。戴高乐自以为局势得到了控制，便登机访问罗马尼亚。没料到，接下来的两天，巴黎依旧沉浸在“革命”的狂欢当中，戴高乐被迫提前回国。但是，戴高乐通过部长们向全国传达的“改革，可以；乱来，不行!”的观点，反而招惹了更多的反叛之声。5月24日，戴高乐不得不公开露面，并发表电视讲话，希望安抚学生，平息风暴。在过去的政治生涯中，戴高乐往往通过广播和电视讲话化险为夷、屡试不爽的经验让他充满信心。但这一次，运筹帷幄的将军却未能决胜千里。当晚，学生们走上街头，抗议当局准备驱逐科恩-邦迪的决定，第二个“街垒之夜”出现，而且“五月风暴”中第一次出了人命。

此时的法国政府真是到了无计可施的地步，各派政治人物已经摩拳擦掌，准备夺取政权。5月29日，就在这危急存亡之秋，戴高乐失踪了！原本传闻，戴高乐想回家乡科隆贝的官邸休息一天，但是下午两点，惊人的消息传来：戴高乐根本不在科隆贝，他失踪了！支持戴高乐者，以为他临阵脱逃，晚节不保；反对戴高乐者，幸灾乐祸，以为自己稳操胜券。戴高乐究竟去哪儿了？坊间对此有多种传闻，但并无确证。无论如何，第二天，戴高乐在巴黎上演了一出“王者归来”的好戏，其精彩程度绝不亚于好莱坞大片。5月30日中午，戴高乐回到爱丽舍宫，表示人民授予他总统之职，他必须履行他的职责。下午4时30分，戴高乐通过电台发表讲话。他大力渲染共产党的威胁，表明要维护共和国的决心。这段讲话虽然只有简短的4分30秒，

1　许平，朱晓罕. 一场改变了一切的虚假革命——20世纪60年代西方学生运动［M］. 上海：上海人民出版社，2004：175.

2　沈坚. 当代法国［M］. 贵阳：贵州人民出版社，2000：194.

图 4－9　戴高乐纪念碑

但是比之前的长篇大论有效得多。协和广场上聚集起 100 万群众，“戴高乐万岁”“法兰西万岁”的口号再次飘扬在巴黎上空。“五月风暴”自此渐渐平息下来。在 6 月的大选中，戴高乐派获得 40% 的选票，遥遥领先。再次出人意料的是，戴高乐没有顺水推舟地重登总统大位，而是将自己的政治命运交付全民公决。这虽然是他政治上的一步险棋，却也是他人生中的一步好棋。1969 年 4 月 27 日的全民公决，不足半数的人投了赞成票。戴高乐果断发表公告，停止总统之职。1970 年 11 月 9 日，戴高乐在家乡与世长辞，墓碑（图 4－9）上只刻着“夏尔·戴高乐 1890—1970”。

回过头来看，为什么看似难以遏止的“革命”，会突然间因为一场讲话变得不堪一击？这当然离不开戴高乐的人格魅力和政治手腕，但是还有更多的原因。从群众的角度看，这场由学生发起的运动，因为人们对学生身份的同情和对现实压抑的不满，而获得了广大的群众基础。然而，随着运动中的暴力成分不断加剧，人们开始担心自己的利益受损，更多的人在满足了革命情怀之后，渴望秩序的恢复。而且“五月风暴”因为政党的加入，俨然变成了一场争夺政权的斗争。共产党势力的不断壮大，让人们害怕共产主义新秩序的出现。从学生的角度看，他们并没有明确的政治目标，更不想推翻政府。而且学生们对自己的运动队伍之中出现共产党的身影，也有所顾忌。戴高乐演讲的胜利，与其说是人们对政府的信任，还不如说是对共产主义的恐惧。老谋深算的戴高乐就是看准了这种心理。从这一点也可以充分看出，学生运动的性质根本就是资产阶级内部的一次社会、文化洗礼。虽然凭借着青春的活力，波及更广的范围，推动了更深层的社会改革，但毕竟不可能跳出资本主义的窠臼。无论怎样，60 年代的学生们以其别样的姿态，在历史舞台上留下了浓墨重彩的一笔。

第三节　通往未来
——“后现代”大学生活的展望

近年来，“后现代”一词颇为流行，从最初的神学、社会学，扩展到哲学、艺术、文学、史学等。一时间，其强劲的裹挟之势似要覆盖人文社科的各个领域。任何传统概念都在经受着“后现代”解构的考验，甚至外国教授们早在20世纪90年代就提出了“后现代大学”的概念，并展开了广泛的讨论。

事实上，“后现代”究竟是个什么东西，也没有统一的论调。而“后现代”的意义正在于对传统的稳定性、结构性的突破，认为万事万物都有不确定的解释途径，正是“后现代”的题中之意。因此，所谓“后现代大学”，指的是在高等教育快速发展的背景下，教育形态变得五花八门、教学身份发生重大转换，甚至连大学的意义都经受着考验。在安东尼·史密斯和弗兰克·韦伯斯特主编的《后现代大学来临?》一书中，专家们针对大学从精英主义、寄宿制、封闭的英国模式，向更加开放，与社会关系更加密切的美国、欧陆模式转变的历程，讨论其是否足以贴上“后现代”的标签。[1]

然而，这里提到的英国模式向美国、欧陆模式的转变，似乎对英国显得不公。因为英国是世界上第一个建立开放大学的国家。早在1971年，在英国皇家特许令批准之下，英国建立起了开放大学（The Open University）。在定势思维中，英国一直是个恪守传统、极端保守的国家。实则不然，英国在

1　安东尼·史密斯，弗兰克·韦伯斯特. 后现代大学来临?［M］. 侯定凯，赵叶珠，译. 北京：北京大学出版社，2014.

不少方面都走在世界前列，开放大学就是典型的例证。

开放大学的最大特征就是条件的限制性少，凡年满 18 周岁的英国人都可以申请入学，学生年龄跨度 18—70 岁不等。而且由于很多学生都有全日制工作，他们可以自付学费，学校可以更从容地将资金分配给经济困难和身体残疾的学生。另外，学生不需参加入学考试，只按报名先后顺序录取，恍如回到了千年前的中世纪。而且更令人意想不到的是，学生们不需要到学校的课堂上来，大多数课程都是通过广播和电视完成教学，甚至有的专业会把学习资料和实验仪器等直接寄到学生家里。由此，开放大学不但一举突破了年龄、性别、职业的限制，而且也突破了时间和空间的局限。这无疑是对传统大学的伟大革新，大学生活的局面也将焕然一新，校园的围墙不再是社会与大学之间的阻隔。每个人都可以根据自身需要，及时回到大学充电，这不仅为英国提供了大量的人才，而且向高等教育大众化和终身化迈出了重要的一步。1974 年以来，每年约有 5 000 人从开放大学毕业。时至今日，开放大学已经培养了全英 9% 的大学毕业生。从办学效果来看，其成功之处是显著的。而且开放大学不仅满足于英国本土，而且将这种办校方式向欧洲乃至世界推广，并在此基础上跟其他远程教育学校达成学分转换、学位转换的协议，而受益最早的当属由所有英联邦国家共创的“学习联邦”（或英联邦学习共同体，COL）。2000 年以来，英国开放大学先后提出了《英国开放大学的优先发展战略》报告和《英国开放大学的未来场景预测》报告，对其使命、核心价值、所处环境、战略方向和意图、优先发展和聚焦领域进行了清晰的勾画。[1] 显然，英国已经在开放大学的开办过程中尝到了甜头，并试图更深入地挖掘其潜力。

2002 年，联合国教科文组织在巴黎举行“开放课件对发展中国家高等教育的影响 2002 论坛”，提出了“开放教育资源”的概念，其目的是促进免费教育资源的开发和利用。2012 年，联合国教科文组织与英联邦学习共同体，又在巴黎召开了“开放教育资源创办十周年纪念研讨会”。[2] 从这些会

1　孙福万. 英国开放大学的未来发展战略及其启示［J］. 现代远距离教育，2010（6）：7 – 12.

2　阿莎 · 辛格 · 坎瓦尔. 开放教育资源对开放大学的意义［J］. 北京广播电视大学学报，2012（6）：20 – 23.

图 4－10　美国国家应急培训中心网络教学

议中，我们一方面可以看到“开放教育资源”乃是“开放大学”的变种，另一方面，我们也能基本认定这种教育方式正在渐入佳境。

事实上，英国开放大学的推广，早在与联合国教科文组织合作之前，就已经在美国有所实践，只是结果并不尽如人意。在 20 世纪 90 年代末期，英国就准备在美国建立一所与英国开放大学紧密联系的美国开放大学。1998 年，美国开放大学在科罗拉多州成立。但是仅仅 4 年的时间，美国开放大学就因为招生困难，难以维持运营，而被迫宣布倒闭。[1] 正当人们对其失败的原因众说纷纭之时，美国的网络公开课却取得了巨大的成功。2001 年，美国麻省理工学院率先开放了 900 门免费的开放式网络课程资源（图 4－10）。这里大师云集，却又平易近人，无论是高管白领还是贩夫走卒，都能够通过网络共享学术的盛宴。这之后，美国的几十所大学都相继推出了免费的网络课程，其中包括了哈佛大学、耶鲁大学等众多名校。这些课程受到了极大的欢迎，甚至在摩肩接踵的纽约地铁上，都能看到行色匆匆的人们戴着耳机，举

1　刘永权．为什么美国开放大学会失败［M］．现代远距离教育，2011（2）：8－12．

着手机收看视频。哈佛的“幸福课”、耶鲁的“哲学·死亡”等更是有着惊人的点击率，人们不得不感慨原来学术的魅力也能红遍全球。据说耶鲁大学讲“哲学·死亡”这门课的卡根（Shelly Kagan）老师，上课时总是穿着牛仔裤和帆布鞋，盘腿而坐，让人倍感亲切，兴奋时手舞足蹈，毫无拘谨之感。[1] 可能美国人就是喜欢这种无拘无束的自由、平等的感觉，既然要教育大众化，那么不用注册、没有文凭岂不是更加彻底？也有可能是美国人不喜欢让英国人横插一脚，不喜欢那些带有强烈欧洲色彩的课程，而更加喜欢本土化的东西。总之，开放式教育在美国的成败折射出一点，那就是不同的国家有不同的国情，在英国能风生水起的事业，在美国未必能一帆风顺。

讨论到这里，我们已经可以看到，“开放性”显然是“后现代大学”（姑且称之）最重要的特征。这里的“开放”至少有两层含义。第一，是教育对象的开放，换言之是对传统大学精英教育理念的彻底颠覆。第二，是教育环境的开放，也就是突破了校园的限制，让高等教育更加社会化，营造出一种“无处是校园，处处是校园”的局面。对于这两种“开放”的态度，成为理解现代乃至于后现代教育的关键。

对于前者，笔者认为无可厚非。因为教育的平等、开放，在根本上是与人类近代以来追求自由、平等的理念相吻合的。无数的前辈哲人都曾指出，人类的不平等很大程度上要归因于教育的不平等。创建大学的意义，从最初培养基督教的牧师，到培养国家的思想精英，再到培养社会的高素质公民，这种理论上的线性逻辑是有其合理性的。而且从实践层面看，各个西方国家的高等教育都在第二次世界大战后走上了扩大化、平民化的道路。比如英国开放大学的建立，基本上可以看作“罗宾斯报告”的延续。现在，大学已经不再是社会地位的标志，而几乎成为每个人的人生必经阶段。因此，教育对象的开放并不是突如其来的。

至于后者，可商榷之处就显得比较多了。在传统上，大学是有志于学习的人们坐而论道的场所。它有实体性的空间，简言之，有教室，有校园。如今，随着科技的发展，开放式教育主要采用远程教育的方式。“虚拟大学”

1　韩阿伟．耶鲁大学公开课的特点与启示［J］．教育研究，2012（6）：12－13．

的出现，让教室变得多余，教授和学生们不必共聚，也能够传道、授业、解惑。这种“去场所式”的开放性，就成了矛盾的焦点。从技术手段的层面看，远程教育当然也能够传播知识。但是仍然有很多人表示质疑，因为“去场所式”去掉的并不只是一个教室、一个校园，更是一种无以名之的环境。

首先，老师并不只是教授知识的工具。如果把老师视为一种工具，那么或许他在某一方面的专业性上能够超越互联网，但是在知识领域的全面性上肯定远远不及。因此，随着信息高速公路的发展，教师对知识的垄断不复存在，学术权威的最后一道屏障就是一纸文凭的授予权。但老师更重要的意义在于他的言传身教，这种气质、理念的传承，是不太可能通过网络习得的。不要简单地认为技术可以取代老师“活生生”的教学。远程教育的结果，很可能造成师生间对话的销声匿迹。

其次，在学校学习很重要的一点是能跟同学们相处。大多数经历过大学教育的人甚至是教育专家，都认为学生们从彼此之间所学得的比从老师那里获得的更多。而且寄宿制学校所提供的不仅是一种“谈笑有鸿儒，往来无白丁”的学习环境，更是一种学会人际交往的社会环境。这恐怕不是 MSN 或者 QQ 能够完全取代的，从那些患上“网络孤独症”的人身上就可以得到反证。“我希望大学是聪明、有活力和不同年龄的学生随时可以接受教育的地方，一个能与他人一起在口头表达、写作、表演、游戏、想象力和身心各方面都得到共同发展的地方。”[1]

最后，大学提供的校园环境，甚至是大学所在城市提供的城市环境，都对学生未来的发展有着极为深远的影响。多元化的校园景观本身就是西方文化的亮丽风景线，它同时也构建起了每个大学不同的个性特点。2014 年 10 月 1 日，在《泰晤士高等教育》发布的 2014/2015 世界大学排行榜中，英国的圣安德鲁斯大学和萨塞克斯大学同列全英第 14 名。然而，这两所大学虽然排名相同，但是校园环境却截然不同。圣安德鲁斯大学是苏格兰的第一所大学，拥有着中世纪的怀旧氛围；而英格兰南部的萨塞克斯大学是一所新兴

---

1 安东尼·史密斯，弗兰克·韦伯斯特. 后现代大学来临？[M]. 侯定凯，赵叶珠，译. 北京：北京大学出版社，2014：55.

的大学，与其所在的城市布莱顿一样，洋溢着青春的气息。试想原本生动美丽的校园被一台台冰凉的电脑所取代，岂不是显得太索然无味？“威廉·莫里斯曾经说过，一个人能够从牛津大学获得的良好教育，也可以在任何其他地方获得（莫里斯本人在牛津大学几乎没有从老师那儿学到什么东西）。在英格兰，没有地方可以像牛津城那样给人以良好的教育机会。莫里斯比较了纯粹的牛津学术生活和通过居住于此、探访无数美丽建筑（当然包括城中大学）而获得的教育——更别提在城市周围的乡村的生活经历了。”[1] 此言确然不假，当笔者第一次站在牛津的街头，笔者的内心是无比激动的。这是怎样的一座大学，怎样的一座城市啊！以前只是在历史书上翻阅过牛津城的风雨沧桑，只是在人们的交谈中听说过牛津大学的鼎鼎大名，如今能踏上这片令人心驰神往的土地，怎不让人感慨万千，更别提那些能在这里求学、生活之人。人们总是调侃说“母校就是你一天骂八遍，却不许别人骂一句的地方”，对牛津的又爱又恨岂止是牛津人的专利（或许剑桥人也可以）？在剑桥大学国王学院的大礼拜堂前，有一大片绿意如茵的草地，据说只有国王学院的毕业年级学生和教授才能踩着草地经过，其他任何人都是“KEEP OUT”。如果没有了校园，没有了草地，剑桥人这份骨子里的骄傲又将从何处培养呢？

不过话又说回来，我们在此讨论的只是一种思辨的逻辑，而不是事实的逻辑。在可预见的未来，“实体大学”与“虚拟大学”的发展是并行不悖的。如同当年电子书兴起的时候，人们还在担心纸质书的命运。但至少现在看来，纸质书还有长久的生命力。没有任何一个国家或一所大学会彻底抛弃纸质书图书馆，而且更大量的纸质书籍还在出版。两者都有各自的优缺点，“实体大学”与“虚拟大学”也可以根据实际需要来选择。虽然英国的开放大学开办得如火如荼，但是对牛津大学、剑桥大学（图 4 – 11）这样的学术圣地充满渴望的年轻人仍然络绎不绝。而且英国的开放大学也并没有完全依靠网络教育，它照顾到学生们对人际交往的需求，会定期开办暑期学校。美

1　安东尼·史密斯，弗兰克·韦伯斯特. 后现代大学来临？[M]. 侯定凯，赵叶珠，译. 北京：北京大学出版社，2014：56.

图 4－11　剑桥大学国王学院

国的大学公开课风靡全球，而哈佛大学、斯坦福大学、普林斯顿大学这样的名校也还在世界各地招生。

从某种程度上说，网络教育的兴起虽然对传统大学造成了一定的冲击，但也是一种有益的补充。它在传统大学从精英教育向大众教育转型的过程中，提供了一种有效的形式，但是否在遥远的将来能取而代之，恐怕还是未知数。大学既是新文化的生发之所，又是旧文化的保存之地，所以它既要踩油门也要踩刹车。大学未来的发展还是会在大学内部解决。

至于更深层次的，即西方教育专家所探讨的所谓“后现代大学”的标签问题，在笔者看来，乃是对 100 多年前“牛津运动”的一次较为类似的重演。只不过纽曼及其对手们争论的是大学与宗教的问题，而现代教育家争论的则是大学与社会的问题。换句话说，大学校园的有无只不过是一种表象，更实质的是大学理念的分野。其中最主要的是大学功利性的问题，主要表现在大学与社会的关系问题上。

在公众心目中，大学长期以来就是一个“不食人间烟火”的地方，因此将它称之为“象牙塔”。人们通常认为大学思想自由、学术独立，不受外界的干扰和限制。从某种意义上说，大学的确是一处宁静的“世外桃源”，但是如果断然将大学与社会割裂开来，则既不现实亦不可能。从大学的发展过程来看，大学一开始就跟宗教有着密切的联系，而大学的真正建立就是在同市民的流血冲突中取得的权利。之后，大学的思想路径逐渐摆脱神学的桎梏，在“世俗化”地追求真理的过程中，又推动了民族国家的建立和科学精神的兴起。在杰里米·边沁等人的功利主义思想和广泛推广高等教育理论的影响下，英国建立起了第一所完全漠视一切性别、宗教信仰和政治主张差异的大学——被称作“高尔街上的无神论学院”的伦敦大学学院。再后来，女生、黑人能接受高等教育，莫不是与社会上的女权运动和民权运动相呼应。因此，从大学的内在发展来看，它跟社会是紧密联系着的。如果从外部来看，大学受到社会的限制和规训更加不胜枚举，只要看看拿破仑时期法国大学翻天覆地的变化就可窥见一斑。所以，无论从哪方面看，认为大学能够完全遗世独立，至多是理想罢了。即便是英国著名教育家约翰·亨利·纽曼（图4－12），他完全站在自由教育的立场上，驳斥专业教育，最终也未能挽救英式传统大学之理想的命运。

第二次世界大战以来，大学与社会的互动更加频繁。其中非常重要的一点是资金的来源。政府部门的拨款或免税政策以及私人财团的捐赠或注资等，为大学的科研提供了必不可少的经费。钱不是万能的，但是没有钱万万不能。在传统印象中，学者是两袖清风的穷酸寒士，这可能跟中世纪大学那种苦行僧式的求学故事有关。然而时至今日，即便学者们在个人品德上无可挑剔，但现实的科研需要也不得不让他们变得“君子爱财”。比如人文社科学者需要一流的图书馆和丰富的数据库，理工科学者需要昂贵的实验室和精密的仪器设备。这些花费根本不是一般的学者所能负担得起的，就算是依附在大学的羽翼之下，那么学校的资金从哪里来？如果仅仅依靠学生交纳的学费显然是不够的，学校要么自己创业赚钱，要么就向政府或企业求助。另一方面，政府和企业也乐于为学校提供科研经费。因为大部分情况下，它们是能从科研成果中取得回报的。这“一推一拉之力”便让学校跟社会互利合作

图 4－12　纽曼画像

起来。

有些社会资助是无偿的，比如某人以个人名义捐资，为学校盖一幢楼。国外很多的校园建筑都是以人名命名，其中一部分是纪念名人，另一部分就是以捐资者冠名。哈佛大学的威德纳图书馆，就是威德纳的母亲为了纪念在“泰坦尼克号”沉船事件中死去的儿子（哈佛大学毕业生）而捐资建造的，并且遵照威德纳的遗嘱，将他的所有藏书捐赠给这座图书馆。据说，到这座图书馆借阅的学生必须学会游泳才准许入内。

无偿捐资较少引起争议，但是有偿资助的情况就复杂得多。政府或企业会把钱用于某个确定的科研项目，以项目为导向吸引学者来从事研究。人们对此的最大质疑，就是这是否会影响学术自由。因为一旦有了金钱的介入，学术的自由与独立很可能立刻丧失殆尽，教授、学者沦为为政府或企业打工的高级顾问。因为有些科研缺少资金必然难以为继，而且按照正常的推断，学者们也愿意从事能谋得更多利益的项目。这也就是为什么工学、经管等应用性较强的学科门庭若市，而哲学、历史、化学等基础学科门可罗雀。两者能申请的项目数量以及项目的资金多寡，不可同日而语。如果学术也变得一切向钱看齐的话，这对整个人类来说都将是灾难性的。因为学者在专业领域拥有着相当大的权威和公信力，其观点的影响力是非常巨大的，尤其随着学科分类和社会分工的细化，这种影响力也将进一步增强。就以近年来沸沸扬扬的转基因问题为例，不要说普通民众，即便非专业领域的学者也无法辨识其优劣，我们只能听信于专家。但如果某些专家因为受到资金的干扰，甚至本身就是“转基因”企业的股东，那么他的权威性是否会受到影响？我们还能否相信他的言论？如果专家学者也无法“置身事外”，那么我们恐怕就将生活在一个没有安全感的世界中。在罗斯福提出的四大自由中，最后一条是免于恐惧的自由，如今学术自由的问题将带来非传统领域的安全问题，我们又是否可以免于这种新的恐惧呢？当然学术争鸣也是学术自由的题中之意，只是能否在这种学术争论中少掺杂金钱的因素，能更纯粹一点、本真一点呢？金钱和学术的关系是一对难分难解的矛盾，金钱可以支持学术，也能腐蚀学术，如何找寻其中的限度，将会是现代大学面临的长期问题。恐怕这比讨论是否能给大学贴上“后现代”的标签更有意义。

一方面，社会主要通过经济的手段干预大学；另一方面，大学也难以回避其社会道德责任。事实上，在金钱与学术自由的关系中，已然涉及这个问题——“正是因为有了这种大量的公共资助，大学有理由承认自己的义务，应该向公众提供有助于解决重大社会问题的服务，回报于社会”[1]。而抛开金钱不谈，大学本身是否就应该承担起社会责任？这个问题事实上还是要牵涉到学术自由问题。一直以来，学者们都认为自己的学术研究是中立的，如果有人将这种研究成果用来做危害社会的事，那应该追究罪犯的责任而不是学者的责任。用孟子的隐喻说法，就是杀人的是人而不是刀。在一般情况下，这种说法没有什么问题。但是随着人类社会的发展，这种说法也开始受到质疑。因为刀并不是为了杀人而发明的，只是在特殊情况下才成为杀人的

---

1 德里克·博克. 走出象牙塔——现代大学的社会责任［M］. 徐小洲，陈军，译. 杭州：浙江教育出版社，2001：73.

工具，但如果是原子弹呢？长崎、广岛的原子弹爆炸事件在科学界引起了长久的伦理之争。而且现在争论的焦点已经转移到学术方法上，尤其是当其研究对象是“人”的时候。仅以社会学研究为例，研究者在未经本人同意的情况下观察他们的秘密行为，就已经侵犯了他人的隐私权，更不要说纳粹德国的科学家进行人类痛苦极限的研究。这些做法显然应该被禁止。大学的目的众说纷纭，但毋庸置疑的，是为了让人类的生活变得更好，所以它的社会责任是内含着的。只是这种责任的限度究竟在哪里？这又将是一个争论不休且不断变化的问题。正如法律也只能规定人不能做什么，此外都是可为之事，因此法律才必须有“不能溯及既往”的原则。大学的学术自由或许也可以参照法律的原则，并借鉴穆勒“群己权界论”的观点，学者只要在追求真理的道路上不侵犯他人的权利即可。至于将来有人滥用其成果而侵犯他人的权利，也不能归咎于他。譬如我们会谴责原子弹爆炸所造成的人道伤害，但是不会因此而辱及爱因斯坦的伟大贡献；我们会反思纳粹政权给全世界带来的灾难，但不能捕风捉影地追溯到黑格尔的“绝对精神”。

站在大学的十字路口，展望未来的大学制度和大学生活，它究竟会走向何方，会变成怎样？我们不可能给出确定的预期，但有一点是毋庸置疑的——在未来，大学将如旭日恒升般照耀着人类文明的历史进程。谨引用加利福尼亚大学前校长克拉克·克尔的一段话作为结语：“有那么多从事不同职业的人，仍旧想要母校永不改变……留恋过去的追溯，黄金时代中的最好的时代：但是我同样愿高等教育作为一个整体，随着时代而改变，甚至在一些改革中带头。当然，这种结合是不可能的，过去是完美的，但是未来必须更好。”[1]

1　克拉克·克尔. 高等教育不能回避历史——21 世纪的问题［M］. 王承绪，译. 杭州：浙江教育出版社，2001：274.

参考文献

一、著作

1. 彼得·扎格尔. 牛津：历史和文化［M］. 朱刘华，译. 北京：中信出版社，2005.

2. 伊丽莎白·里德姆－格林. 剑桥大学简史［M］. 李自修，译. 济南：山东画报出版社，2007.

3. 柯瑞思. 剑桥：大学与小镇800年［M］. 陶然，译. 北京：三联书店，2013.

4. 马丁·加瑞特. 剑桥地标：文化和文学意象中的城市文明［M］. 杜敏，周鸿，译. 长沙：湖南教育出版社，2008.

5. 查尔斯·霍默·哈斯金斯. 大学的兴起［M］. 王建妮，译. 上海：上海人民出版社，2007.

6. 雅克·韦尔热. 中世纪大学［M］. 王晓辉，译. 上海：上海人民出版社，2007.

7. 海斯汀·拉斯达尔. 中世纪的欧洲大学——大学的起源［M］. 崔延强，邓磊，译. 重庆：重庆大学出版社，2011.

8. 让－皮埃尔·里乌，让－弗朗索瓦·西里内利. 法国文化史［M］. 杨剑，等译. 上海：华东师范大学出版社，2006.

9. 杜比. 法国史［M］. 吕一民，等译. 北京：商务印书馆，2010.

10. 安德鲁·哈塞. 巴黎秘史［M］. 邢利娜，译. 北京：商务印书馆，2012.

11. 杰勒德·德兰迪. 知识社会中的大学［M］. 黄建如，译. 北京：北京大学出版社，2010.

12. 约翰·亨利·纽曼. 大学的理想［M］. 徐辉，等译. 杭州：浙江教育出版社，2001.

13. 卡尔·雅斯贝尔斯. 大学之理念（节本）[M]. 邱立波，译. 上海：上海人民出版社，2007.

14. 安东尼·史密斯，弗兰克·韦伯斯特. 后现代大学来临？[M]. 侯定凯，赵叶珠，译. 北京：北京大学出版社，2014.

15. 德里克·博克. 走出象牙塔——现代大学的社会责任 [M]. 徐小洲，陈军，译. 杭州：浙江教育出版社，2001.

16. 克拉克·克尔. 高等教育不能回避历史——21 世纪的问题 [M]. 王承绪，译. 杭州：浙江教育出版社，2001.

17. 安德鲁·德尔班科. 大学：过去，现在与未来 [M]. 范伟，译. 北京：中信出版社，2014.

18. 杰弗里·乔叟. 坎特伯雷故事 [M]. 黄杲炘，译. 南京：译林出版社，1998.

19. S. E. 佛罗斯特. 西方教育的历史和哲学基础 [M]. 吴元训，等译. 北京：华夏出版社，1987.

20. 瓦尔特·吕埃格. 欧洲大学史 [M]. 张斌贤，等译. 保定：河北大学出版社，2008.

21. 艾伦·麦克法兰. 启蒙之所　智识之源—— 一位剑桥教授看剑桥 [M]. 管可秾，译. 北京：商务印书馆，2011.

22. 亚瑟·M. 科恩，卡丽·B. 基斯克. 美国高等教育的历程 [M]. 梁燕玲，译. 北京：教育科学出版社，2012.

23. 弗里德里希·包尔生. 德国大学与大学学习 [M]. 张弛，等译. 北京：人民教育出版社，2009.

24. 劳伦斯·维赛. 美国现代大学的崛起 [M]. 栾鸾，译. 北京：北京大学出版，2011.

25. 乔治·M. 马斯登. 美国大学之魂 [M]. 徐弢，等译. 北京：北京大学出版社，2009.

26. 裘克安. 牛津大学 [M]. 长沙：湖南教育出版社，1986.

27. 杨薇. 牛津的故事 [M]. 北京：中国广播电视出版社，2006.

28. 梁丽娟. 剑桥大学 [M]. 长沙：湖南教育出版社，1990.

29. 金耀基. 剑桥语丝［M］. 北京：三联书店，2007.

30. 章晓明. 剑桥的故事［M］. 北京：中国电影出版社，2005.

31. 李兴业. 巴黎大学［M］. 长沙：湖南教育出版社，1988.

32. 黄福涛. 外国高等教育史［M］. 2版. 上海：上海教育出版社，2008.

33. 贺国庆，等. 外国高等教育史［M］. 北京：人民教育出版社，2006.

34. 王恩铭. 美国名校风采［M］. 上海：上海外语教育出版社，2000.

35. 宋文红. 欧洲中世纪大学的演进［M］. 北京：商务印书馆，2010.

36. 张磊. 欧洲中世纪大学［M］. 北京：商务印书馆，2010.

37. 沈坚. 当代法国［M］. 贵阳：贵州人民出版社，2000.

38. 罗红波. 博洛尼亚大学［M］. 长沙：湖南教育出版社，1993.

39. 刘兆宇. 19世纪英格兰高等教育变革研究［M］. 合肥：中国科学技术大学出版社，2008.

40. 李立国. 工业化时期英国教育变迁的历史研究——以教育与工业化的关系为视角［M］. 桂林：广西师范大学出版社，2010.

41. 王承绪. 伦敦大学［M］. 长沙：湖南教育出版社，1995.

42. 程星. 细读美国大学［M］. 北京：商务印书馆，2004.

43. 许平，朱晓罕. 一场改变了一切的虚假革命——20世纪60年代西方学生运动［M］. 上海：上海人民出版社，2004.

44. 贺国庆. 西方大学改革史略［M］. 石家庄：河北教育出版社，2011.

45. 贺国庆，等. 欧洲中世纪大学［M］. 北京：人民教育出版社，2009.

46. 沈汉，黄凤祝. 反叛的一代——20世纪60年代西方学生运动［M］. 兰州：甘肃人民出版社，2002.

47. 吕庆广. 60年代美国学生运动［M］. 南京：江苏人民出版社，2005.

48. 张薇. 苏格兰大学发展研究［M］. 呼和浩特：内蒙古大学出版社，2011.

49. 李逵六. 莱比锡大学［M］. 长沙：湖南教育出版社，1991.
50. 张金辉. 耶鲁大学办学史研究［M］. 北京：中央编译出版社，2009.
51. 王萍. 现代英国社会中的妇女形象［M］. 南京：江苏人民出版社，2005.
52. 高惠蓉. 女权与教育——美国女子高等教育发展研究［M］. 上海：上海三联书店，2010.
53. 周丽华. 德国大学与国家的关系［M］. 北京：北京师范大学出版社，2008.
54. 王国均. 美国高等教育学术自由传统的演进［M］. 上海：学林出版社，2008.
55. 韩彩英. 西方科学精神的文化历史源流［M］. 北京：科学出版社，2012.
56. 郭健. 哈佛大学发展史研究［M］. 石家庄：河北教育出版社，2000.
57. 孙康宜. 耶鲁·性别与文化［M］. 上海：上海文艺出版社，2000.
58. 谷峰. 哈佛的故事［M］. 北京：中国电影出版社，2005.
59. 非非. 耶鲁的故事［M］. 北京：中国广播电视出版社，2006.
60. 金耀基. 海德堡语丝［M］. 北京：三联书店，2008.
61. 刘亮. 剑桥大学史［M］. 上海：上海交通大学出版社，2012.
62. 周常明. 牛津大学史［M］. 上海：上海交通大学出版社，2012.
63. 周雁. 耶鲁大学史［M］. 上海：上海交通大学出版社，2012.
64. 杨焕勤，张蕴华. 柏林洪堡大学［M］. 长沙：湖南教育出版社，1986.
65. 杨荫恩. 海德堡大学［M］. 长沙：湖南教育出版社，1991.
65. 董俊新. 莱顿大学［M］. 长沙：湖南教育出版社，1988.
67. 舸昕. 漫步美国大学——美国著名大学今昔纵横谈：续编［M］. 黑龙江：哈尔滨工业大学出版社，2000.
68. 李子江. 学术自由在美国的变迁与发展［M］. 北京：北京师范大学出版社，2008.

69. 巴伯. 科学与社会秩序［M］. 顾昕，等译. 北京：三联书店，1991.

70. Walter Ruegg. A history of the university in Europe：Volume III［M］. Cambridge：Cambridge University Press，2004.

71. Walter Ruegg. A history of the university in Europe：Volume IV［M］. Cambridge：Cambridge University Press，2011.

72. B. Cobban. English university life in the Middle Ages［M］. Ohio State University Press，1999.

73. L. J. Daly. The medieval university 1200 – 1400［M］. New York：Sheed Ltd.，1961.

74. R. D. Anderson，Michael Lynch，Nicholas ph：llipson. The University of Edinburgh：an illustrated history［M］. Edinburgh：Edinburgh University Press Ltd，2003.

75. V. R. Cardozier. Colleges and Universities in World War II［M］. Westport，Conn.：Praeger Pwblishers inc. 1993.

76. Hofstadter. Richard，Wilson Smith Ed.. American Higher Education：A Documentary History：Vol. 1［M］. Chicago and London：The University of Chicago Press，1961.

77. Louis. Joughin. Academic Freedom and Tenure［M］. Madison：The University of Wisconsin Press，1967.

78. Jane. Robinson. Bluestockings：the remarkable story of the first women to fight for an education［M］. London：Penguin Books Ltd，2009.

79. Ellen W. Schrecker. No Ivory Tower：McCarthyism and the Universities［M］. New York & Oxford：Oxford Univeristy Press，1986.

80. F. M. L. Thompson. The University of London and the World of Learning，1836 – 1986［M］. London：Hambledon Continuum，1990.

二、论文

1. 贺鹭. 英国工业化视野下女子教育发展的原因分析［J］. 内蒙古农业大学学报（社会科学版），2011（1）.

2. 潘迎华. 19 世纪后期英国现代化与女子高等教育的兴起 [J]. 史学月刊, 2009 (9).

3. 孙杰明. 19 世纪后半期英国女子高等教育的产生及原因分析 [J]. 中华女子学院学报, 2011 (4).

4. 欧小军. 论文艺复兴时期欧洲高等教育发展的文化选择 [J]. 教育史研究, 2013 (3).

5. 刘贵华. 近代早期英国大学教育发展的原因探析 [J]. 中国集体经济, 2007 (4).

6. 刘贵华. 近代早期英国大学教育对社会流动的影响 [J]. 文教资料, 2007 (16).

7. 孙瑜. 大学与 18 世纪的启蒙运动 [J]. 浙江学刊, 2009 (5).

8. 贺国庆. 中世纪大学向现代大学的过渡——文艺复兴与宗教改革时期欧洲大学的变迁 [J]. 教育研究, 2003 (11).

9. 易红郡. 宗教改革时期欧洲大学的变革：以德、法、英三国大学为例 [J]. 现代大学教育, 2012 (6).

10. 孙波. 中世纪大学与近代西方学术传统复兴 [J]. 理论界, 2010 (5).

11. 易红郡, 刘东敏. 文艺复兴时期欧洲大学的变迁 [J]. 清华大学教育研究, 2005 (3).

12. 韩艳. 试论德国大学传统在纳粹统治时期的断裂 [J]. 广西师范大学学报（哲学社会科学版）, 2010 (6).

13. 陈玉玲, 李涛. 纳粹德国时期大学教师的清洗与分化 [J]. 许昌学院学报, 2009 (3).

14. 陈旸. 论德国纳粹统治时期的教育 [J]. 漳州师范学院学报（哲学社会科学版）, 2006 (3).

15. 贺国庆, 何振海. 传统与改革的冲突与融合——西方大学改革二百年 [J]. 高等教育研究, 2013 (7).

16. 胡仁东. 大学核心精神：学术自由与大学自治 [J]. 现代教育科学（教育科学版）, 2006 (4).

17. 韩延伦, 孙承毅. 大学自治的历史解读及其文化价值论析 [J]. 内蒙古师范大学学报, 2006 (7).

18. 王建梁. 大学自治与政府干预：英国大学—政府关系的变迁历程［J］. 清华大学教育研究，2005（6）.

19. 陈纪芹. 德国大学教师聘任制的发展历程及特点［J］. 安徽工业大学学报（社会科学版），2010（4）.

20. 郑崧. 反教权主义与19世纪下半叶法国的教育世俗化［J］. 世界历史，2007（1）.

21. 郑崧. 教育世俗化与民族国家［J］. 比较教育研究，2002（11）.

22. 贺国庆. 近代德国大学科学研究职能的发展和影响［J］. 河北大学学报（哲学社会科学版），1996（4）.

23. 杜驰. 略论大学自治和学术自由的限度及其制度性保障［J］. 现代教育科学，2003（6）.

24. 熊华军，李伟. 美国大学的清教建制及其世俗消解［J］. 高教发展与评估，2012（4）.

25. 孙士海，宋华明. 美国大学自治的制度保障探析及启示［J］. 教育理论与实践（学科版），2009（1）.

26. 信丹娜. 十六世纪英国宗教改革与大学教育的变化［J］. 辽宁行政学院学报，2012（2）.

27. 郑崧. 试析费里教育世俗化改革［J］. 浙江师范大学学报（社会科学版），2002（6）.

28. 陈立. 西方大学自治理念的变迁——从中世纪行会自治到“有条件的自治”［J］. 高等理科教育，2006（3）.

29. 辛彦怀，刘志辉. 英国的大学改革与科学复兴［J］. 外国教育研究，2004（12）.

30. 侯翠环. 英国新大学运动及其历史意义［J］. 河北大学成人教育学院学报，2005（1）.

31. 郑春生. “革命”的批判——1968年5月法国学生运动的性质探析［J］. 世界历史，1999（3）.

32. 冯棠. 1968年法国五月风暴述评［J］. 法国研究，1988（2）.

33. 赵长林，常荷丽. 大众化时期的高等教育危机——对1968年法国学生运动的反思［J］. 现代大学教育，2007（5）.

34．谢文玉．美国新左派学生运动参与者的记忆与认知［J］．史学月刊，2010（9）．

35．孙益．校园反叛——美国20世纪60年代的学生运动与高等教育［J］．清华大学教育研究，2006（4）．

36．孙福万．英国开放大学的未来发展战略及其启示［J］．现代远距离教育，2010（6）．

37．韩阿伟．耶鲁大学公开课的特点与启示［J］．教育研究，2012（6）．

38．陈昊．挽歌还是战歌？美国大学的过去、现在和未来——评《大学：过去、现在和未来》［J］．博览群书，2013（12）．

39．阿莎·辛格·坎瓦尔．开放教育资源对开放大学的意义［J］．北京广播电视大学学报，2012（6）．

40．郑春荣，欧阳凤．德国大学精英倡议计划之未来构想分析——以慕尼黑工业大学为例［J］．外国教育研究，2013（11）．

41．高迎浩．从国外公开课反思国内大学课堂教学——关于“逃课”和“淘课”的一些思考［J］．河北农业大学学报（农林教育版），2012（4）．

42．迈克尔·莫法特．从学院文化走向大众文化（上）——80年代美国大学生活一瞥［J］．宋迎法，编译．当代青年研究，1993（5）．

43．徐善伟．中世纪欧洲大学生学习及生活费用的考察［J］．世界历史，2012（1）．

44．贺国庆．中世纪大学和现代大学［J］．河北师范大学学报（教育科学版），2004（2）．

45．任初明．学院功能的历史嬗变［J］．高教探索，2011（4）．

46．安托奈拉·斯哥巴．大学之母博洛尼亚［J］．方衡，蒋微，译．住区，2013（2）．

47．杨燕．13—15世纪巴黎大学特权的演变过程［J］．首都师范大学学报（社会科学版），2006（2）．

48．Robert V. Merrill. Some present aspects of foreign university life［J］. The Classical Journal，1915，10（5）．

49．Keith. Vernon. Calling the tune：British universities and the state［M］．1880－1914，History of Education，2001，30（3）．

后 记

本书从讨论大纲到完成写作，经历了约一年的时间。人生中的首部著作能够付梓，自然是值得欣喜的。然而，欣喜之余又难免心中惴惴不安。毕竟能否令读者诸君满意，实内心忐忑，而且笔者也自知有许多不尽如人意处。

首先，本书以西方大学生活为主题，目的是求得雅俗共赏，但真正写作起来才察觉其中的困难。因为在严肃的大学正史中，趣味性的事件必定只是点缀而已。零星的故事虽有，但是如何把它们串联到“大学精神”的主线里面是个问题。而时间越近，则枯燥的数据越多，生动的故事越少，这恐怕也可以用顾颉刚的“层累的历史观”来解释。及至写到当代大学，作者甚至只能现身说法，把自己的留学经历当作材料来用。最后一节的“后现代大学”则几乎成了理论上的探讨。

另外，本书的时间跨度覆盖整个西方大学史，可谓是一次大胆的尝试。从以往的文献资料看，覆盖面那么宽广的著作并不多见，出彩者更是寥寥无几。在这方面，《欧洲大学史》独领风骚，而本书正是以它为权威，将这段漫长的历史一分为四，分别表现在四章之中。从结构上看，每章的首节都是历史大背景的介绍，其后两节，或者以几所名校为例，或者以该时代大学生活的典型特征为例，展开具体的写作。这样的结构难免挂一漏万，再典型也必定会有所不足。

最后，本书所使用的实例中，英美大学成为主流，而作为大学之缘起的欧洲大陆反而成了支流。这大概有两点原因：一方面是英美得益于语言背景，资料更多，且被引介的更多；另一方面跟英美大学在当代世界排名中的地位有关，在最近十年的世界大学排名中（无论是泰晤士版还是上海交通大学版），英美大学都包揽了前十名，人们自然对它们的关注更多。

本书能够完成，最需要感谢我的硕士生导师陈晓律教授，也要感谢孙坚师姐。陈老师的关心和指导，对我们的写作有着提纲挈领、指点迷津的帮助。

王颖师姐完成了本书的第三、四章。她比我年长，学历也比我高，但甘于牺牲，让我做第一作者，而且在写作的过程中积极配合，按时完成。对此，我必须致以衷心的敬意和谢意！

盛仁杰

2014 年 9 月